燕赵传奇

河北人民广播电台五百集本土文化系列节目

# 民俗文化（上）

王智◎主编

河北出版传媒集团
河北教育出版社

图书在版编目（CIP）数据

燕赵传奇：民俗文化：全2册 / 王智主编．— 石家庄：河北教育出版社，2016.3

ISBN 978-7-5545-2094-9

Ⅰ.①燕… Ⅱ.①王… Ⅲ.①风俗习惯—河北省 Ⅳ.①K292.2

中国版本图书馆CIP数据核字(2015)第314460号

燕赵传奇之民俗文化（上、下）

选题策划：王　智　杨　才　郝建国

主　　编：王　智

副 主 编：郭西昌　王广文　梁　勇　孙文洁

编　　辑：严红霞　韩　伟　张　甜　范岩炎
　　　　　梁　爽　马茜楠　卢慧兰　张梦婕

主　　讲：梁　勇　孔润常　魏胜敏　邢　洁
　　　　　高月娟　褚亚玲　王　律

责任编辑：高树海　姬璐璐

装帧设计：梁羽佳

出版发行：河北出版传媒集团　河北教育出版社
http://www.hbep.com
（石家庄市联盟路705号，050061）

印　　刷：山东临沂新华印刷物流集团有限责任公司

开　　本：787毫米×1092毫米　1/16

印　　张：37

字　　数：610千字

版　　次：2016年3月第1版
2016年3月第1次印刷

书　　号：ISBN 978-7-5545-2094-9

定　　价：80.00元

序言

# 梳理燕赵历史 增强文化底气

河北人民广播电台台长　王智

“穿行历史长河、讲述河北往事”，以当代视角呈现河北历史，以大众传媒弘扬燕赵文化，这是创作大型系列文化节目《燕赵传奇》的初衷。这档五百集节目播出后在听众中引发强烈共鸣，现在文字版又结集与大家见面了。

“燕赵自古多慷慨悲歌之士”语传天下，这只是燕赵文化大树的一条枝干。大河之北，燕山之南，幽幽燕赵，浩浩东方，漫长的历史岁月，积淀起河北文化的深厚底蕴，书写了中华优秀传统文化的重要篇章：东方人类在这里孕育，中华文明在这里开启，新中国从这里走来……

文化是我们的血脉，是我们的精神家园。挖掘、弘扬燕赵历史文化，传承优秀文化基因，增强民众的文化认同感和文化凝聚力，是主流媒体肩负的历史责任。正是基于这种文化担当，河北电台从 2013 年初春开始谋划如何发挥广播特长，以喜闻乐见的形式向广大听众展现燕赵文化的独特魅力。在与中国纪录片学会学术委员会副秘书长、央视著名导演郭西昌，我省著名社科专家梁勇等专家学者几番观点碰撞之后，节目理念逐渐清晰：立足本土根基、站位民族高度、创新节目形态、整合优质资源、展现燕赵精华。以此为指导，我们组织台内外文化学者与媒体人一起，认真研读以往有关河北地域文化的著述和资料，经反复切磋商讨、论证修改，《燕赵传奇》之“根脉文化”系列于 2013 年 4 月 20 日率先成型并正式播出，与此同时，这一大型本土文化广播节目的整体框架也基本形成。

《燕赵传奇》由“根脉文化”、“皇家文化”、“民俗文化”、“诚义文化”、“长城文化”五个系列组成，每个系列一百集，每集二十五分钟，选取燕赵历史上的典型事例，运用搜集来的权威史料，采取独家视角、通俗语言、故事化表达和动听的配乐，讲述发生在燕赵大地上的传奇故事。从开播到 2014 年 9 月 19 日播出第五百集，在近一年半的时间里，每天都陪伴着听众，系统梳理了河北五千多年的历史文化，展示了燕赵儿女生生不息的丰厚滋养和精神风骨。

让我们感到欣慰的是，在娱乐风行、“快餐”当道的当下，颇具阳春白雪品味的《燕赵传奇》一播出即惊喜不断。无论是大学教授、知性白领，还是出租司机、路边摊主，节目聚集了各阶层各职业的大批忠实听众。地域上已突破河北扩至京津。还有很多听众朋友热情参与、主动提供采访线索和史料。在河北电台一百多档节目中，它的收听率始终处于靠前位次。河北档案馆预约收藏节目讲稿及光盘，中国人民大学、河北师范大学等高校希望合作开展相关学科建设，河北教育出版社主动寻求合作。该节目先后获得2013年河北省文艺振兴奖和中广协会“全国广播电视节目创新创优奖”，其优良品质和不俗影响得到专家领导肯定。之所以有如此反响，关键还是契合了广大听众的精神文化需求，实现了声声入耳。

在广播播出的同时，《燕赵传奇》还通过网络播出并可以点播回放。应听众强烈要求，此次以图书形式结集出版，就是要通过全媒体方式进一步扩大传播效果，更好地实现传承燕赵文化的目的。我们期待广大读者像对这档节目一样给予更多的支持和关注。

《燕赵传奇》虽然记述的是昨天的故事，但对共筑“中国梦”的今人来说，具有重要意义。我们将肩负大家期望，不懈不辍，孜孜以求，像习近平总书记要求的那样，“让收藏在禁宫里的文物、陈列在广阔大地上的遗产、书写在古籍里的文字都活起来”，讲好燕赵故事、传承历史文脉，为行进在中华民族伟大复兴征程中的民众带去富有营养的文化食粮，为增强国人的骨气和底气提供能量超强的精神力量。

# 目录


001 第1回 塞外宫廷菜　皇膳百姓传
007 第2回 升华百家味　引领冀菜风
013 第3回 口外多佳肴　百里不同食
019 第4回 民族饮食多　习俗特色明
025 第5回 中华老字号　传统味道浓
031 第6回 缕缕发如丝　面条逸香远
036 第7回 烧饼酥又脆　风味各不同
042 第8回 天上龙肉美　地下驴肉香
047 第9回 无鸡不成宴　闻香品龙凤
053 第10回 京东滨海席　美味咴肉饼
058 第11回 百尺竿头舞　左各庄杆会
064 第12回 河北武社火　乡谊浓烈美
070 第13回 太极寻祖根　永年杨露禅
076 第14回 邯郸并蒂莲　武杨两式拳
082 第15回 同宗又同祖　太极见奇观
088 第16回 南拳与北腿　戳脚在河北
094 第17回 猎猎武林风　沧州八极拳
100 第18回 沧州武风起　泊头六合拳
106 第19回 镖不喊沧州　名逞四方扬
112 第20回 武林又一绝　河北形意拳
118 第21回 家门有查拳　传承在邱县
123 第22回 名声当当响　文安八卦掌
129 第23回 沙河藤牌阵　绝技铸武魂
135 第24回 传承民族风　满族摔跤情
141 第25回 吴桥耍杂技　世界惊奇艺
147 第26回 燕赵汇民歌　诗经留邶风

153 第 27 回 定州有名伶　张祜传美名
160 第 28 回 好歌出民间　张嘴小放牛
165 第 29 回 鼓吹乐声响　四方流古韵
170 第 30 回 管子留传奇　笛子鸣山川
176 第 31 回 固安音乐会　余韵永流传
182 第 32 回 古乐南高洛　名声传世间
188 第 33 回 张角太平道　道乐逾千年
194 第 34 回 皇家宫廷乐　山庄绕梁椽
199 第 35 回 元曲久渊源　声韵震人寰
205 第 36 回 此域最古老　长幼迷丝弦
211 第 37 回 保定多古风　老调脉流远
217 第 38 回 不凡成兆才　评剧百花艳
223 第 39 回 冀东名鼓曲　乐亭大鼓殊
229 第 40 回 西河唱大鼓　代有才人出
235 第 41 回 鼓曲原生态　沧州木板书
240 第 42 回 冀南梨花鼓　名角无其数
246 第 43 回 梨园姊妹花　太行并蒂莲
252 第 44 回 唱腔音奇特　皮影舞幕前
259 第 45 回 河北梆子昂　人间传奇榜
265 第 46 回 梆子不寻常　豪情唱悲壮
271 第 47 回 民间技艺精　非遗瑰宝传
277 第 48 回 千年井陉窑　薪火耀中华
284 第 49 回 井窑名天下　瓷器销路远
291 第 50 回 邢窑八百年　白瓷创经典
297 第 51 回 定窑千古韵　光彩照五环
304 第 52 回 磁窑耀邺都　神韵永焕然

310 第53回 唐山好瓷艺 开创谱新天

316 第54回 黑陶兴于冀 技艺得兴叹

322 第55回 年画美出色 神码渊源深

329 第56回 壁画有神功 寺院留迹真

336 第57回 河北布画精 辛集皮画萌

342 第58回 衡水内画奇 侯店毛笔精

348 第59回 剪纸留佳话 旅游成新宠

354 第60回 缂丝定州秀 土布遍杼声

360 第61回 曲阳石雕美 技艺誉京城

366 第62回 千古留石桥 百代飞彩虹

372 第63回 燕赵酿酒发 千古赞刘伶

377 第64回 北方小江南 花灯美胜芳

383 第65回 范庄龙牌会 敬龙子孙强

388 第66回 井陉母亲节 龙母文化扬

394 第67回 魂归信子节 千童渡扶桑

399 第68回 土山诚会日 武安喜乐狂

405 第69回 牛郎织女会 邢台爱情乡

410 第70回 昔日帝王女 今日驻苍岩

416 第71回 腊八互助节 粥热心扉暖

421 第72回 小年灶王节 扫尘正忙年

427 第73回 清明大节气 寒食祭祖先

433 第74回 端午龙舟渡 粽子情思连

439 第75回 七夕乞巧节 鹊桥天地间

444 第76回 中元祭祖节 河灯放盂兰

450 第77回 中秋赏明月 千里共婵娟

455 第78回 重阳登高处 感恩敬老先

461 第 79 回 除夕贴春联　阖家大团圆
466 第 80 回 初一春节暖　恭喜大拜年
472 第 81 回 年俗多良莠　传承有升迁
477 第 82 回 初十石头日　举家再开颜
483 第 83 回 元宵狂欢节　情人会阑珊
489 第 84 回 历法源流长　节日故事繁
495 第 85 回 祭春二月二　曲水三月三
501 第 86 回 逢年跑竹马　意气风发添
506 第 87 回 冀东演跑驴　神州第一扮
511 第 88 回 腾跃龙灯舞　绝技大开眼
517 第 89 回 徐水舞狮忙　塞上狮子颠
523 第 90 回 井陉山间走　拉花遍地扭
529 第 91 回 河北抬皇杠　三地不同样
535 第 92 回 晋州有官伞　神州赞魁首
541 第 93 回 高跷源沧州　街舞争抖擞
546 第 94 回 陆地跑旱船　炮打现奇幻
552 第 95 回 古老霸王鞭　红色佳艺传
557 第 96 回 定州大秧歌　倡导诵东坡
562 第 97 回 沧州跑落子　舞林出经典
568 第 98 回 九曲黄河阵　神奇迷宫转
573 第 99 回 天下第一鼓　隆声震千年
579 第100回 东路二人台　坝上风光鲜
584 后记

# 第一回 塞外宫廷菜 皇膳百姓传

大河之北，燕赵京畿，漫长的历史岁月积淀出这一片物华天宝，人杰地灵，世代相传的文化保留在老百姓的身边。这里有多少令人回味无穷的美食，多少让人津津乐道的民俗，多少好听的曲艺，多少好看的绝活儿？打今天起，《燕赵传奇》从皇家走到民间，带您感受最亲近的民俗文化，为您讲述最传奇的河北往事。

老话说了，民以食为天，在咱们老百姓看来，吃喝二字绝对是生活中的头等大事。《燕赵传奇》之民俗文化就以美食开篇，品味舌尖上的河北，体会传奇中的美味。

提起河北的美食，相信朋友们都能说出几个自己家乡的代表菜，这些美食之所以能流传了一代又一代，不光是因为留在舌尖的好味道，更是因为那其中包含着老百姓口口相传的老故事。

从南走到北，美味尝个遍。今天，头一个出场的就是承德的塞外宫廷菜。在如今，这座老城里热闹的馆子您是数也数不过来，想当年，这里有一家名叫袭翠楼的饭店最是红火。

这袭翠楼的气派到底有多大，从人家门口的对联里也能瞧出几分。这上联是“名震塞外三千里”，下联是“味压江南十二楼”，横批四个大字——“买卖兴隆”。这副对联里藏着一个传了几百年的小故事，故事里的主角又是谁呢？您听，这就来了。

话说有这么一天，袭翠楼里来了一位客人，店小二打眼一瞧，哟！这位客官他可不一般，虽说这店小二见过不少的达官贵人，不过谁也比不上眼前这位，那通身都是高富帅的气质，一看就不是一般二般的人物。

店小二挺会来事，赶紧把这位请到雅间落座，恭恭敬敬地问了一句："您要吃点儿什么呢？" 这位答得也挺干脆，说就捡着你们最拿手的上吧！店小二眼珠一转，报出一串菜名，瞧着客人点了头，就吩咐后厨开工了。

这一桌店小二推荐菜都有什么名目呢？没过多大一会儿，就有四道大菜上了桌，头一道是三鲜芙蓉鹿尾，第二道是红烧野猪肉，第三道是清蒸热河鲫鱼，第四道是酒店的压轴好菜清汤燕菜。客人看着这菜色真不错，一动筷子更觉得色香味样样都好，他一边叫好一边吃，吃饱喝足之后，抬腿就要走。

候在一边的店小二赶紧上前来，说："客官，您吃好了？" 客人说："对呀。"店小二又问："您也喝好了？" 客人答应说："没错呀。"店小二微微一笑，说："您老可还没给钱呢。"这客人摸了摸了自己的口袋，坏了，一两银子也没摸出来，他这儿跟店小二俩人大眼瞪小眼，谁也不知道怎么办。

正在这时候，房间里闯进来一个人，这人正是皇宫里的大太监，他一进门就磕头，说："万岁爷呀，您出门也不说一声，可把奴才急坏了。"原来，这位客人正是当时的皇帝乾隆爷。店小二一听，钱也不要了，赶紧跟着跪下磕头吧。这么一来，乾隆皇帝反而有点儿不好意思了，说我吃饭也不能欠账呀，正好有太监来了，赶紧给人家付钱吧。

您瞧这店小二多机灵，他自然不会跟皇帝要银子，于是就请来了掌柜的。俩人商量了一下，说这钱一定是不能要的，不过，还有个小小的想法，想着请乾隆爷给饭店题上几个字。乾隆爷这天吃得挺高兴，就着高兴劲儿招呼人拿来了文房四宝，大笔一挥就写成了前面提到的那副对联。

掌柜的借了这幅墨宝，赶紧请来了工匠照样雕在了红木上，就把这宝贝挂在酒店的大门口。乾隆爷御笔写成的对联，比现在那黄金时段的广告还值钱，有了这样的名人效应，裘翠楼的生意自然是一天更比一天好，数不清的客人涌上门来，点名要尝尝乾隆爷吃过的那几道菜，酒店的老板也发了大财。

相传，当年得了乾隆爷好评的承德饭店可不止裘翠楼这一家，另有一家名叫流霞亭的也得了乾隆一幅墨宝，那上联写的是"神仙到此留玉佩"，下联是"王公饭后解金裘"，横批是"招财进宝"。

当年，这两家饭店的老板都是头脑精明的买卖人，他们不光把心思放在菜品上,还请了专业的艺人现场表演吹拉弹唱,正应了乾隆题写的那句“买卖兴隆”。

*群英荟萃,南北经典大菜如何上桌?*

*群贤毕至,皇室贵胄大宴如何开场?*

刚刚提到的这两家饭店,主打的都是塞外宫廷菜。说到这一类菜品,正是河北冀菜大家族里的一个分支,讲究的是刀工精细,色泽鲜艳,火候精准,风味独特。这其中有不少流传了好几代的经典美味,要从这里拔个将军,一定就是最有名气的“满汉全席”。

从“满汉全席”这个名字里就能看出来,它融合了满族和汉族饮食特点,用料也是特别得全乎。那一席菜里包括了熊掌、飞龙、猴头、人参、鹿尾、鹿筋等等满族人老家东北的特产,再用汉族的烹饪技术加工而成,最后端上桌的一共是108道菜品,其中有江浙风味、广东特色,有老北京的韵味,也能尝到鲁菜的口味,真可以说是中华美食的“群英会”。

其实,“满汉全席”的来头也跟乾隆皇帝有着很大的关系。这位乾隆爷不光是个了不起的政治家,也是个一顶一的美食家。他继承了老家儿的传统,经常到避暑山庄去消夏。皇帝大驾光临,承德方方面面的东西都要给备齐了,吃的事更不能马虎,饮食上得考虑皇帝的口味,也少不了加点当地的特色。您想呀,那乾隆皇帝喜欢到处游山玩水,各地的特色饮食也不能缺了。再加上乾隆爷他喜欢热闹爱请客,摆上一桌好菜大宴宾朋也是经常的事,而且这位皇帝舍得花钱,好摆排场,这菜品配的得合理,品种也得足够多。当差的人们揣摩着皇帝的心意,终于琢磨出这一桌高调奢华有内涵的“满汉全席”。

在中国美食筵宴历史上,也只有康乾盛世才能成就这多民族融合的盛宴经典,也才能做出如此大气的盛宴啊。

皇宫里面大场合是非常得多,每到了喜庆的大事上,都有一桌好吃又好看、排场又气派的“满汉全席”隆重出场,而且那席面上还添了应景的吉祥菜品,尤其是在道光帝之后,这样的情况更是常见。比方说在光绪帝大婚时,宴席上专门摆了一道大菜,这道菜不光颜色鲜亮香味足,还有“龙凤呈祥”的吉祥话。

在慈禧太后过寿的那天，席面上也出现了写着“万寿无疆”的菜品。到了清宫里一年一度的元旦宴席，席面上也能看见有“三阳开泰”字样的大菜。这精美的文字是怎么做的？您会不会以为是用汤汁浇出来的？或者是用果脯、冬瓜拼出来的？其实，这些字竟然是用一丝一丝名贵的燕窝拼接出来的，这样精工制作的造型不但显得立体，而且很上档次，正能显示皇家宴席的贵族风范。

清朝的宫廷宴席场面大，菜品多，摆桌开宴的名目也是特别多。其中，除了摆给皇室家族的，摆给文武大臣的，还有一种挺特殊，专门把全国的老寿星请到一块来赴宴，这就是“千叟宴”，它是清代参加人数最多、规模最大的宫廷御宴。

从清朝的史书上翻一翻，自打康熙皇帝起了这个头，在康熙、乾隆那两朝，曾经举行过四次千叟宴。这几场宴会一次比一次热闹，一场比一场人多，有人说这事涉嫌公款吃喝，不值得表扬，不过咱们平心而论，康熙和乾隆这两位皇帝亲力亲为，敬老爱老，也算是历史上的一段佳话。

古时候，除了有幸参加“千叟宴”的老人家，其他人要想亲口尝一尝宫廷大菜的风味，那几乎是不可能的。不过，好在清宫里有个退休制度，那些一辈子忙活着伺候皇室贵族的御厨们，到了一定的岁数就可以离开皇宫。这些从皇宫里退下来的御厨在民间发挥余热，经营起不少的饭庄买卖，这些个营生为他们提供了养老的本钱，也让皇宫里的美味流入了民间。

到了光绪之后，承德有名的大饭店就有124家，经营小吃的买卖家更是多得没数，其中拔得头魁的一家是平泉县里的五魁园饭庄。这店里叫得最响的一道菜就是御厨从宫里带出来的“改刀肉”，您别看这菜的名字不起眼，那做法可是大有讲究，其中用到的主料无非是最普通的猪肉和竹笋，要说这佐料也没什么新鲜的，不过是高汤、酱油、绍兴酒、香油等等最常见的那几样。可就是这几样东西下了锅，再被心灵手巧的御厨改过刀，端上桌的时候就是您见证奇迹的时刻了。这道菜的外形就像是披着黄金圣衣的金字塔，那味道更是清香鲜美，回味悠长。

提起这五魁园里的“改刀肉”，它的背后也有一段传奇的故事，那故事里的男一号也是一位高高在上的皇帝。这究竟是怎么回事？咱们待会儿接着说。

绞尽脑汁，御膳房里即将上演何种大戏？

挖空心思，灶台边上终将留下何种传奇？



想当年，正是道光皇帝在位的时候，这一朝天子吃腻了宫里的山珍海味，就觉得一天三顿饭怎么品也品不出个滋味，一听见说吃饭他就心烦。

这事可把御膳房里的师傅们给愁坏了，他们日思夜想，一心就想搞个创意让皇帝尝个鲜。终于有一天，掌勺的主厨刘德才来了灵感，想着要是拿新鲜的竹笋和猪肉炒在一块，那味道一定很不错。他把这主意跟大伙一说，每个人都觉得这是一个好点子。他们说干就干，撸起袖子就开始对着竹笋和猪肉下起了功夫。一盘又一盘的原料下了锅，出锅的菜品却总是不对路子，不是刀工瞧着不对劲，就是辅料用得不对味，不是竹笋泡得不好，就是猪肉滋味不对，这道菜的色香味怎么也达不到想象中的那样。

几个御厨擦了把汗坐下来，你一言我一语，围着灶台来了一场头脑风暴。他们总结经验，终于从失败中提炼出原料的最佳配比和火候的最佳状态，做出来一盘香喷喷的改刀肉，那菜里的笋丝和肉丝你中有我，我中有你，笋丝带上了醇厚鲜美的味道，肉丝带上了山野之间的清香，表面上看着油汪汪地挺鲜亮，吃起来却是一点儿也不油腻。经过改刀的处理再回锅，这道菜的味道反而是更加得出众。

这道刚出炉的大菜端上了道光皇帝的餐桌，他挑起了大拇指，好好地打赏了那几位动了脑子又出了力气的御厨。因为这道菜的原料没有什么出奇，倒是那刀工很是奇特，所以菜名也就定做了“改刀肉”。

后来，御厨刘德才到了退休的年纪，他离开皇宫到了如今的平泉县，在这座塞外山城开了一家小饭店。老话说了，酒香不怕巷子深。刘德才的好手艺也引来了好些个老饕，这买卖虽然不大，钱却赚了不老少。打这以后，改刀肉的手艺在皇宫里面绝了迹，却成了老百姓嘴边上的美食。

刘德才的生意越做越大，他自己一个人实在忙不过来，就收了五个机灵能干的小徒弟，把改刀肉和其他御膳名菜的技艺传了下去。在老人临终之前，还特意嘱咐了这五个徒弟，让他们好好经营饭店的买卖，千万不能砸了招牌，另外还有一点，就是一定不能散伙。

五个徒弟含着眼泪送走了师傅，把饭店打理得红红火火，还在大门口挂上了“五魁园”的字号，用来表示齐心协力不散伙的心愿。后来，这五魁园的名气越来越大，改刀肉的风味越传越远，曾经的小饭店成了名震八方的老字号，曾经的小徒弟也成了有名的大师傅，他们收了徒子徒孙，把手艺一代一代地传了下来。

到如今,您如果去了承德,还能一饱口福,品尝那道经典的“五魁园”改刀肉,欣赏裘翠楼门口乾隆的御笔，感受塞外宫廷菜的独特风味。

这正是：

炊金馔玉烹煎炸，万种风情尽无瑕。

塞外宫廷御膳美，满汉全席享荣华。

第二回

# 升华百家味　引领冀菜风

上一回说到乾隆皇帝享口福，塞外之地品美味，他御笔亲题，为民间饭庄打响了牌子，他钦定菜名，给咱们后人留下了段子。讲过了承德的宫廷菜，今天要说的就是冀菜之中另一个分支——直隶官府菜，这其中又有着什么样的故事呢？

说到直隶官府菜，有一个菜不得不提，这道菜不光在中国叫得响，就是在国外的唐人街上也能见着以它命名的餐馆，这就是“李鸿章杂碎”。因为这道菜在国外卖得特别好，甚至有一些外国人就把“杂碎”当成了中国菜的代名词。

这么一说，估计有些朋友觉得听不明白了，这“李鸿章杂碎”是个什么菜呢？怎么在河北的地界上从来没有听说过？其实，这菜在咱们燕赵之地叫作“李鸿章烩菜”。不过，因为李鸿章是安徽合肥人，咱们说的“烩菜”在他老家的方言中叫作“杂碎”，所以，这道菜也就有了这么一个别名。这道大菜又有着什么样的前世今生呢？

早年间，直隶总督李鸿章大权在握，他少不了要出席各式的应酬，陪着各国的来宾。话说有这么一回，李鸿章到外国去出公差，因为要招待洋大使，他就让随行的厨子整了一桌子好吃好喝。面对着这些个中国美食，客人们一动刀叉，可就停不下来了，转眼之间就把饭菜打扫光了。李鸿章瞧着大伙都意犹未尽，就招呼厨子再加俩菜。可是，厨房里的备料已经用得差不多了，这要怎么办才好呢？

厨房里的大师傅左思右想，终于拿出来一个主意——废物利用。他把配菜时剩下的那些零七碎八的东西凑到一块，有海参、鱼肚、鱿鱼、熟火腿、玉兰片、腐竹等等的这么几样，他用这些食材下了锅，再加上各种佐料一调味，火候一到，赶紧就给端上了桌。

厨子不知道这菜合不合客人的口味，就躲在大厅边上偷眼瞧着。他怎么也没想到，客人们尝过了这道菜，个个都竖起了大拇指，还都跟李鸿章打听："这菜叫什么名呢？"李鸿章心里正犯着嘀咕，他还想呢，这是个什么菜呢？我也没瞧见过啊。可是当着外人的面，他自然也不能这么说，只好随口说了一个词，就说这菜叫作"杂碎"。

这件小事让中国的美食在国际上露了脸，李鸿章也觉得挺得意，等他回到保定城里的总督署，就跟膳食总管董茂山提起了这件事。董茂山很明白主子的心思，回去就跟师弟王喜瑞钻进厨房研究起来，一心要按着李鸿章的意思打造一道精品美食。他们用上了名贵的海参、鱼翅、鹿筋、牛鞭，配上大白菜、白豆腐、宽粉条，又加上保定特产的槐茂面酱，按着保定府里传统的烩菜做法精心加工，于是，直隶名菜"李鸿章烩菜"就此诞生。

李鸿章在吃的事上挺有研究，跟他有关的美食也有不少，除了上面提到的烩菜，另外还有一道"总督豆腐"也是直隶官府菜中的代表。

据说，李鸿章注重养生，爱吃豆腐，厨子也就变着花样把豆腐做的菜品往他的饭桌上端。可是，再好吃的东西，也有个吃腻的时候，终于有一天，李鸿章发话了，说是对厨子们很不满意，要求他们一定得把普通的豆腐做出一个新味来。

厨子们在这件事上费了不少的脑筋，他们试着在菜里添上了虾籽、干贝，提升豆腐的鲜味，又改良了烧制的方法，研究出来一道看着鲜亮，闻着喷香，吃着美味的"总督豆腐"。后来，这道李鸿章府上的私房菜也成了流传百年的经典美味。

水陆两鲜，精心巧制如何赢得乾隆称许？

经典一味，精工细作如何成就官府大菜？

说起这直隶官府菜，不光跟府衙里的大官有联系，也跟民间的饮食有关系。它来自于民间，形成于官府，升华在宫廷，荟萃在会馆，带着亲切的乡土味，

李鸿章烩菜

又有高端的贵族气。一脉相承的好味道里，包含着历代直隶总督的老故事。因为直隶地区在天子脚下，直隶的总督也就要比其他地方的总督高上一等，雍正帝最信任的李卫就在这里当过官，乾隆五督臣之一的方观承也在这里任过职，还有曾国藩、李鸿章、袁世凯等等这些近代史上的重量级人物，也都在这座总督府里担任过一把手。

因为直隶有着特殊的政治地位，有清一代，不少王公贵族、达官贵人在这里来来往往。既然来了，自然少不了一天三顿饭，每顿饭也必须得特别讲究。单说这总督的日常饮食，一顿饭也要有几十道菜肴，赶上府里来了客人，或者是皇族大驾光临，更要摆上一大桌香的、辣的、咸的、甜的、煎的、煮的、油炸的。所以，四面八方的饮食文化和烹饪技艺汇聚在这座老城之内，又跟保定的民间吃文化融合在一起，最终发展成为色香俱全、风格独特的直隶官府菜。

丰富的历史文化凝聚在一样一样的好菜之中，嘴里吃着美味，耳边听着故事，这得是多舒坦的一件事呢？说起直隶官府菜中的老故事，那真是有不老少，比方说这鸡里蹦、锅包肘子、代炒蟹、南煎丸子、桂花鱼翅，一大堆的菜名里面包含着一大串有意思的情节。

据保定当地的老百姓说，早在康熙年间，皇帝来了白洋淀，身边还有大学士张廷玉、直隶巡抚赵宏燮等等好些个大人物随行伴驾。一行人在水边上逛了一整天，眼看着日头落到了西边，几个人都觉得肚子有点儿饿了，这晚膳该吃点什么呢？

官府的厨子早就想好了，他们用上了现杀的柴鸡，加上刚从水里捞出来的鲜虾的仁，两样下锅一通爆炒，头出锅的时候添上半勺槐茂的甜面酱。这一盘子热乎乎的好菜上了桌，康熙皇帝闻着味就觉得不错，他拿起筷子一尝，嘴巴就停不下来了，不大一会儿工夫，盘子就见了底。

这时候，康熙爷才放下筷子慢慢回味。他就琢磨，这菜里既有鸡肉的嫩，又有虾仁的鲜，吃的时候满口酱香，吃完以后还有悠长的回味，实在是难得的美味。他把厨子叫到跟前，专门问了这道菜的名字，可这厨子只顾着做个时鲜的好菜，却没有来得及想什么名字，皇帝这一问，就把他给问住了。眼见着皇帝问得急，厨子的脑子也转得挺快，他想起来刚刚做菜的时候，刚捞起来的鲜虾活蹦乱跳，脱口而出就是三个字——鸡里蹦！

康熙一听就给乐了，他说："鸡肉、虾仁是水陆两鲜，这菜的味道鲜美，名字也新鲜，一道菜里有情有景，一个菜名栩栩如生，难为你们费心啦！"

虽说直隶有这么一块得天独厚的白洋淀，可是这里毕竟是北方，到了天寒地冻的数九天，想要吃一口鱼虾螃蟹，可就不那么容易了。不过，这也难不倒咱们河北人，这到底是怎么回事呢？

话说在同治年间，曾国藩到了保定坐镇总督署，当地的大小官员就在保定府里的张家作坊为新来的总督大人接风洗尘。为了让曾大人吃得舒心，这里的厨子早就打听过，曾国藩老家在南方，最喜欢吃的东西就是螃蟹，可当时正是大冬天，新鲜的螃蟹根本没地找。老话说了，巧妇难为无米之炊，不过，这位大厨可比那巧妇还聪明，手头虽然没螃蟹，也能做出螃蟹味。

大厨在灶台边上忙活了一阵，变魔术似的端出来一大盘美味，只见那盘子里黄白相间，瞅着就是鲜嫩的蟹肉和醇香的蟹黄，再闻闻那味道，简直跟螃蟹一模一样。这道菜一上桌，可把爱吃螃蟹的老饕曾国藩给弄迷糊了。他想着，这是从哪来的鲜螃蟹呢？那香味一阵一阵地飘过来，把他馋得实在不行了，赶紧动筷子把这美味送到嘴里。曾国藩一咂摸，嗯！就是这个味！

这一顿饭吃完了，曾国藩还回味鲜香的螃蟹味，他找人到后厨一打听，才知道刚才那道大菜里面根本没有一星半点儿的螃蟹，其实就是用最普通的鸡蛋和鱼肉加工而成的。这事传到曾国藩那儿，他一连声地叫着绝，还把这道菜定作了直隶官府待客的特别菜品，每回有客人前来，他都要给人家推荐这一味美食。

铁打的衙门，流水的官，一座直隶总督署，迎来送往的有几十位的父母官，为了伺候这些个总督大人的一日三餐，府里的大厨们可真是费尽了心思。瞧瞧那一桌直隶官府宴，每一个盘子都装着一个故事。就说这一道南煎丸子，看上去就显得挺特殊，咱们在全国各地见着的丸子大都是圆头圆脑的，唯独这里的丸子是个扁片，就像围棋的棋子一样。这其中又有着什么样的讲究呢？

提起这南煎丸子，就得说到近代史上那个袁世凯。那时候，他也在直隶做过一任总督。当时，一听说袁世凯来了，总督署里上上下下都有点儿发怵，为什么呢？还不是因为那个袁大头是出了名的臭脾气，谁都担心惹他生气，招来麻烦，就连后厨里做饭的师傅也不例外，凡事都小心翼翼的。

有一回，袁世凯在总督署里大摆宴席，按照传统饮食文化中的理儿，到了摆宴席待客人的时候，桌上怎么也得有一盆丸子。这大厨就想了，丸子它是圆的，恐怕会犯着袁世凯袁大人的忌讳。所以，他就把海参、玉兰、荸荠、鲜肉等等原料调馅料做成圆球，再把这圆球拍扁了，做成棋子的模样，这就是直隶官府菜中的那道经典的南煎丸子。

香飘百里，官府佳肴如何走进皇家宫苑？

名传百年，直隶风味如何享誉华夏九州？

色香味美的直隶官府菜中，还有一道当家菜，这就是桂花鱼翅。这道菜品松软鲜香，还带着一股桂花味，外形也很像是金秋季节里遍地开放的桂花。关于这道菜的来历也有一个故事，这故事里的女主角就是慈禧。

据说，这慈禧最喜欢的就是桂花，曾经派人在颐和园里种上了一大片的桂树。因为慈禧有这么一个爱好，当时的官员们也都想法借着这个由头来巴结她。那时候，直隶总督署的一把手就是溥仪的姥爷——荣禄，荣禄见慈禧到了保定，就专门为她备了一桌接风宴，这饭桌上就有大厨精心准备的桂花鱼翅。这菜在鱼翅之中调上了桂花酱，那味道又香又甜，果然就成了慈禧的心头最爱。

因为有这么多王公贵族都是直隶官府菜的粉丝，后来，这直隶味道香飘百里，一直飘进了紫禁城。从保定府选送到皇宫的高阳厨子，就在四九城里发挥了一脉相传的好手艺，做出了一道直隶风味的清宫大菜——锅包肘子。

这道菜猪肘子为原料，用温火慢慢地炖软，再用团粉挂糊，下锅炸成金黄色，再改刀装盘，撒上五香面，配上面酱和大葱一起食用。这菜听着挺家常，做起来也不算难，本来是保定府街头民间的一道小吃。当年，每到赶考的季节，就有各地的学子奔着京城来了，保定正是他们进京前的最后一站。赶考的人们都得在这里歇歇脚，备上点儿吃的再上路。赶考的路上吃什么好呢？必须得是有油水、能抗饿的东西，而且这东西还得方便携带。按着这两个条件选一选，锅包肘子就成了最佳选项，只要拿隔油纸把它一裹，就能带着上路，路上随便配点儿什么干粮，那就是一顿好吃又解饿的营养快餐。

这道菜经过细加工，就成了直隶官府菜中的一味，因为得了慈禧的喜欢，又成了一道清宫名菜。后来，这位御厨告老还乡，又把这改良过的手艺带回了保定，传给了弟子，从这往后，锅包肘子的好味道就在保定府里流传下来。

直隶官府菜包含了从古到今的故事，涵盖了由南到北的风味，有句话说“宁尝直隶官府菜一口，不吃家常菜一盘”，讲的正是它经久不衰的美味。到如今，河北冀菜中的直隶官府菜已经走出了保定府，走到了全世界，就在去年，直隶官府菜入选国家非物质文化遗产，成了河北的文化名片。

这正是：

自古直隶多美馔，玉盘珍馐代相传。

酌金馔玉今犹在，官宴民食样样全。

# 第三回 口外多佳肴 百里不同食

上一回说到直隶风味香飘万里，总督署里留下传奇。这一回，咱们接着往北去，到塞北山城张家口去尝尝那里的美食，听听美食里的故事。

出差到了张家口，肯定要捎上点儿土特产回来走亲访友。买什么好呢？当地老乡肯定要为你隆重推荐这么一样东西——口蘑。别看这小小的口蘑不起眼，它可是有着两个了不起的大号，一个是“素食中的肉类”，另一个是“食用菌中的帝王”。要问这口蘑的味道有多香，听听下面这个小故事，您一准就能明白了。

早年间，有个商人从口外收了整整一船的口蘑，打算卖到外国去发点儿洋财。商船从天津卫出发入了大海，一路走一路就发现事情有点儿不对劲儿。这究竟是怎么回事呢？

原来，不知是什么时候，大船后边就跟上了一条队伍，那队伍里是大大小小的海鱼，个个翻着跟头往船上顶。这项稀罕事引得船上的客人全都跑到甲板上看新鲜，看了不大一会儿，他们有点儿害怕了，这鱼越来越多，万一把船顶翻了，那可不是闹着玩的。船老大急得好像热锅上的蚂蚁，拍着栏杆想把鱼群赶走，可是他这法子根本不顶事。大伙都觉得挺奇怪，这些大鱼小鱼不好好过自己的日子，干吗非要跟这商船过不去呢？

这时候，那个收口蘑的商人站出来了，他说：“估计就是因为船上那些口蘑的味道太香，引得海里的鱼儿都馋了。为了保住大家的命，看来我这洋财也发不成了，大伙跟着我一块把口蘑喂了鱼吧。”他领头把一袋一袋的口蘑扔进海里，果然，大群的海鱼吃了蘑菇，转眼就都不见了。

后来，这事一传十，十传百，好多人听说了口蘑的传奇，都想着一饱口福尝尝鲜。那个收口蘑的商人因祸得福，家里的门槛都被挤上门来买口蘑的客人给踩破了。商人发了大财，张家口的口蘑也就出了大名。

小不点儿的口蘑是山城一宝，张家口有道传统风味佳肴“烧南北”就是拿它和竹笋片做的原料。这菜的用料挺普通，名字却有点儿古怪，明明是口蘑烧竹笋，为什么会叫作“烧南北”呢?

据说，这道菜的来历也是个误打误撞的巧合。说的是在古时候，有户人家那日子过得挺细，把吃剩下的口蘑和竹笋两个菜回锅烧在了一块儿，没想到上桌一尝，这味儿还真不错。这户人家把这个菜的作法记了下来，还想着给它起个名字。这名字叫什么好呢?男主人说了，竹笋是南方的食品，口蘑是咱北方的特产，两样烧在一起，就把它叫作“烧南北”吧!

从这以后，“烧南北”的做法就在张家口流传开来，食客们只要吃上这一道菜，就能尝到中国南北的两大名吃，这真是“江南塞北二味，美味佳肴一盘”。以“烧南北”为代表的口外美食融合了各地风味，汇集了多种特点，这里的饮食文化究竟有着什么样的来头呢?

粗粮细作，传统饮食包含何种吉祥寓意?

机缘巧合，无心之失成就何种经典技艺?

土豆、莜麦、山药蛋，还有蔚县的八大碗。说起张家口的美味，一样一样都来自于那片好土好地，这土地里冒出来不少好吃的，也积淀下深厚的饮食文化。

其实，张家口原本不如宣化府更有名。宣化府是大明王朝九边之一的军事重镇，附近都是驻军的卫所军屯。因为明代有一位姓张的军官守卫这一带的长城关口，所以这座城市才得名叫作张家口。后来，这里做过“德穆楚东鲁普”和“察哈尔”的首府，因为政治地位、军事地位很特殊，而且南北商贾都要经过这里的张库大道，所以四面八方的美味也就聚了过来。这里的地方菜融合了北京菜品的风味、蒙古饮食的特点，还有山西人爱吃酸爱吃面的偏好。这里的吃的讲究颜色鲜亮味道浓，喝的讲究香气四溢回味长，而且这饮食文化中还有个讲究，那就是入口的东西也要讨一个好彩头。

比方说张家口最经典的主食——糕，谐音就意味着步步登高年年高。这里的糕分为黄糕和红糕两种，黄糕是拿黄米做的，红糕的原料是黏高粱面。虽说这东西并不稀罕，只是家常便饭，可是，因为这里的粮食质量好，不用精工细作，出来的东西已经是人间美味。尤其是土生土长的张家口人，他们常说的是：三天不吃黄糕，就已经想得不行了。

张家口的糕不仅是日常的主食，也是摆席待客的上品。不管是城里还是乡下，有人家赶上婚丧嫁娶，盖房上梁之类的大事，少不了都得备上一大堆的糕。吃糕要蒸糕，蒸糕的大锅里呼呼地冒着蒸汽，这在当地人看来，也是争光争气的好兆头。

在张家口人看来，最舒坦的吃法就是手里拿着一块大黄糕，面前摆上一桌八大碗。这八大碗是来自于张家口蔚县的传统名吃，顾名思义，“八大碗”就是八个大海碗里装上各式各样的好菜。

这八样菜品都有什么呢？有五色相间的“丝子杂烩”,有肥而不腻的“炒肉”，有香醇入味的“酌蒸肉”,有荤素调和的“虎皮丸子”,有夹肥夹瘦的“浑煎鸡”，有鲜嫩味美的“块子杂烩”，有色香俱佳的“清蒸丸子”，还有清淡别致的“银丝肚”。这八大碗里有肉有菜，有汤有水，瞧着好看，闻着喷香，入口更是让人难忘，真是这塞外之地的美食标签。

在张家口提起这个吃字，不得不说到一个小小的县城，这就是山沟沟里头的怀安县。别看这地方不大，其中的饮食文化却当得起“博大精深”四个字。

怀安县里有三宝，头一样是柴沟堡的熏肉，再有就是“一窝丝”的烙饼，加上闯王李自成最爱的那口豆腐皮，就是山城最传统的味道。这几样美食之中又有什么样的故事呢？

说起这里的熏肉，在民间有个传说，讲的是在清朝的时候，柴沟堡里有一家财主大摆宴席庆祝六十大寿，大家大户的过生日，自然招来了不少的亲朋好友、地方名流，做主人的想着把这件喜事办体面，办热闹，就专门请到了这一带最有名的大厨郭玺前来掌勺。

到了正日子，郭大厨早早地开始忙活，要备上各式各样的热菜冷拼，还打算给客人做上一道最拿手的红烧肉。红烧肉本来不是什么稀罕的菜品，不过郭大厨这道拿手菜却跟别人的做法不大一样，他先把肉用大锅煮熟，从热水里捞出来再放到柏木做成的笼屉上蒸。他这正忙活着呢，忽然推门进来一个老朋友，俩人打过招呼，老朋友就说，看他一个人在这里辛苦，一定要敬他两杯酒来解解乏。

其实，这郭大厨本来不爱喝酒，可是挡不住老朋友一个劲儿地劝，他只好把酒杯接了过来，咕咚一下喝了个底朝天。两个人聊了几句，朋友起身就要告辞，郭大厨送走了朋友，在灶台边上坐下来，他就觉得脸上发热，头也有点儿晕乎乎的，靠在案板上就睡着了。

也不知道过了多久，只听着外面嚷嚷着说要上菜，郭大厨这才醒了过来，他赶紧去看火上蒸着的肉。哎呀，这下可坏了，锅里的水早就熬干了，笼屉都给烤煳了，锅里的肉已经被烟火熏得半红半黑，这那还算是红烧肉呢?

郭大厨急得满头冒汗，他寻思着重新再做肯定是来不及了，把这做砸了的红烧肉原样端上去，实在是丢人现眼。听着外面催促上菜的声音一阵比一阵急，郭大厨只好从这些肉块中挑了一些卖相稍稍好一点儿的装盘端上桌去。

这几盘子肉端上去了，郭大厨却是一个人躲在厨房里不敢出门，竖着一双耳朵听外面的声音，就怕东家和客人突然骂起来。谁知道，大伙一看刚刚上桌的这道菜，红中带紫，外焦里嫩，闻起来还带着一点儿柏木的清香，都胃口大开。夹上一块尝一尝，肥而不腻，瘦而不柴，真是别有风味。

没过多大功夫，几盘肉就被大家一扫而光，客人们一边吃着，一边还念叨着："这郭大厨不愧是地方名厨，一道普普通通的猪肉竟然能做出这么好的味道！"

这时候，半天不敢出声的郭大厨才敢露头，他果然是个机灵透顶的场面人，脱口就说：今天是东家大寿的好日子，所以我特地做了一道柏木熏肉，让大家尝个鲜。

从这以后，郭氏柏木熏肉的名声就传了出去，受到这件事情的启发，郭大厨也回去潜心研究熏肉的手艺。根据《怀安县志》上的说法，清朝同治年里，他终于创制出了制作熏肉的独门技艺。

远远近近的人们都知道这家的熏肉有名，郭大厨的手艺高超，也有不少年轻人要来这里报名学手艺，郭大厨倒也不抠门，他挺乐意把自己的手艺传给大家。就这么着，郭家的铺子里收了好几个小徒弟，他常常对徒弟们说："我是

柴沟堡熏肉肘花

厨师开肉铺，色香味都得跟别人家的不一样，一看、一闻、一尝，就能知道这是我郭玺做的熏肉。”

郭大厨的熏肉的秘诀连传三代，后来，这一带冒出来好些个专做熏肉的铺子，外地人来到这里，总得买上几块解解馋，也顺道把好吃的带给自己的亲戚朋友。这熏肉名气越传越远，到如今，在咱们全国也数得上是一样别具特色的风味美食，这就是鼎鼎大名的“柴沟堡熏肉”。

**一手绝活，如何名传百里成就经典？**

**一味佳肴，如何香飘万家打响招牌？**

怀安县里有个马市口村，因为这里处于河北、山西和内蒙古三省交界，南边挨着东洋河，北边就是古长城，自古以来就是南来北往的交通要道，常年都能见着南腔北调的过客和各式各样的马贩子，所以这里就得名叫作马市口。因为这里人多热闹，渐渐地就有好多饭店在这里扎堆，其中一家特别出名的就是专卖“一窝丝”烙饼的老字号。

据说，早在光绪年间，马市口的郭家客店来了一个姓陈的外地人，这人岁数不大，却有一手的绝活，他能用白面和麻油做成一尺长的拉面，就拿着这么一根丝，一圈一圈地盘出来，这就成了一张饼。提起一条线，放下一张饼。这样东西让大伙觉得挺新鲜，陈师傅本人也觉得挺得意，没事就愿意给人显摆他的手艺，后来，就干脆把灶台搭在了客人就餐的火炕边上。

有一回，陈家的店里来了客人，陈师傅把一张刚出锅的烙饼拿给客人，客人用手一抻，热乎乎的烙饼就成了一根直溜溜的面条，再一松手，那面条又窝成了一团丝。客人拍着手连连叫好，说这烙饼必须得有个名号，不如就叫作“一窝丝”。因为陈师傅的好手艺，小店的人气越来越高，“一窝丝”的名声也就传了出去。

陈师傅的房东老郭是个精明的生意人，他瞧着陈师傅的生意挺来钱，也要跟着他拜师学艺，就这么着，郭家人传承了陈师傅的烙饼绝活儿，这手艺代代相传，就成了马市口的一味经典小吃。

除了“柴沟堡熏肉”和“一窝丝”烙饼，“怀安三宝”还有一样就是筋道好吃的豆腐皮。张家口一带盛产大豆，豆腐也是本地人最喜欢的食品，各式各样的豆制品里边，最出名的就是那一张薄如纸张，筋似皮条的豆腐皮。这样东西入了菜，不管是用上煎炒烹炸，还是做成冷荤热素，味道都很是不错。

据说，当年闯王李自成到了怀安县里，还专门尝过这里的豆腐皮。说这里的豆腐皮简直就是天下一绝！也许就是从那开始，豆腐皮的名气也就更大了。

要问这豆腐皮为什么这么好吃，还得仔细说说它的制作工艺。有内行人透露了制作怀安豆皮的秘诀，说这黄豆要经过打浆、烧胚、过滤、点浆、舀皮、压水、扯皮、煮皮等等若干道工序，而且这一连串的事都得在40摄氏度的高温环境中进行。经过这一系列的精工巧作，刚扯下来豆皮白生生，颤巍巍，就把它当手绢似的揉成一团，那上面也看不出一丝半点儿的裂纹，这就是怀安豆腐皮的独到之处。

张家口的饮食就像是张家口的人，每一样都那么实诚，又那么精细，而且还带着一股子亲切的乡土味，这真可应了那老话：“一方水土养一方人”，“一方水土出一方美味”。

这正是：

宣府名城佳肴多，大烹五鼎飨宾客。

卤味鲜美莜麦香，熏肉丝饼美口蘑。

# 第四回　民族饮食多　习俗特色明

上一回我们品尝了塞北山城张家口的风味美食。俗话说："十里不同风，八里不同俗。"咱们河北是一个多民族聚居的大家庭，回族、满族、蒙古族……算起来总共41个兄弟民族，大家和和美美地生活在一起，在吃这个问题上，却是各有所好。那么，他们都好哪一口，又有哪些不一般的讲究呢？

满族在咱们河北分布比较广，除了承德市区，还集中居住在丰宁、围场两个满族自治县以及秦皇岛市的青龙。因为地处寒冷的北方，满族的饮食带有浓厚的北方特色。他们都喜欢吃什么呢？

满族先祖女真人以畜牧、渔猎为主，比较爱吃肉，野猪和家猪是主要肉食来源，蔬菜的品种少，春夏季节可以去采山野菜，到了秋天，把新鲜的青菜放在缸中发酵，做成酸菜。炖、炒、凉拌、做汤、做馅，随吃随取。在青龙县，猪肉炖酸菜是满族同胞最常吃的菜；在丰宁，老百姓过年杀猪的时候呼朋唤友，炖猪肉、做血肠，好不热闹。还有些地方，家家的炕桌底下都有一个圆形洞穴，正好能放下马勺，寒冬腊月里，炕桌下放一个火盆，就着马勺里的酸菜，热乎乎的饭菜吃着暖和又舒坦。

说起酸菜的由来，还有一个美丽的传说。相传金太宗完颜阿骨打起兵反抗大辽时，远征漠北，命令他的大妃带兵押运粮草蔬菜。不料在途中遇上辽军，由于押运的人少，寡不敌众，全都战死了。大妃临死前还不忘将几棵大白菜藏进陶罐里，等到阿骨打前去接应大妃时，在大妃的遗体旁，发现了装着白菜的陶罐，由于雨水浸泡，大白菜已经发黄变软，并且发出一种奇特的酸味。阿骨打将大妃安葬在山坡的松树旁，将大妃舍命保护下来的几棵白菜切碎，炖上猪肉，分给大家吃。女真军队吃了以后顿时觉得体力大增，高喊着为大妃和死去的将士报仇，一举打下了宾州城。从此以后，女真人学会了用白菜腌制酸菜，大妃也被女真人尊为渍菜女神。

火锅也是满族人爱吃的美食。以前，满族人住在塞外，天寒地冻的，狩猎回来，点把篝火，架起陶罐，热汤热饭越吃越暖，后来呢，这个吃法就演变成各式各样的火锅美食。

满族同胞都是美食家，单是这火锅的种类，就让人眼花缭乱，有天上锅、地上锅、水中锅、渍菜白肉火锅，最有名的是“飞龙锅”，那可是珍馐美味。什么是飞龙锅呢?

满族先民认为食用百鸟可以让人动作敏捷，所以各种飞禽都可以抓来做火锅吃，从而形成了别具特色的“飞龙锅”。“飞龙”是满语，学名叫“树鸡”，是兴安岭林中一种较小的飞禽，跟熊掌、哈士蟆、猴头并称四大山珍。俗话说“天上龙肉，地上驴肉”，“龙肉”指的就是“飞龙”。飞龙锅的汤汁味道鲜美，营养也特别丰富。

清兵入关以后，火锅传遍了大江南北。这份独特的美食下得了市井街巷，入得了宫廷大餐，据清代历史文献记载，康熙、乾隆两朝曾举行过四次千叟宴，席上用了1500多个火锅，算得上历史上最盛大的火锅宴。

除了火锅，满族还有一种传统美食，估计大家伙都吃过。什么呢？萨其马。一提到萨其马，不少人都以为是外国传来的洋玩意儿。其实萨其马是满语，汉语意思就是金丝糕、蛋条糕，它是用精粉、鸡蛋、糖、芝麻、瓜子仁、青红丝等做成。怎么做呢？第一步，用鸡蛋加适量的水来和面，然后擀成薄片、切成细条，用油炸成黄白色捞出来。第二步，将糖和水放进锅内烧开，制成糖稀，再将炸好的细面条用糖稀拌匀，倒进铺满芝麻、瓜子仁、果脯的木框内压平，用刀切成方块形状。这道点心色香味俱全，酥软可口，到现在都很受欢迎。

*生命攸关，努尔哈赤如何虎口脱险？*

*危急关头，忠义黄狗如何舍命救主？*

俗话说，萝卜青菜，各有所爱。在吃这个事儿上，人和人口味各有不同，不同的民族之间更是千差万别。比如，狗肉，在有些人眼里是至上的美味，但是，对满族同胞来说却一点儿不能沾。

为什么呢？这得从这个满族的一个大人物清太祖努尔哈赤讲起。

故事说的是，努尔哈赤小时候，在明朝总兵李成梁家当仆人。有一天，努尔哈赤伺候李成梁洗脚，李成梁得意扬扬地举起了脚丫子：“瞅见我脚心上这四颗红痣了吗，这是当大官的命。”努尔哈赤看了，不以为然地说：“大人，我脚心长着七颗痣呢。”

李成梁赶紧让努尔哈赤脱了鞋，凑上前一看，出了一身冷汗。心里嘀咕说：“近年来有人夜观天象，说辽东将有真龙天子出现，跟大明皇上争天下。会不会就应在这小子身上呢？”

想到这儿呢，李成梁就准备抓了努尔哈赤告官领赏，努尔哈赤听到风声，带上朝夕相处的一只大黄狗，抢先一步逃了出去，李成梁慌忙带人骑马去追，眼瞅着就撵上了，努尔哈赤一头钻进了芦苇荡。夜黑风高，李成梁搜了半天没搜着，气急败坏地说：“放把火，把他烧死算了。”追兵们奉命点着火，火苗子噌噌地窜进芦苇丛，努尔哈赤被浓烟熏晕了。眼看着大火就要烧到努尔哈赤身上，那条大黄狗，跳进水中，沾了一身水，在小主人身边的草地上来回转圈打滚，就这么着，努尔哈赤捡回一条命，但是忠义的黄狗却活活累死了。

芦苇烧完了，追兵还不放心，走进来搜尸，就在这时候，扑啦啦天上飞来一大群喜鹊把努尔哈赤盖了个严严实实，追兵一看，以为这群鸟在啄食尸体，看来努尔哈赤必死无疑了，就掉转头折了回去。努尔哈赤从昏迷中醒来，发现身上落着一群喜鹊，边上躺着一条黄狗，明白是谁救了他。他感念大黄狗的救命之恩，用手挖了一个大坑，把大黄狗埋上了。打这以后，满族人世世代代不吃狗肉。

其实，满族人不吃狗肉，不单单源于这个传说，更是跟满族先民的生产、生活方式有关。过去，满族先民们居住在山林地区，长期狩猎为生，差不多家家养狗，少的几只，多的几十只。

外出打猎，狗是好帮手，好的猎犬，不但能寻踪报讯，还能直接捕获野物，主人遇到危险，它们还经常不惜牺牲自己的生命出手相救。“黄狗救驾”的故事，其实并不是个例，满族人对犬类很尊敬，不仅不吃狗肉，也不戴狗皮帽子，不穿狗皮大衣，在满族姑娘出嫁时，还有把狗作为陪嫁的习俗。

咱们前面品了品满族同胞的几样特色美食，接下来咱们再去回族同胞居住的地方走一走，瞅瞅他们灶台上摆着什么好吃的。

回族是咱们河北人口最多的少数民族，回族人喜欢喝茶。在回族茶俗中，喝盖碗茶是最富特色的一种。常见的八宝茶由青茶、白糖、冰糖、红枣、桂圆、枸杞、芝麻、葡萄干等构成，营养丰富、搭配均衡，非常符合现代营养学的原则。

回族平常以面食为主，油香和馓子都是特色美食。每逢重要的日子，都要做油香、馓子来庆祝。

什么是油香呢？油香是回族对油饼的一种特殊称谓，分为普通油香、糖油香、肉油香三种。每逢开斋节、古尔邦节、圣纪节，或家里来了贵宾，给孩子过满月，过百日、结婚等，家家都要做油香。除了自己食用以外，还要馈赠邻里乡亲，互相品尝，祝贺节日。

回族油香的做法并不复杂，用温水加上一些油、鸡蛋和面，再加一点儿食盐或红糖、蜂蜜，做成圆形，上面划出两三条刀纹，再用清油炸熟。

这事儿听起来简单，可实际上规矩也很多。回族人和油香面讲究“三光”——面光、手光、盆光。也就是说，面和好后，面团要筋道光亮，和面的手要爽利干净，面盆里外也要光光亮亮。

回族做油香掌锅的得是有经验的长者，做油香之前要洗大净，等到油锅里面的油香稍微变黄后，翻一个个儿，当两面鼓起来，颜色变得焦黄，就能捞出来。做油香需要用慢火，这样做出来的油香脆而不焦，所以有“慢火做油香，两面都发亮”、“爆油做油香，里生皮焦不发亮”的说法。油香象征着团结、友谊、幸福，是回族穆斯林传统的圣洁食品。

说起清真美食，除了油香，还有一个不得不提，那就是保定市清真名吃“白运章包子”。这普普通通的包子，怎么会有这么大名气呢？

1924 年，回族面食厨师白运章以自己的名字在保定开设了一家包子铺，他做的包子薄皮大馅，形状漂亮，入口喷香，深受老百姓喜欢。1958 年，在全国大中城市包子质量评比中，白运章包子跟天津“狗不理”包子双双夺魁。1980 年，又被评为河北省优质风味食品名牌产品。

白运章包子为什么这么好吃呢？那是因为它用料讲究，牛羊肉必须是鲜嫩的，专挑脊背肥瘦相宜的花羔肉，用小磨香油调馅儿。包子皮选用优质面粉烫面制成，做出的包子皮薄、边窄、馅大、油多，形状像铃铛，隔着皮能看到馅儿。里面的馅儿抱成团，把包子拿起来一晃，肉团就在里边晃动，咬一口，肥而不腻，回味悠长。

20 世纪八九十年代，白运章包子铺每天一开门，就忙得不可开交，跑堂的胳膊垫着布，一大摞盘子从手一直码到脖子上，轮着座位送，一次一盘，吃完再给。可惜的是，因为种种原因，白运章包子铺现在已经停业，要想品尝到正宗的白运章包子，还要再等些时候，我们也希望这道传统又家常的美味能够重新回到我们的生活中。

古老隆重，全羊席怎样成为待客首选？

精美绝伦，全奶席怎样体现民族智慧？

在咱们河北省，蒙古族的特色美食也非常出名。蒙古族以食用羊肉、牛肉为主，全羊席是蒙古民族最古老、最隆重的一种宴席，一般只在盛大宴会或接待贵宾时摆设。将整羊加工后摆在长方形的大木盘里，像一只卧着的活羊，肉味鲜美，满屋飘香。宾客在进餐前，要举行仪式，高唱赞歌，朗诵祝词。

手把羊肉，有的地方也叫手抓羊肉，就是用手把着吃。整个羊肉并不剔骨，而是剁作大块，每块肉上都带骨头，煮熟后抓着骨头吃肉。张家口坝上的手把肉在制作时，一般都是把带骨的肉块放在锅里，放上大料、花椒、小茴香、桂皮、葱、姜、盐、酒等调料，煮熟后食用。吃的时候还有讲究，就是用手把着肉，蘸着各种作料调成的汁食用，让人唇齿留香。

另外，蒙古族的“全奶席”更是饮誉中外的风俗宴席。全奶席有 30 多个品种，每种奶食品既是一道色香味俱佳的“菜肴”，又是一件精美绝伦的工艺品，处处体现着蒙古族人民的勤劳与智慧。比如奶饽饽，像一个比铜钱略大的月饼，雪白的干奶上装饰着花纹图案，里面包着五仁、豆沙、果肉等八种馅儿，小巧精致，令人不忍下口；还有盛在玻璃杯中的水晶乳，底下一层红色果冻，中间一层雪白香乳，上边一层淡黄银耳，晶莹剔透，让人看不够，更舍不得吃。

这正是：

回族清真全羊宴，红餐白食马琴弹。
山珍海味聚满席，塞外民族多美馔。

第五回

# 中华老字号　传统味道浓

上一回我们介绍了河北各地的饮食习俗和趣闻，这一回接着行走燕赵大地，找一找那些代代相传的老字号美食。这不走不知道，咱们河北的老字号还真不少：藁城贡面、金凤扒鸡、槐茂酱菜、一篓油水饺、柴沟堡熏肉……这些老字号美食留给人们的不仅是吃一回想两回的好滋味，还有有意思的老故事。这故事里的事到底是怎么一回事？

咱们先到千年古城邯郸去瞧一瞧。

说起邯郸那可不简单，它有着成语典故之城、中国散文之城、太极之乡等称号，真可以说是文武双全，内外兼修。除了这些，古城里面还藏着不少远近闻名的中华老字号。提到雄霸邯郸城的一样名吃，这头一号就是一篓油水饺。

这水饺在咱们北方地区不是稀罕的东西，别说是酒店商号了，就普通老百姓来说，也是家家户户谁家都会做。邯郸的一篓油水饺除了名字新鲜，还有什么特殊之处呢？咱们得好好说道说道。不过，得先从包子说起。

在战国时期，邯郸是赵国的都城，藏龙卧虎，人才辈出，三百六十行里的能人都聚在这一块。就在这座都城的南门之外，一位名叫王一香的厨师开了间铺子，专营的拳头产品就是一样——肉包子。

这肉包子虽然普通，可这王家出品的却不一般，是采用了上好的新鲜猪肉加上时令的蔬菜，再加上当地盛产的小磨香油做调料。还有一样美味神器，就是炖肉的老汤掺进馅料，这味道是特别鲜美。

可别小看了这王家的包子，据说这包子钻鼻子的香味还引来了一位古代的大将军。这位将军是谁呢？

有一天，赵国的大将军廉颇从武灵丛台点将归来，一路驾着马就到了南门之外。这时候，一股诱人的香味扑鼻而来，顿时大将军廉颇的肚子里叽里咕噜叫了起来。他抖了抖马缰绳，几步快跑就到了王家包子铺门前。

廉颇招呼店小二给拴好了马，大步流星走进了包子铺。这时候正当晌午，不大的包子铺里已经是座无虚席，店小二见他戎装在身，心里知道，这位军爷绝对来头不小，是一位大人物，赶紧给让到了里面，可是左看右看，却没找到一个空位子。一打听，才知道蒸好的包子都已经在客人桌上，要等下一锅出炉，恐怕还要半个时辰。

廉颇是个急性子，一听这话，转身就进了后厨，掀开门帘往里面张望。这一看，就发现案板上现成的摆着几十个包子。他生气地说道："好哇，你竟然骗我，这里不是有现成的包子吗？"后厨的师傅们赶忙说道："军爷，这是刚刚包好的，还得上锅蒸！"

可是廉颇早已经饿坏了，哪里还能等着包子上屉，慢慢蒸熟，情急之下，他抓起几个就扔进了旁边的开水锅。

店里的厨师们看着这事不对付，谁也不敢吱声，客人都饿急眼了，那他就爱咋咋的吧。没一会儿的工夫，这锅里的包子漂上了水面，一个一个水白剔透的好像是羊脂玉做的一样，那味道，香啊！等在旁边的廉颇赶紧捞起了锅里的包子，一口一个就塞进了嘴里，一锅包子下了肚，廉颇才意犹未尽地说了一句："一咬一口油，这包子可真好吃！"

这时候，廉颇的随从一一跟了过来，大伙才知道原来这位心急的食客就是威风八面的大将军廉颇。

后来，廉颇将军在这王记包子铺亲手煮包子的故事就传了出去，一传十、十传百，故事就像是长了翅膀。有了廉颇的名人效应，没多久，赵国的人都知道了这里的包子好吃，而且煮着比蒸着更好吃，慕名而来一试究竟的客人也就越来越多，包子铺的生意越来越红火。

**生意红火，包子铺为何变成饺子铺？**

**名传千里，一口油因何改名一篓油？**

眼瞅着店里的生意一天比一天红火，掌柜的王一香乐得嘴都合不上了。客人们来这里都要煮包子吃，一来二去的，掌柜的受到了廉颇将军煮包子的启发，灵机一动，顺手又做了一些饺子来卖，没想到，卖得比包子还快。

掌柜的一看，得了，干脆不卖包子了，直接卖饺子吧。后来，他还因为廉颇将军的称赞，把名字改成了“一口油”。王氏的后人们继承了传统做法，不管朝代怎么更替，王氏饺子一直都是当地百姓的心头好。

那么，“一口油”怎么又变成了“一篓油”呢？

话说到了北宋年间，一位进京赶考的南方秀才来到了邯郸城。这位秀才不光书读得多，还是一位美食家，这一趟出门不光是为了赶考，也为了品尝沿途的众多美食。他一到邯郸城，就四处打听，听说这里的一口油水饺非常有名，就立马找到了那里。一进店，叫了一盘水饺上桌，这一口下去，香喷喷、油汪汪的好味道就让他再也停不下筷子。一盘水饺很快见了底，秀才吃完以后，咂巴着嘴说：“走了几千里也没吃到这么好的水饺，薄皮大馅一篓油，真是名不虚传。”

掌柜的一听这话，心里也挺高兴，想着这“一篓油”的名字更加生动，也更要响亮，就把“一篓油”定做了新名号。

从此以后，“一篓油”水饺一传十，十传百，买卖做得更红火了。这样香飘万里的美食一直流传了几个世纪，获得“中华老字号”的荣誉更是实至名归。

古城邯郸有个一篓油水饺，那古城保定又有哪些老字号呢？

有句话说得好，“保定有三宝，两宝在槐茂”。保定有三宝，分别是铁球、面酱、春不老。这面酱和春不老都出自槐茂老字号。走在保定的大街小巷，到处都能看到“槐茂”的字号。槐茂是保定人日常餐桌上的必备，逢年过节，走亲访友，还是最能拿得出手的礼品。

槐茂酱菜为什么这么出名呢？还得从康熙年间说起。

康熙年间，有一对赵氏夫妇千里迢迢从绍兴来北京赶考，可没有考中。小夫妻俩不想回家乡，就琢磨着在北京城里讨生活。找个什么活儿干呢？他们的老家绍兴是有名的“酱缸”，腌制酱菜的手艺那是一流的，这对小夫妻从小耳濡目染，也学得一身好手艺。干脆，就在这里卖酱菜吧！

他们先在北京的金鱼胡同开了一个小酱园，后来搬到了保定西大街，用几口大缸开始了他们的事业，专营酱菜和面酱。而他们的店铺门前有一棵老槐树，枝繁叶茂。这对夫妻心想，要是自己的生意能够像那棵老槐树一样枝繁叶茂、买卖兴隆就好了，就给自己腌制的酱菜起名叫“槐茂”。

小夫妻的槐茂酱菜选料上乘，工艺独特，酱香浓郁，脆嫩爽口，很受老百姓欢迎，生意一天比一天兴盛，慢慢成了当时保定最著名的酱菜，这就是“槐茂”的由来。

槐茂酱菜的名声越来越大，不光老百姓喜欢吃，不少达官贵人也好上这口。200 多年后，槐茂酱菜又和一位大人物搭上了关系，从此，多了一个大气的名字“太平菜”。这个名字又是怎么来的呢?

光绪二十九年（1903 年），慈禧太后带着光绪皇帝到易县西陵祭拜，经过保定，就在行宫（现在的保定二中校址）小住两天。慈禧太后平时养尊处优，那些山珍海味也都吃腻了，想换换口味。

这可把当地的官员们给愁坏了，太后的嘴多刁啊，什么东西能入她的口呢?当时的直隶总督袁世凯脑袋瓜灵活，心想咱们这儿的槐茂酱菜脆嫩爽口，人人都爱吃，何不让太后老佛爷尝个鲜儿。袁世凯恭恭敬敬地端上一份槐茂酱菜，小心翼翼地看着慈禧太后拿起筷子，心中小鼓敲得咚咚响。

没想到，慈禧太后刚吃上一口，就连连夸赞，“这个小菜味道真不错，叫什么名字呢？”众人连忙说道，请老佛爷给赐个名字吧！慈禧说道：“那就叫太平菜吧。”

从此以后，太平菜名声大震。不管是做官的、经商的，还是那些文人墨客，路过保定的时候都会捎上一些，作为馈赠亲朋好友的礼物。一时间，槐茂酱菜的价格飙升，当时每市斤售价白银一两七钱（放到现在，就是 500 多元人民币）。在“槐茂号”的影响下，保定酱业迅速发展起来。

槐茂酱菜为什么经久不衰?打铁还需自身硬，人家靠质量来说话。

槐茂酱菜的主要作料是面酱，它决定着酱菜的口感和色泽。面酱的制作完全是自然发酵的，时间长达几个月。就算是脱销断货，也绝对不会提前启封。槐茂酱菜在制作工艺上也是格外讲究。槐茂收购的小红萝卜必须是又脆又嫩的，韭菜花只要鲜嫩纯花的。每个菜种都有固定的菜农，以保证原料质量的稳定。每到相应季节，菜农将原料送到槐茂酱园，由主管生产的老师傅把关验货。另外，制作酱菜用的水是当地优质一亩泉水。

好酱，好菜，好水，再加上优良的制作工艺，槐茂酱菜一举成名。历经300多年风风雨雨，依然盛名不衰。



**身处乱世，跑堂创业为何遭遇一波三折？**

**百折不挠，鸿宴饭庄如何成为龙头老大？**

说完了保定的老字号槐茂酱菜，咱们再往北边走，到唐山寻访老字号美食。唐山有个著名的鸿宴饭庄，创建于1937年，是唐山唯一一个经久不衰的中华老字号。

说起鸿宴饭庄，很多人都会想起司马迁《史记》中的“鸿门宴”。这本来是个暗藏杀机的代名词，让人一听就起鸡皮疙瘩。不知道为什么，“鸿宴饭庄”却偏偏借用了这块老招牌。赴“鸿门宴”，乍一听，确实挺别扭，不过，美食的诱惑谁也抵挡不住，为了大饱口福，即便是掉了脑袋，也值了。

没准，鸿宴饭庄的创始人要的就是这种劲爆的宣传效果！

说起鸿宴饭庄的创业经历，那真是一波三折。饭庄的创始人名叫杨廷珍，原本是唐山养正轩饭庄的跑堂，也就是服务员，整天在肩上搭条毛巾，手里拎着把茶壶，跑前跑后地招呼客人。杨廷珍有眼力见儿，聪明能干，很快被提拔为副经理。他把饭庄当成了自己的事业，拼了命地努力干。

可没想到，1935年，生意正兴旺的时候，杨廷珍跟经理发生误会，遭到排挤，他心灰意冷，卷起铺盖回老家种田去了。回到家以后，他握着锄头，心里翻江倒海。他很清楚，再勤快，庄稼地也产不出黄金白银，要想挣大钱，只有进城做生意。

于是，他重新回到城里，跟那帮好哥们碰了面。那些哥们不是老道精明的堂倌儿，就是业内呱呱叫的大师傅。酒杯一响，大家凑份子，很快买下了唐山兴隆街路南的一片土房，齐刷刷地盖起了20间雕梁画栋的铺面。

1937年农历八月廿六，唐山城里，鞭炮齐鸣，锣鼓喧天，鸿宴饭庄开业了。刚一开张，方圆百里的宾客都脚赶脚儿地下馆子来了。厨房内刀勺叮当乱响，一片热火朝天景象。

可鸿宴饭庄开张的时候，正值乱世，日本侵略者杀了进来，紧接着又是国内战争。生意不好做啊！之后，鸿宴饭庄又面临股东撤股的危机。不过，鸿宴饭庄硬是挺过来了，还一跃而起成了唐山餐饮业的“龙头老大”。他们精心制作的传统小吃棋子烧饼被认定为“首届中华名小吃”，制作的酱烧茄子、红烧裙边、酱汁瓦块鱼等菜品被评定为中国名菜。

现如今，除了国内的游客，还有很多远自英国、德国、俄罗斯、韩国、日本等国的客人慕名而来。“游唐山，吃鸿宴”，已变成了一句现代民谣。

这正是：

燕赵美食誉中华，精华荟萃多奇葩。

历史悠久再创新，百年名吃人皆夸。

第六回

# 缕缕发如丝 面条逸香远

上一回我们说到咱们河北各地的老字号美食和其中蕴含的几段老故事，这一回我们继续行走燕赵大地，寻访传奇中的美味。今天端上桌的这种食品，乍一看您或许有点儿失望，为什么呢，一年365天，即便不是天天见，也是隔三岔五打照面。不过说来奇怪，见了没啥感觉，可是几天不见，您又一准想得慌——它就是北方人顶顶熟悉的面条。说起咱们河北的面条，从南京到北京，那还真能数得上，它到底有什么出奇之处？

河北地处中原，盛产小麦，面食可以说是河北人的当家饭。河北人爱吃面条，不但自家餐桌常备，用它待客，也不寒碜。有句俗话“面条擀薄切窄，不怕临时添客”，意思是临时来了客人，您不用慌不用忙，把面条擀得薄一些，切得细一些，多添几碗水，客人的那份就出来了。

面条的做法很多，有切面、拽面、抻面、猫耳朵、刀削面等等，说起来就像报菜名，吃法也是五花八门，有打卤面、炸酱面、芝麻酱拌面，炸花椒油、醋卤和香椿做卤，也特别有味。

简简单单一碗面，有不少讲究，包含着许多的人情世故：在民间，过生日得吃细面条，叫“长寿面”；有病的人吃揪片，也叫“绝片”，意思是和疾病断绝来往；招待亲戚朋友吃粗面条或宽面条，意思是要把关系拉紧，路子走宽。

面条在咱们国家有上千年的历史，据不完全统计，光是不同种类的面条就有上千种，那么，河北有哪些特色面食，又有怎样不同寻常的好滋味呢？

杂面、饸饹、“抿蝌蚪”是最具河北特色的几种面食。

杂面就是把小麦面、绿豆面、红小豆面混杂在一起和成面，擀成薄而硬的面条，吃起来有麦香，还有豆子的清香，是河北面食的一项专利发明，要吃地道的河北杂面，要去杂面之乡衡水饶阳。

饶阳最有名的金丝杂面始创于清康熙年间，已经有 170 多年的历史。《深州风土记》形容这种面“千六百刀，面细如丝”。一斤面要切 1600 刀，每根面细得像头发丝。这操刀的师傅简直就是武林高手，杂面之乡也赶上了杂技之乡，我们看看这高手的做面功夫是怎样炼出来的？

首先要把豆面、白面、蛋黄、白糖、芝麻、香油按比例配好，和成面团，擀成纸一样薄的面片，稍微晾一下，叠好切成丝，晾干之后，就成了半透明、淡黄色的细丝，太阳光那么一照，可不就是一把把闪闪的金丝！金丝杂面不光好看，做起来也简单，用开水一泡就能吃，算得上史上最早的方便面！

饶阳当地的杂面有很多种，除了金丝面，还有宽条面窄条面，低糖的无糖的，汤面、打卤、焖面、炒面，怎么做都行，怎么吃都是好味道！

吃过了衡水饶阳的金丝杂面，咱们再换换口味，到石家庄的井陉吃碗捞饭疙瘩杂面汤。同样是杂面，两个地方的原料做法都不一样。

井陉的杂面要先用开水煮小米，煮熟了捞出来在盆内按实。然后就着米汤锅煮菜放盐，把用“水磨面”或玉米面掺黏米面做成的“疙瘩”倒进去，稍微煮煮再放杂面条，滚两滚就可以出锅了。吃得时候先盛半碗捞饭，上边浇上疙瘩杂面汤，那又是另外一种鲜美的味道。这种饭还特别抗饿，老年间修房盖屋或秋后铡草请人帮工就用这种饭来招待，碰到婚丧嫁娶的大事，这种饭也上得了台面。

再来说饸饹，也叫和漏，这是一种粗粮细吃的面食。饸饹通常选用荞麦面、小麦面、豆面、莜麦面做原料，加水和成面团，放进饸饹床里，饸饹床是一种制作饸饹的特殊工具，直接架在开水锅上，面团经过按压，变成圆形饸饹条落在开水锅中，煮熟后捞出，冬天吃个热乎，夏天过冷水，浇上卤，鲜香可口！河北哪里的饸饹好吃？我们先给大家留个悬念，一会儿再带大家细细品。

河北特色面食还有一种叫“抿蝌蚪”，又叫抿絮，做法上跟饸饹有点儿相似，它是用白面或玉米面掺些豆面加水和成软面团，把“抿絮床”架在锅上，一边抿一边煮，煮熟以后形似蝌蚪，浇上卤汤，吃起来特别软滑爽口。也可先在开水锅里滚上白菜，再抿上“蝌蚪”，撒些菠菜叶、葱花，俗称“一锅熟”。



**面食一绝，藁城宫面怎样登上大雅之堂？**

**传承百年，承德拨面如何受宠皇室贵胄？**

“从南京到北京，吃面条数藁城。”到了石家庄，不能不吃藁城宫面，藁城宫面堪称面食一绝，它的神奇之处还在于“煮熟了能吹泡泡”，这到底是怎么回事？咱们先从藁城宫面的由来说起。

藁城宫面，还有个名字叫藕面。这名字从何而来？在当地流传着一个传说：一天，张果老和柴王爷从不远处的赵州桥一路向北，走到了藁城的滹沱河边，放眼望去荷花盛开，荷叶田田，美不胜收。荷花深处有一酒馆，酒幡飘扬，二人走了半天肚子也饿了，便走了进去，酒馆里迎出两位八旬开外的老夫妻。柴王爷问有啥饭菜，老太太说：“有空心的菜，空心的窝头，还有空心的葫芦装的酒。”张果老说俺们只要两碗空心面，别的不要。老太太一听犯了难，掌勺的老汉却说：“两位稍等，一会儿便好。”说完拿着菜刀走出门，一会儿工夫转身回来，手里拿着几根带梗的并蒂莲，他切去莲花把莲梗扔进锅里，转眼便端上两碗汤面，柴王爷吃面喝汤，狼吞虎咽，连赞好吃。旁边的张果老却多了个心眼，想验证到底是不是空心面，他把面条含在嘴里，当吸管喝面汤，咕噜咕噜碗里直起泡泡，只剩下了面，没了汤，才相信是空心面。只见那老汉笑笑，说：“老汉名叫荷芑荪，今日有缘，请二位喝几杯吧。”那财神爷转世的荷芑荪，此后便教当地百姓，用当地小麦当地的水，做这种空心面。

也因为这个传说，因荷得藕，人们把这种面叫作藕面，藁城人非常喜欢藕面：洞房花烛夜必食藕面；金榜题名时乡亲也以藕面为贺礼；家来贵客、添丁进口，都少不了藕面做陪衬。

传说终究是传说，不过，这藁城宫面在历史上的确是白纸黑字、明明白白地留着出身和履历。

藁城宫面起源于隋唐，成名在明清，算起来，已经有1500多年的历史了。根据《马可·波罗游记》记载，意大利空心粉就是从“藁城宫面”模仿、演变而来的。明朝有位诗人凌儒子对藁城宫面更是一往情深，曾为它赋诗一首：众赞荷花贵似仙，情深又叹并蒂莲。莫愁去蒂恐丝断，化做藕面皆是缘。清光绪年间，地方官吏把它进贡皇宫，得名“宫面”。对此，《藁城县志》做了详细的记载，说是直隶总督荣禄和李鸿章都曾向慈禧太后进贡“藁邑挂面两盒”，以表忠心。

民国初年，风行一时的藁城东南与西南的李老春、张光朴两家挂面店经营不善，被杨氏福元兼并，取字号“双胜永”。他推陈出新，做的挂面不但获得过总统府的“国光”银奖，还漂洋过海出口到了朝鲜。现如今，藁城宫面已远销日本、新加坡、马来西亚等国，更加声名在外。

“丢下一粒籽，发了一颗芽，开的什么花？结的什么籽？磨的什么粉？做的什么粑？丢下一粒籽，发了一颗芽，红杆子绿叶开的是白花。结的是黑子，磨的是白粉，做的是黑粑，此花叫作荞麦花。”这是黄梅戏经曲剧目《打猪草》中的一段经典对唱。荞麦在咱们河北人的生活里并不陌生，张家口、承德坝上地区是荞麦的主产区，荞麦经过加工制成荞麦面，可以做面条，压饸饹，凉拌热吃都好，因为是无糖食品，天然健康，近年来倍受推崇。

荞麦面的种类很多，最有名的是承德隆化县张三营镇的拨御面。承德拨御面，看这出处，听这名字，都沾着皇家的味道，那么它和清朝的皇亲贵胄到底有没有关系，又有怎样不一般的好味道呢？

承德张三营原名“一百家子”，据《承德府志》及《隆化县志》记载，乾隆二十七年（1762年），乾隆皇帝率文武百官赴木兰围场狩猎，途经一百家子，住在伊逊河东龙潭山脚下的行宫。

皇帝下驾，当地官员上上下下紧忙活，当天下午，行宫主事周桐向随驾太监呈报御膳安排，特别安排了当地有名的拨面师姜家兄弟为乾隆制作荞麦拨面，并从西山龙泉沟取来上好的龙泉水和面，老鸡汤、猪肉丝、榛蘑丁和纯木耳做卤。

面做好了，热热乎乎端到乾隆跟前，御前太监把饭盘银盖取下，只见这面条细如丝，一股山野的清香扑鼻而来，乾隆食欲大开，连吃两碗，嘴里连连夸赞，真是“洁白如玉，赛雪欺霜”，一高兴，还赏赐姜家兄弟白银二十两。从此，沾上皇家贵气的拨面改名“拨御面”，列入了皇帝、后妃的食谱，一百家子白荞面名声大震，姜家兄弟生意也越做越红火。

张三营“拨御面”的手艺在20世纪六七十年代曾经一度失传，后来，当地青年厨师辛占武刻苦钻研，恢复了这一传统技艺。1981年，辛占武应邀赴北京钓鱼台国宾馆传艺两个月，教出了四名徒弟，传承了几百年的“拨御面”再度回归。

荞麦飘香，塞外古城留下何种美食？

和乐融融，市井乡野吃出哪般美谈？

河北人爱吃饸饹，饸饹谐音“合乐”，象征“阖家欢乐”，因为寓意美好，红白喜事、逢年过节，饸饹都必不可少，尤其张家口的蔚县，在老百姓大日子上，饸饹更是绝对主角，“荞面饸饹肉汤香，赶集上镇充饥肠”，在蔚县，吃饸饹是件非常郑重的事情，有很多的讲究。比如，新人举行婚礼的前一天（俗称“安棚”），中午这顿一定要吃饸饹，所谓“安棚饸饹起轿糕”，“安棚吃饸饹，白头能偕老”；农历二月二，也要吃荞面饸饹，按老话说，“龙行旧道，人吃饸饹；龙行旧道五谷丰，人吃不腻运行通”；到了每年除夕，荞面饸饹更是家家户户必不可少的座上宾，象征“年经岁末，全家和乐”。

蔚县饸饹分苦荞和甜荞两种，苦荞为冷吃，甜荞为热吃。这种饸饹“出沸汤而不粘，调荤羹而不腻，纤细韧长醇厚可口”，简单说就是不粘、不腻、有嚼头，味道好，也易于消化，因为含人体所需多种维生素、有机酸及矿物质、纤维素，又不含糖，成为倍受现代人推崇的健康食品。

近几年，在蔚县县城和桃花镇等几个城镇，出现了不少荞麦面加工企业，当地人把荞麦面做成饸饹、压成拉面，载着乡野情趣，带着河北味道，销往全国各地。

这正是：

千缕相思入水中，不惧煎熬味更浓。

待到七味全齐聚，浓香淡雅惹涎宫。

# 第七回 烧饼酥又脆 风味各不同

上一回我们说到了燕赵大地上各种美味的面条，今天咱们换个口味，去尝尝各地的美味的烧饼。说起河北烧饼，那可是传承恒久远，香味永流传，各具特色的烧饼组成一个热闹的烧饼大家族。那么，烧饼家族的老祖宗到底是谁？它又是怎样在咱们河北各地开枝散叶、繁衍生息的呢？

1966 年春，周恩来总理到邯郸大名视察，他品尝了当地的特色火烧之后，赞不绝口，还亲自接见了这种火烧的传承人郭瑞，风趣地说："老郭，你打的火烧真不错！我吃了一个半，谢谢你。"

让周总理赞不绝口的美食是什么？就是邯郸大名有名的"郭八火烧"。

在咱们民间，火烧是烧饼的一个特殊品种，区别在哪儿呢？上面没撒芝麻的叫火烧，撒了芝麻的叫烧饼。烧饼香脆酥软，有咸口儿的，有甜口儿的，老百姓都爱吃。

烧饼究竟有什么来头呢？从什么时候诞生的呢？

据考证，烧饼的老祖宗就是胡饼，也叫作馕。它不仅味道好，而且长时间保存不会变质。过去人们出远门都会带着这种胡饼，喝点儿水、吃口饼就能填饱肚子，是一种不错的旅行营养餐。汉代通西域后，胡饼成为丝绸之路上最受欢迎的食品之一。《后汉书》记载，就连汉灵帝也喜欢吃胡饼。

到了唐朝时期，胡饼开始盛行，长安城里到处有卖胡饼的店铺。传说当年唐僧取经穿越沙漠戈壁时，身边带的食品就是胡饼。后来发生安史之乱，唐玄宗带着杨贵妃一路逃到了咸阳，灰头土脸，饥肠辘辘，杨国忠一看，皇帝肚子饿了，得赶紧踅摸点儿吃的东西，他到市场上买来胡饼献给皇帝吃。大诗人白居易还把这事儿拿来作诗调侃。

再后来，胡饼越来越流行，样式也越来越多，方的圆的、甜的咸的，带馅儿的不带馅儿的，越来越精致漂亮。人们觉得胡饼这个名字不好听，就改名为烧饼。

早年小贩在卖烧饼的时候，总是点亮油灯，敲响案板，告诉客人们烧饼摊子开张了。这种别致又古老的叫卖方法是从什么时候开始的呢？咱们回到三国时期，从刘备说起。

据说，刘备早年被蔡瑁追杀，在逃亡途中遇上水镜先生的牧童，便跟着来到先生家借住一晚。当时天色已经很晚了，先生家早已经吃过饭，刘备一路逃亡没顾上吃饭，可是碍于面子，也不好意思开口让人家做饭。

到了夜深人静的时候，刘备肚子饿得实在受不了了，在床上反过来倒过去睡不着觉，好不容易挨到四更天，忽然间外头飘过来一阵香气。刘备连忙穿好衣服跑出去，顺着香气来到大街上，看到不远处有微微的亮光。走近一看，原来是卖烧饼的小贩。饿了一宿的刘备狼吞虎咽地填饱肚子，刘备向小贩提了个建议，说："小哥，除了点灯，你不妨敲敲案板吧，这样，客人们听见响声，才能更快找到你啊！"

小贩一听，这主意不错。从那以后，烧饼摊营业的时候，除了点灯，还会将案板敲得啪啦啪啦响，告诉客人好吃的烧饼在这儿呢！

现如今，《中国烹饪百科全书》中收录了各地传统名吃，19个烧饼品种里面，7个属于河北，由此可见咱们河北省的确算得上烧饼大省。哪些烧饼比较著名呢？除了咱们一开始提到的大名府郭八火烧，还有安国的马蹄烧饼、唐山的棋子烧饼、石家庄的缸炉烧饼、邯郸的老槐树烧饼等等。这些烧饼之所以出名，除了多年不变的好味道，还有不一般的传奇身世。

**断头台前，马蹄烧饼留下何种悲壮传说？**

**赶考路上，棋子烧饼源自哪般奇思妙想？**

烧饼大家都吃过，有方的，有圆的，大家见了都不奇怪，不过保定安国有一种烧饼，却做成马蹄的形状，这又是为什么呢？

这种烧饼的做法在中国是独一份。它的形状像个马蹄，外面蘸着芝麻，里面夹着猪头肉、香肠、焖子等肉食，咬一口，外酥里嫩，嚼一嚼，满口留香，让人吃了这顿儿还想着下顿儿。

安国的马蹄烧饼，有一个流传很久的故事。说是很久以前，安国有一家复顺昌烧饼铺，做出的马蹄烧饼呈色金黄，脆香可口，里面夹上自己炖的拆骨肉，咬一口，唇齿留香。很多人只要说到复顺昌烧饼，就会忍不住地砸吧嘴。很快，马蹄烧饼的名气越来越响亮。

这么一天，一位县太爷走马上任来到了安国，可没承想前脚到，后脚一个仇家也跟了过来。这位仇家是江洋大盗，天不怕地不怕，身怀绝技武，艺高强，此行目的就是砸场子。他站在县太爷的八抬大轿前破口大骂，拳脚相加，刀光剑影，把一帮衙役们打得晕头转向，然后就幻影般消失了。遭遇这个特别的上任典礼，县太爷又恼又羞，发誓一定要抓住这个狂妄的家伙。

县太爷派出一支复仇小分队，没日没夜地搜寻，终于发现了盗侠的藏身之处——就在安国西边一个偏僻的村子里，这位好汉正光着膀子躺在炕上睡午觉呢。那些衙役自知不是对手，谁也不敢上前，强攻不成，那就智取。他们准备了绊马索和长钩，用长钩钩住他的身子，一群人一拥而上，江洋大盗身子被捆的结结实实，纵然有天大的本事，也没法施展。抓住人，县太爷这个解恨，连审都不审，直接就要砍他的头，以绝后患。

却说衙役们押着那位囚犯朝着断头台走去，半路上经过复顺昌烧饼铺。那人看到烧饼铺的招牌，大声喊道："听闻复顺昌烧饼好吃，如果能吃到他家的烧饼，我死而无憾！"

监斩官听到了这话，对手下摆摆手，示意他们去买烧饼。可是囚犯的双手被绳子反绑着，烧饼买回来了，他也没法吃啊！有个衙役看他死到临头，有些可怜，就把烧饼送到他嘴边喂他吃。囚犯一看到马蹄烧饼，眼睛里面放着亮光，连着吃了好几口，最后把剩下的烧饼一口咬住，然后猛地一甩头，把烧饼甩出去，大声说道："哈哈，好极了，二十年后又是一条好汉！"就这样，他心满意足地登上了断头台。

这个故事听起来的确有点儿惨烈，可是，就是死到临头还想着吃上这口，足以说明安国的马蹄烧饼真是名不虚传。

尝过了安国马蹄烧饼，接下来，我们继续向北走，到唐山去品一品另外一种与众不同的烧饼——棋子烧饼。

棋子烧饼是唐山的特产，跟唐山麻花齐名。它的大小和形状跟象棋的棋子一样，故名棋子烧饼。俗话说得好，麻雀虽小，五脏俱全。您别看这棋子烧饼个头不大，可是里头内容可不少，有肉馅的、什锦馅的、腊肠馅的、火腿馅的等等，随您挑任您选。

有人要问了，这棋子形状的烧饼，是谁发明的呢？

老早以前，唐山丰润县是城皇帝出巡的必经之地，关外的人们进京也要路过这里。那些上京赶考的学子、做买卖经商的人来来往往，都要在这边歇歇脚。到了光绪年间，丰润城关的西大街开了一家叫裕盛轩的饭店，货真价实，服务周到，南来北往的客人们都认这一家。

一般客人们临走的时候，都要带一些干粮在路上吃，裕盛轩饭店给他们准备的干粮往往都是馒头、大饼和缸炉烧饼。可时间长了，干粮会越来越硬，吃起来干巴巴的，嚼着费劲，还没有滋味。

有一天，一位赶考的学子临走前去买烧饼，看见裕盛轩饭店的老板正在跟别人下棋，玩得聚精会神。那个学子在一旁看了一会儿，拿着手中的缸炉烧饼，对正在下棋的老板说："您的烧饼要是加进点儿豆沙馅，个头像这棋子一样大该有多好！"老板一愣，手里拿着棋子，连忙问道："为什么要做成这样？"那个学子说："您看看啊，做成棋子这样，里面再加点儿豆沙馅儿，吃着就有滋味。方便吃，也方便带呀！"老板一听这话在理儿，放下手里的棋就要回去做，临走不忘送这位读书人一句吉祥话："等到客官您高中皇榜的时候，我就用小烧饼为您庆祝。"

裕盛轩的老板说干就干，他跟厨师一起商量这事儿。把缸炉烧饼做成棋子大小，没有问题。烧饼里面加上豆沙馅，也没有问题。可是怎么才能让烧饼保持酥软呢？厨师们变着花样琢磨，一遍又一遍尝试，最终摸索出了一个防止烧饼变干变硬的妙招。什么妙招呢？

那就是用鸡油和面进行烘烤，里面加上又香又甜的豆沙馅，这样做出来的烧饼酥脆爽口、外焦里嫩，顿时吸引了不少人。

20世纪20年代，唐山新开了一家饭店，叫九美斋饭店。为什么叫“九美斋”呢？那是因为，饭店的老板赵东富为了吸引顾客，请了九个年轻漂亮的姑娘当女招待，在那个年代，这个举动可是够大胆的，饭店一下子火了。不过，再怎么说，美女只是炒作的噱头，赵老板知道，要想留住客人，必须有拿得出手的招牌美食。他听说丰润的棋子烧饼很受欢迎，就派一名厨师去偷偷学艺。

这个厨师乔装成顾客，一来二去，就看明白了棋子烧饼的做法。不过，他觉得只有一种豆沙馅太单调了，对棋子烧饼进行了重新改造，琢磨出了更多的配料，一斤精面，配四两鸡油、半斤五花肉，外面再撒上一层芝麻。这样做出来的棋子烧饼，色泽金黄、外焦里嫩，九美斋偷艺的棋子烧饼很快风靡唐山，手艺一代代地传承下来。据说周恩来总理出访波兰的时候，还曾经派人到唐山购买棋子烧饼，作为国礼送给外宾。

**做法独特，缸炉烧饼怎样火热出炉？**

**花样翻新，河北烧饼如何香飘百年？**

在省城石家庄一带，民间流传这么一条谜语：“城府千层四方方，芝麻万点心计长。奈何八挂炉中烧，纵到唇边更放香。”这说的什么？缸炉烧饼。

缸炉烧饼是石家庄的特色小吃，做法比较特别，和好面做好胚子贴在用缸

缸炉烧饼

做成的炉子壁上，炉子里火苗子生得旺旺的，这么一烤，脆响的烧饼就出炉了。石家庄人很喜欢吃缸炉烧饼，特别是在烧饼里夹上石家庄粉肠，那个香啊，就甭提了！

关于缸炉烧饼的由来，还有这样一个故事。传说，元朝末年，明太祖朱元璋占领南京城，派兵到北方攻打元军。一番兵荒马乱之后，许多村子变成了废墟。女人们哭哭啼啼，男人们唉声叹气，孩子们哭着喊着要东西吃。有个小炉匠看着这些孩子实在可怜，就把仅有的一点儿玉米面从破口袋里倒出来。可是，整个村子连个完整的锅碗也没有了，怎么把玉米面做熟了吃呢？

小炉匠到处翻找，最后从瓦砾堆里挖出两块破缸片，用水洗净，在一片上和好面、做成小饼；把另一片用火烧热，然后把小饼贴在热缸片上，再用火烤。烤熟一尝，这种饼外焦里嫩，香酥可口。

后来，战乱平息以后，日子好过了，小炉匠买了一口新缸，把缸底凿掉，反扣过来，在中间烧上炭火，专用缸壁烘烤烧饼出售，生意红红火火。久而久之，人们就把这种烧饼叫作“缸炉烧饼”。

烧饼的吃法，也有讲究，要趁热吃刚出炉的烧饼，才能体会到那种松软酥香的滋味。不少地区习惯夹些肉类或焖肠，比方说“驴肉烧饼”、“驴肉火烧”，别有风味；石家庄人吃烧饼喜欢和豆腐脑一起吃，沧州人吃烧饼爱喝羊杂汤，在冀东一带人们习惯吃烧饼就大锅炖菜；还有些人翻新花样吃，比方说烩烧饼、闷烧饼、韭菜炒烧饼等等，做法不同，风味也不同，都是可口的美味。

这正是：

面脆油香新出炉，芝麻万点皮脆酥。

大小方圆各一绝，炖炒煎炸风味足。

## 第八回 天上龙肉美 地下驴肉香

上一回说到河北的烧饼种类多，美食的故事特有乐，说起燕赵之地的小吃，有这么一样是不得不提，要问这是什么好吃的，您先听听这几句老话："天上龙肉，地上驴肉"，"要长寿，吃驴肉；要健康，喝驴汤"。这些个有关于吃的俗语，都是拿来表扬驴肉的。关于这样营养又美味的民间小吃，究竟有着什么样的说道？

说起驴肉，那可是咱河北人最熟悉的小吃了，不管你在省内的哪个地方，都能看到专卖"驴肉火烧"的小吃店。刚出炉的热火烧加上小火慢炖的驴肉，切上点儿青椒碎末，再浇上半勺肉汤，那滋味，让人想起来就流口水。在最爱吃驴肉的老保定人心里，这样吃的简直比那"保定三宝"还要亲热。

这驴肉确实是餐桌上的美味佳肴，它没有牛肉的硬，没有猪肉的肥，也没有羊肉的膻，且不说那天上飞的，水里游的，单说在地下跑的走兽里边来个排行榜，驴肉绝对能排在上品之列。这样名吃在河北各地都能见着，要想寻

驴肉火烧

根溯源问究竟，它的根儿到底在哪儿呢？

这根儿就在保定徐水的漕河镇。这里为什么会兴起驴肉火烧这样小吃呢？那得说到宋朝的时候，漕河的码头上有漕帮和盐帮两个帮会，漕帮专门经营运送粮食的生意，盐帮做的是运盐的买卖，这两拨人为了在码头上争地盘，时常就得干上一仗，这盐帮斗不过漕帮，每回都要败下阵来。漕帮的伙计打赢了之后，总能弄到不少战利品，其中常常就有几头从对方手里抢来的毛驴，这大牲畜该怎么处理呢？漕帮用的是最干脆的办法——宰了吃肉。他们把驴肉搁到大锅里边煮熟，再把这肉夹到当地特产的火烧中间，吃起来倒是别有一番滋味。

对于驴肉火烧的来历，另有一种说法，讲的是在明朝的开国皇帝朱元璋去世之后，他那几个儿子就起了内讧，老四朱棣跟太子朱允炆在白沟河边上打了一仗，太子的将士们拼不过对手，只好退到了徐水的漕河镇。在这里要吃没吃，要喝没喝，大队人马只好干瞪着眼睛饿肚子，这可怎么办呢？将士们饿急了眼了，就杀了战马做成了马肉火烧，好歹也是一口吃的。

打这以后，肉夹火烧的吃法就在当地流传开来，老百姓们发现，用价格便宜的驴肉来做这道小吃，更是喷香有味。就这么着，这一带就兴起了驴肉火烧，外焦里嫩的火烧，夹上香味醇厚的驴肉，就成了这里最有名的美食。

**微服私访，康熙帝邂逅何种美味佳肴？**

**时来运转，李世民捧红哪样民间小吃？**

驴肉火烧遍地开花，是河北的地界上鼎鼎大名的美味，关于它的传说也有挺多，其中一个故事里的主角就是清朝的皇帝康熙爷。话说当年，康熙微服私访一路到了漕河镇，只觉得肚子里叽里咕噜一个劲儿响，一看这日头已经到了头顶，可不是该用午膳了吗？他站在路当间，左瞅瞅，右看看，就见这道路两边全都是驴肉火烧的小吃铺，康熙爷他天天待在宫里，哪知道驴肉火烧是什么味呢？他老人家想着尝尝鲜，就招呼身边的太监："去！给我买一个回来！"不大会儿的工夫，刚出锅的驴肉火烧就到了康熙的手中，他一看，那焦黄的火烧里边夹着嫩肉，上头还点缀着红的绿的辣椒葱花，单这么瞅着，就已经挺馋人了。

他连肉带火烧，咬了一大口，嗯！这味还真不赖！等到康熙皇帝回到他的紫禁城，只觉得这一趟出门没记住别的，只记着漕河镇上那一口喷喷香的驴肉火烧。他把这心思跟太监一说，太监赶紧传话下去，让宫里的御厨也照样做一份驴肉火烧来给皇帝解馋。等到火烧呈上来，康熙却再也吃不出漕河镇上的那口香味，这可怎么好呢？还得是派人上漕河买去，只有那里的驴肉火烧才是原汁原味的好东西。因为康熙爷这段故事，漕河驴肉火烧的大名也就响彻了整个北京城。

且不说这几个故事是真是假，漕河的驴肉火烧那可是真好吃，就在笑星冯巩的电影《心急吃不了热豆腐》当中，有好几次都提到了这一味小吃的大名。相声演员郭德纲也把驴肉火烧掺进了自己的作品当中。从这也能瞧得出来，从古到今，驴肉火烧一直是咱百姓的心头好。

其实，驴肉火烧的人气不光是聚在它的老家漕河镇，在沧州河间，这味小吃也有不少的粉丝。说起这驴肉火烧，其中必不可少的两样一是驴肉，二就是火烧。河间的驴肉火烧都跟漕河有所不同，河间驴肉用的是渤海驴，保定的驴肉则是以太行驴为主。从火烧的形状上来看，两个地方也有差异，河间的火烧是四四方方的模样，保定的火烧却是圆的。

保定的驴肉火烧裹着不少的老故事，河间的火烧里边也有个传说。那是1000多年前，唐王李世民还没当上皇帝，他为了兄弟之间扯不清的官司，觉得挺郁闷，就跑到如今的河间县去散心，他打扮成平常人的样子，到一个书生的家里去借宿，俩人聊了好半天，都觉得挺投缘。这书生也是个热心人，他佩服李世民那一身的才气，想要好好招待招待他，可是这家里实在穷得没法，根本没什么像样的吃的。书生狠了狠心，干脆把唯一的那头毛驴杀了待客。后来，李世民坐上了皇位，把天下的山珍海味全都尝了个遍，心里还是惦记着河间驴肉那股子香味，没事就要跟人提起当年尝过的美食。因为有李世民的捧场，河间驴肉的美味也就传遍了九州。

驴肉火烧肉当家，要想做出来一口好吃的，驴肉必须得特别好。咱们河北的位置正处于东北、西北、华北地区的中心地带，不管是天气还是地势，都很适合养驴。驴子多，驴肉好，这一带自然就有烹制驴肉的技艺流传下来，咱河北人爱吃驴肉的传统也就顺理成章了。说起驴肉，那正经是一种好吃不好做的东西，它的做法最讲究火候，火候不到咬不动，火候一过就没嚼头，要想把这好东西做出好滋味来，有什么样的诀窍呢？

内行的驴肉铺掌柜透露了这样的秘诀：要想保证这出锅的驴肉色味俱全，软而不烂，鲜而不腥，那不仅要技术，还得花工夫，头一天下午就得把新鲜的驴肉放在冷水里边泡上一会儿，这是为了保持肉块的形状和咬劲。接下来，再把它放到盛满了高汤和调料的大锅里面，架上柴火开始炖肉，等到驴肉熟透了，再搬个大石块儿来压住锅盖，继续拿小火焖着。第二天早上，就能把煮好的驴肉捞出锅了，不管是做火烧，还是切条切片直接吃，都是风味独特的美食。

驴肉的做法是粗中有细，那口味道也是香而不腻，这好吃的不单能做成火烧之类的小吃，也能摆出一桌的大菜。比方说最讲究的全驴宴吧，就是用驴身上的各个部位做成的一席大宴，您要是打算见识见识这桌美食，可以到保定的漕河去尝尝鲜，也可以在邯郸的广府古城或者石家庄元氏的殷村去点上一桌。

如果您走到保定漕河，随便跟老乡一打听，就能找到那家最正宗的漕河全驴宴饭店，到这儿不光能吃上驴肉，还能看到一座挺有意思的驴文化博物馆。在这里点菜不用费心思，招呼上一桌店家的招牌菜——“漕河全驴宴”，就能显示出您专业美食家的身份。瞧瞧这一大桌各式各样的美味佳肴，总共有108道，这阵势简直跟那满汉全席差不多了。要说这全驴宴的确不愧于这个“全”字：一是部位全，按照头、表、体、珍、尾、品这六个分类，驴子身上的每个部位全成了餐桌上的大菜；二是技艺全，菜品用上了煎、炒、烹、炸等等多种技艺精工细作；三是，这么多的做法，成就了全驴宴丰富的口味，除了酱香重口的本地风味，酸甜苦辣也是样样俱全；四是，就要说这驴肉的营养够全面，从传统的中医药膳来看，它也是一味滋补的佳品。

有些个偏好驴肉火烧的老饕，吃了这一桌全驴宴还不过瘾，又想来一口火烧尝尝。这漕河的全驴宴饭店里还有一种很有创意的小吃，这东西端上来，瞧着像是干火烧，咬一口就能发现其中的奥妙。这是用白面裹上驴肉烤成的美味，外面是焦香的芝麻，里面是鲜嫩的驴肉，对于驴肉火烧的爱好者来说，这吃法真是又熟悉又新鲜。如今，漕河的全驴宴已经成为当地的美食招牌，就连保定历史上第一位乒乓球世界冠军郗恩庭也特意上门来吃了一顿全驴宴，尝过驴肉的美味，他还留下了这样的题词——“徐水漕河全驴宴，保定美食名片！”

精工巧做，路边老店如何花样翻新聚拢人气？

与时俱进，经典佳肴如何开拓市场走向世界？

想要尝尝全驴宴，除了保定漕河，在石家庄元氏也能见着这一鲜味。这里也有家经营全驴宴的买卖家，名字就叫“顺路驴肉老店”。顺路老店的位置紧挨着马路边，这地方确实是顺路又方便，那一栋中西结合的二层小楼里，生意是特别得红火。常来常往的食客都知道，这顺路驴肉老店主打午餐，要是等到晚上来，您想吃的没准就吃不全了。所以，每到了中午饭点，这屋里热热闹闹都是专门奔着驴肉来的食客，楼下也有一大溜的凉棚，摆的是长条桌子小圆凳，坐的都是等着驴肉上桌的男女老少。这家店里的全驴宴虽然没有漕河镇上的那么全乎，不过人家讲究的是特色加创意，好些个菜品中都有您从没尝过的好味道。除了最家常的驴肉、驴耳、驴口条，这里人气最高的就要数特色招牌菜香驴罗汉肚、麻辣驴蹄筋，有特别应和年轻人口味的干锅驴尾，有按照扬州狮子头做出来的“香驴狮子头”，再有那八珍驴脑、一品驴腰、兰花蹄筋、麻辣鞭花，等等等等。到了这儿，您才能知道，这一味驴肉居然能翻出这么多新鲜的花样来。

咱们河北有句话，说的是“要长寿，吃驴肉；要健康，喝驴汤”，这驴肉不单是滋味足，营养也是特别丰富，它是低脂肪、高蛋白的食品，其中钙、磷、铁含量也都挺高，常吃驴肉，喝驴汤，不光能解嘴馋，还能让您的身体倍棒！这一道经典的美味小吃，不光在河北省里人气旺，在周边这一带的北京、天津也挺有市场。在上海世博会期间，来自燕赵大地的美味驴肉走进了世博会馆，有中式三明治之称的驴肉火烧也让很多外国朋友竖起了大拇哥儿。这小吃里包含着河北老乡的憨厚，燕赵文化的实诚，这正是它征服世界的独特风味。

这正是：

河北驴肉历风雨，特色美味遍京畿。

火烧大饼卷驴肉，酒醇肉香称神奇。

# 第九回 无鸡不成宴 闻香品龙凤

上一回我们讲了河北的特色小吃驴肉火烧，今天我们换个口味，来品尝一下河北的美味鸡肉。俗话说，“无鸡不成席”，鸡跟“吉祥”的“吉”谐音，借着这层美好的寓意，咱们河北人也是变着花样把这味食材做得有滋有味。那么，河北都有哪些做鸡的传统秘方，其中又有什么耐人寻味的故事呢？

在早先物以稀为贵的年月，只有逢年过节或是家中来了客人，主人才会炖上一只老母鸡，作为硬菜端上桌。现如今生活条件好了，鸡已经成了餐桌上的家常菜，做法也是千变万化，炒、炖、炸、煨变着花样做。今天咱们就聊聊关于鸡的美食。

先介绍一道唐山的传统名菜——芦花鸡。这道芦花鸡不光色泽鲜艳、卖相好，吃到嘴里更是鲜嫩香醇，让人忍不住地砸吧嘴。可谁能想到，这样一道美味菜肴，名字的由来却让人心酸。

相传春秋战国时期，有一个姓闵的大户人家。闵员外日子红火，夫妻恩爱，不多久，家里又添了一个大胖小子，取名子千。可好景不长，闵夫人得了个急症，撒手西归。可怜的子千没了妈，闵员外里里外外的事情转不开，就续弦娶了严氏，新媳妇年轻漂亮，进门之后又给闵员外生了个儿子，顺着哥哥的名字，叫作子万。

有了自己的亲儿子，严氏瞅着子千越来越不顺眼，背着丈夫变着法地折磨他。子千为人老实忠厚，又孝顺，不想跟父亲说，所有的委屈都自己一个人扛。家中的仆人丫鬟看在眼里，谁也不敢多话，只把闵员外一个人蒙在了鼓里。

时间过得很快，转眼子千、子万长大成人。这一年，正是数九寒冬，闵员外在家中宴请宾客，厨子佣人忙前忙后，一桌酒宴准备得十分丰盛，特别是一盘香喷喷热腾腾的炸鸡腿，一上桌，客人们连连叫好。

客人们吃得尽兴，闵员外心里高兴，他特意把两个儿子叫出来。先出来的小儿子子万脸色红扑扑的，说话大大方方，又是端茶又是敬酒，帮着老爸招呼客人，客人们连夸员外教子有方。闵员外更加欢喜，可是当他眼神一转，看到跟在后面的大儿子子千，这脸上的笑容一下子僵住了。怎么回事儿呢？

只见子千小脸煞白，无精打采，还抱着个膀子，哆哆嗦嗦，行为很是古怪。客人们对此交头接耳，议论纷纷，让闵员外十分恼火。

等到客人们吃饱喝足，一一告别，憋了一肚子火的闵员外把子千叫到跟前，一通训斥，越说火气越大，顺手抄起一根鞭子，朝子千抽了过去。一鞭子下去，子千的棉衣裂开个大口子，里面雪片似地飞出一堆白毛毛。闵员外仔细一看，不对呀，子千的棉衣里塞的不是松软暖和的棉花，也不是鸭毛鹅毛，而是芦苇荡里的芦花，这哪挡得住寒呀？

闵员外一下子明白过来，眼泪哗哗直流，这么多年，这孩子受了多少委屈啊！气头上的闵员外非要休掉严氏，可子千不忍心父亲没了伴儿、弟弟没了娘，跪在地上替后妈求情，这仁义的孩子，让当爹的更加羞愧难当。

后来，闵员外家的佣人在收拾残羹冷饭的时候，发现那道美味的鸡腿上竟然沾满了芦花，红白相间，很是好看，这道菜因此就得了个名字——芦花鸡，一直沿续至今。

一道名菜，折射出中国传统的孝道文化，赞美了以德报怨的好品质，听了这故事，吃到嘴里的芦花鸡是不是又添了些不一样的味道？

**一道美味，大名烧鸡怎样扬名古今？**

**一块黑石，镇店之宝如何流传百年？**

到过邯郸大名的人可能都听说过这里的风味名吃“二毛烧鸡”，它打清嘉庆十四年（1809 年）出生到现在，已经有 200 多年的历史。因为创始人王德兴，外号“二毛”，就有了“二毛烧鸡”这么一个怪热乎的俗名。

“二毛烧鸡”味道好，原先只是在大名府里市井街巷叫得响，也是该着它出名，这一天，本地的一位大人物光临了烧鸡店。

这是在道光年间，一位新上任的知府大人坐着轿子打从烧鸡铺前面经过，一股子香味飘飘悠悠地钻进轿子，把这位官人一肚子的馋虫都逗了出来，他让手下人落下轿，走进店去大快朵颐，吃得那叫一个心满意足，临走意犹未尽，提笔留下一首诗：“夸官逍遥道，闻香品佳肴。适逢设盛宴，吾必备‘二毛’。”

这首诗虽然文采一般，但是那一通直来直去的夸赞，却为“二毛烧鸡”加了分，赢得了“一锅烧鸡满城香”的美誉。从此以后，“二毛烧鸡”名声更加响亮。

有那么一段时间，生意做大了的王德兴传人觉得“二毛”这个名字太俗气，给烧鸡铺改了个洋气的名字，叫作“珍积成”。不过，这回改名并不成功，老主顾还是“二毛烧鸡二毛烧鸡”地叫，看来，这“珍积成”真不成，就把名字原封改了回去，“二毛烧鸡”一直叫到现在。

1966 年，周总理视察大名府时特意品尝了二毛烧鸡，也是赞誉有加。现如今，二毛烧鸡不仅走出了大名，走遍了全国，还漂洋过海到了国外。

您要是路过邯郸大名，想吃正宗二毛烧鸡，千万别找错地儿，二毛烧鸡铺有个醒目的压锅石，上半身是一个卧着的石狮子，下半部分是一个大石块，乌黑发亮。据说，这是从老祖宗那里继承过来的镇店之宝，已经传了 200 多年。这块宝贝打哪儿来的?

相传，二毛烧鸡店刚开业的时候，第一任掌柜王德兴做了一个梦，梦里有位白胡子老头对他说：“你要是想把生意做大，得有件镇店之宝。”王德兴连忙问：“那是件什么东西？”老头笑眯眯地说道：“这件宝贝非铜非铁、非金非银，乃是天地之间的灵物。”王德兴正要追问，神仙老头已经飘然而去。

睡梦中醒来，王德兴百思不得其解。这一年，王德兴到山东去，跟朋友一起登泰山，走到南天门，忽然间有一阵大雾飘过，半山腰有块石头，闪闪发着光。王德兴一鼓劲爬上前，把这块石头扒拉出来，仔细一瞅，这石头长得有灵气，又黑又亮晃人眼。联想到早年间那个梦，王德兴喜出望外，一路捧着把石头请回了家，找人把石头刻成了狮子的模样，放在锅台上当作了镇店之宝。

从那以后，二毛烧鸡店的生意更加红火，也不知道是不是镇店之宝的功劳，反正它是一代传一代，一直传到现在。

接下来，咱们再到省城石家庄转一转，品一品这里的招牌美味——“金凤扒鸡”，和大名府的二毛烧鸡比，石家庄的“金凤扒鸡”历史没那么久远，可是在老石家庄人看来，这好比鸡窝里飞出的金凤凰，中意的就是这个味儿。什么味儿呢？咱们得从这只金凤凰的由来说起。

金凤扒鸡一开始不叫这个名儿，叫“马家鸡”。1908 年，有个名叫马洪昌的回民师傅跟他的妻子在石家庄大桥街开了一家马家鸡铺。他们有着一手做鸡的好手艺，鸡肉是十八味料的秘制老汤慢火炖出来的，鸡肉用蜂蜜上色，烹炸，这样精工细作真材实料的扒鸡金灿灿、软嫩嫩、味道正、香气浓，让人见了就挪不动脚。当时的马家鸡铺虽小，可是生意特别好，热气腾腾的扒鸡一出锅，店里店外立刻挤满客人，队伍排得老长，来晚了可就吃不到了。

石家庄大桥街的马家鸡一炮打响，越来越火。不但石家庄人爱吃，不少到石家庄出差办事儿的外地朋友，也要捎回一两只带给亲戚朋友尝一尝。那么，马家鸡后来怎么改名成了金凤扒鸡了呢？

1983 年，石家庄大桥街改造，马家鸡老店搬迁到了南马路，当时也没那么讲究，就随便挂了个“扒鸡老店”的招牌。随着时代的发展，经营者有了商标意识，他们正式注册了金凤扒鸡的商标，意思是“鸡窝里飞出金凤凰”。

老字号的扒鸡虽然改了名儿，不过制作扒鸡的手艺没有变，沿用的是百年老汤，每天都要清一次汤，把浮油和陈渣去掉，再加上新料。金凤扒鸡的配方属于独门秘方，过去一直是单传，甚至那些渣子都要用火烧掉，就怕被外人偷偷学走，抢了饭碗。现如今，这种配方依然很神秘，只有个别人知道，制作的时候由专人负责配料，其他的人都要回避。据说，那熬汤的十八味料在《本草纲目》中都有记载，既是香辛料，又是中草药，不仅好吃，还能保健强身。

**机缘巧合，灾荒年间如何创建马家老鸡？**

**童叟无欺，马家传人怎样面对四面夹击？**

前面咱们刚说到，金凤扒鸡的前身是马家鸡，马家的鸡不光石家庄市区有，在河北各地也都开枝散叶。石家庄市区往北，不远的正定城里就有中华老字号马家鸡。再往北走到保定，还有一个马家老鸡，也是中华老字号，下面咱们就来说说保定马家老鸡的历史。

清朝嘉庆年间，河北省河间县果子洼村有一个青年，姓马，原本是个庄稼主，农忙的时候在家种田，农闲的时候就到集市上卖些熟鸡补贴家用，日子虽然紧巴，倒也过得去。

可天有不测风云，嘉庆元年，河间闹了一场灾，过秋的时候颗粒无收，老百姓们四处逃荒讨生路。小马也带着一家老小逃荒到了保定，在真武庙胡同租了一间房子住了下来。

一家人老的老，小的小，小马心里直犯愁。该怎么养活这一家子人呢？忽然间，他想起了自己的老本行，干脆还干卖鸡的行当吧！他懂点医药知识，每次炖鸡肉，除了放上该有的辅料，还配上一些中草药。炖出来的鸡又鲜又香又开胃，开头他在家炖好了鸡，走街串巷叫卖，后来回头客越来越多，生意越来越红火，这手艺就一直传了下来。传到了第三代，马家有了些积蓄，就在府后衙前大街置办了两间店铺，正式挂起了“耀兰斋马家老鸡铺”的招牌。

马家老鸡，老在哪儿呢？就老在世代相传的一锅百年老汤。老汤含有丰富的营养成分，用老汤煮鸡，不但能保存鸡本身的养料，还能保持传统的独特风味。马家人把老汤当作家传珍宝，概不出售、转赠。遇到亲朋好友上门求汤，一律谢绝，宁可多给几只鸡，也不给老汤，可见这老汤的分量有多重。

马家老鸡铺生意太红火，很多人看着眼气，就在旁边陆陆续续开了七八家鸡铺，跟它抢生意。

面对这么多竞争对手，马家老鸡的继承人马耀辉也不含糊，他带领着全家人起早贪黑，凭着一手祖传的好手艺和一副实诚的好心眼，把自己家的卤煮鸡做得更胜一筹，到最后，还是他们一家独大。

马家老鸡不但老百姓爱吃，还引来不少达官贵人。据说，清朝末年，李鸿章在保定担任直隶总督，听到手下人谈论马家卤煮鸡如何如何好吃，不由得也想尝一尝，这一尝可就好上了这口，无形中为马家卤煮鸡做了活广告。

到了民国初年，直隶督军曹锟、省长曹锐兄弟俩在保定期间，最喜欢吃的，也是马家老鸡铺的卤煮鸡。

屈指算来，马家老鸡铺已经走过210多个年头，在两个世纪的岁月里，马家老鸡铺多次搬迁，但是招牌不倒，一口好味道也从来没有改变。

这正是：

赤艳冠头锦作衣，八宝塔中火云起。

皮酥肉嫩卤味足，色味俱佳香四溢。

第十回

# 京东滨海席　美味啖肉饼

上一回我们走南闯北，品尝了河北各地美味的鸡肉，今天，咱们继续行走燕赵大地，寻找舌尖上的美味。这回要去的是京东一带，这里有哪些令人垂涎的美食，又留下哪些有趣儿的故事？

今天端上桌的第一道美食，颜色焦黄，外酥里嫩，油而不腻，香醇可口，上前细瞅，面皮儿透亮，肉馅饱满，这到底是什么好吃头呢？就是赫赫有名的香河肉饼。

香河在北京的东边，不知在什么年月，这肉饼一路飘香，声名传遍了京城，人们又送它一个名号“京东肉饼”。这勇闯京城、名扬四海的京东肉饼，却有一个古老的苦出身，为它寻根问祖，咱们还得从1000多年前说起。

1000多年前，我国北方的辽阔草原、茫茫大漠之中活跃着一支游牧民族，人们以游牧为生，平常的日子里，牛羊肉可以敞开了吃，大米白面却是轻易见不着。每逢家中来了客人，请吃面食是很高级的待遇，可是肉多面粉少，做点儿什么吃呢？主人把面皮擀得薄薄的，塞上肉馅，放油锅里一炸，香喷喷、金灿灿的肉饼就做成了。这种肉饼又好吃又省面，很快流传开来，做肉饼的手艺也一代代传了下来。

这样美味的特色小吃，是怎么穿草原，过沙漠，传到了河北香河？也道是有心栽花花不成，无心插柳柳成荫，事情的起因还要从明成祖朱棣说起。小小的肉饼怎样搭上了明朝的皇帝？

朱棣没有当皇帝以前，在北京当燕王，时间久了，对这里的山山水水、花花草草都有了感情，当了皇帝以后很是念旧，再加上其他方面的考虑，就把都城从南京迁到北京。

迁都是一项浩浩荡荡的大工程，还带动了全国范围的人口大流动，会做肉饼的那支北方游牧民族迁到北京东边香河一带，把制作肉饼的独门技艺也带了过来。有一个姓哈的人家搬过来不久，张罗着开了一家小店，门脸不大，取名“哈家店”，这个小店卖的肉饼鲜香薄脆，开张大吉，生意非常红火。

这店老板也是个会打算的有心人，他琢磨着，虽说现在肉饼卖得火，但是老一个味也难保人家不腻烦。香河这地儿靠近北京城，贸易发达，市场上各种调料要啥有啥，这肉饼得常改常新。哈家店的师傅们就在祖传秘方的基础上，精心研发，不断改良，调制出了风味独特的香河肉饼。

香河肉饼原本只在香河一带流传，几百年后，喜欢游山玩水、微服私访的乾隆皇帝来到这里，这位一身福气的皇帝佬儿会不会给香河肉饼带来福气呢？这里头还真有段故事。

*微服私访，乾隆皇帝如何邂逅香河肉饼？*

*遍寻美食，慈禧太后怎样赐名遵化小吃？*

故事是这么说的：乾隆十三年也就是公元 1770 年的一天，乾隆爷微服出巡，坐着龙舟来到了运河王家摆渡口。船停稳了，乾隆爷带着刘罗锅悄没声地上了岸，走进香河县，没有惊官动府，他们走街串巷，暗访民情。

说话间到了晌午，乾隆爷和刘罗锅肚子也饿了，在京城吃惯了山珍海味，乾隆爷很想尝尝老百姓的家常饭菜，俩人一路溜达着踅摸吃饭的地儿。顺着一股子香味，两个人走进挂着“哈家店”招牌的香河肉饼店。

乾隆爷坐在椅子上四下打量，发现这个小店后厨的布局挺奇特。掌案的老太太在南墙边，面冲墙擀皮做肉饼，掌灶的小姑娘在北墙边的火灶旁翻饼，两人背靠背，离得足有两丈远。乾隆爷凑上前去一瞧，做好的肉饼，每个足有锅盖那么大。这么大的肉饼，怎么放到那么远的锅里的呢？

只见那位老太太用面棍敲了一下案板，用面棍一挑肉饼，说了声：“走！”一张大肉饼嗖地飞过去，不偏不倚，掉在北墙边的铁锅里。再看那肉饼，那么大的个儿，那么薄的皮，那么多的馅，又从那么远飞过来，竟然毫发未损。这位老太太和小姑娘，离那么远，谁也没回头，配合得那么默契，把乾隆爷看得目瞪口呆，连连叫好。

一会儿工夫，一张肉饼就熟了，俊俏的小姑娘把肉饼一切几块端了上来。薄薄的皮儿金灿灿、油汪汪，夹着香喷喷的肉馅，叫人怎么不想它！

乾隆爷一口咬下去，满口留香，大发感慨：没想到人间竟有如此美味。吃完以后，乾隆爷高高兴兴赋诗一首，留下墨宝。诗中写道："香河有奇饼，老妪技艺新，此店一餐毕，忘却天下珍。"这时候大家才知道这位客官原来是当朝皇帝。乾隆皇帝这个广告，让小有名气的香河肉饼名扬天下。

京东美食，不止香河肉饼，接下来咱们一路东行，到唐山遵化去瞧瞧。到了这儿，咱们吃点儿啥呢？俗话说，"不吃咯扎宴，不算到遵化"，这道著名的美食不容错过，它的名字挺奇怪，叫咯扎。

乍一听咯扎这个名字，很多没吃过的人，还以为是糊铬渣，也就是锅巴。其实一点儿不沾边，咯扎最早是唐山遵化马兰峪那边的人发明的，那里山坡子地多，盛产绿豆。人们把绿豆磨成面，搅成糨糊状，用尖锅摊成圆形薄片，一张咯扎就做成了。出锅后香气扑鼻，韧劲儿十足，拎起来不会破，折起来也没裂纹。虽然这咯扎原料做法都没啥稀奇，名字起得也少了几分雅致，当地老百姓逢年过节、婚丧嫁娶、迎来送往，那都是必不可少，而且，这唐山的咯扎还是给皇家进贡的贡品呢。

说到这儿有人要问了，这咯扎出自乡野，做法简单，听起来跟摊煎饼差不多，怎么还能登上大雅之堂，攀上皇亲，变成贡品？

这事儿，还得从慈禧太后说起。慈禧太后当政的时候，天天山珍海味，嘴越来越刁，什么吃到嘴里都不是味！她下令各地上交贡品，有什么美食都赶紧呈上来。唐山属于直隶省，当地的官员为了贡品一事儿伤透了脑筋，这时候，东陵守陵人忽然想起，他们马兰峪这一代的老百姓都喜欢吃这种绿豆面做的薄饼。要不拿这个试一试运气！就这样，咯扎被送到了御膳房。

御膳房每天为慈禧太后准备的饭菜非常丰盛，可是慈禧太后面对一大桌子的山珍海味，每个菜最多只是夹上两口就撤下去，还有很多菜一口都没动。等到太监把醋熘咯扎端上桌，慈禧太后抬起眼皮一瞅，呦，这道菜看着眼生，没见过，就问："这是什么菜呀？"

太监赶忙回答："还没起名字呢，请老佛爷赐个名吧。"慈禧太后边听边吃了两口，感觉味道不错。举起筷子还想再夹，可身边的太监已经端起盘子往下撤了。

慈禧太后说了句"搁着吧"，意思是我没吃够，把菜放这儿别动。谁知道那个太监以为这是太后赐的菜名，马上传下去："老佛爷给这道菜赐名为咯扎。"

就这样误打误撞，咯扎的叫法在民间流传至今。更因为慈禧老佛爷亲口赐名，咯扎顿时从马兰峪山沟沟里面飞出来，身价翻着滚地往上飙。

可能，这只是个传说。不过从营养角度看，绿豆咯扎可以清肝合胃、泻火消暑，纯天然无污染，完全符合现代人饮食养生的要求。

现在，咯扎已经成为唐山人喜爱的美味佳肴，做法也是千变万化，比方说醋熘咯扎、焦熘咯扎、炒咯扎等等，摆在餐桌上，色美味香，一点儿不掉价。近年来，咯扎更是登上了大雅之堂，咯扎宴还成为当地招待国内外宾客的招牌菜。

**怀念故土，曹雪芹怎样书中品美食？**

**回锅不烂，胭脂米为何得名三伸腰？**

中国四大名著之一的《红楼梦》，不仅是一部伟大的小说，还堪称一部百科全书，里面包含许多饮食文化和特色美食的描写。这些都取材于哪里呢？

据考证，《红楼梦》作者曹雪芹的老家就在河北省唐山丰润的还乡河畔，在书中，曹雪芹多次写到家乡的典故和食材，我们举一样来说，就是胭脂米。

《红楼梦》第53回写道，黑山村的庄户给宁国府送年租，在上缴的账单上有柴、米、肉、蛋很多种，仅稻米一项就分了四个等级，常用大米1000石，而御田胭脂米才两石。胭脂米就是红稻米，一年才能进贡两石，可见非常珍贵。第75回又说道，贾母早上起来吃饭，点名要吃胭脂米粥。她吃了半碗，又派人专门给凤姐送了一些过去。咱们都知道，贾母平时非常疼爱凤姐，有好东西都要分给她吃，可见，胭脂米是连豪门贵族都稀罕的金贵物件。

这胭脂米的名字是怎么来的呢？当地流传着很多种说法。

第一种说法是，当地有一个地主因为种植这种稻米名利双收，他向朝廷进贡这种米想求个官做，皇帝跟他的宠妃尝了这种米以后，非常喜欢，赐名“胭脂米”。

第二种说法是，皇宫里的后妃娘娘用攒下来的胭脂钱经营一块田地，专门种植这种稻米为皇家专用，因为米的颜色微微发红，像胭脂一样，所以叫作“胭脂米”。

还有一种传说跟康熙皇帝有关。传说康熙皇帝有一天骑着马到郊外巡游，来到了一大片稻田的前面，举目四望，忽然发现有一片稻田与众不同。这儿的稻子成熟得比较早，而且稻穗呈现微微的红色。康熙皇帝走上前去，掐下几粒，用手轻轻一搓，外面薄如蝉翼的稻壳就去掉了，里面红色的稻米露出来，清香扑鼻。

康熙皇帝让人把这种稻米煮来吃，煮出来的米饭色泽红润、清香四溢，康熙吃完以后赞不绝口，把稻米带回宫中，封为“御用稻米”，赏赐给妃子和大臣们。

康熙有一位宠妃，因为不适应北方的气候，精神萎靡，脸色苍白。没想到吃了几天这种米粥，小脸变得白里透着红，粉扑扑的，不化妆也像是涂抹了胭脂。康熙一高兴，挥毫写下“胭脂米”三个大字。从此以后，胭脂米作为补气养血的滋补佳品，打响了名号。

胭脂米还有一个有趣的名字，叫作“三伸腰”。这个名字是怎么来的呢？原来，这种稻米回锅三次都不会烂，而且每一次回锅，米粒都能伸长一段，所以，当地的人们又把它叫作“三伸腰”。

胭脂米究竟产于何处呢？就在唐山丰南的王兰庄一带。据《丰润县志》记载：雍正五年，王兰庄一带开辟了营田，里面种着胭脂稻。到了乾隆爷的时候，胭脂米就成了皇家御米。慈禧太后每天用早膳的时候，御膳房都要准备十几道粥，不过慈禧太后最钟情的还是玉田胭脂米粥。

1954 年，毛主席在查阅古籍时，得知王兰庄出产胭脂稻，希望当地粮食部门推广种植，60 年代初，胭脂米被送往全国农展馆展览。可惜的是，胭脂稻已于 20 世纪 70 年代绝迹断种。

这正是：

香河肉饼绵延长，京东美食誉四方。

名人故里多奇闻，胭脂稻米飘奇香。

# 第十一回 百尺竿头舞 左各庄杆会

走遍燕赵大地，品味河北民俗，前面咱们讲过了这片土地上的好吃的，接下来，咱们就得琢磨着锻炼锻炼身体好消食。咱河北的老百姓是又勤劳又智慧，他们在千百年里创造了今天的好日子，也创造了好看又热闹的民间体育娱乐项目。今天咱们就聊聊河北的一张本土体育文化名片——左各庄杆会。它究竟是怎样一个项目？

说起这左各庄的杆会，那可是挺有年头，早在明朝中期，这项热热闹闹的民间艺术已经在这里兴盛起来。这项目为什么叫作“杆会”呢？顾名思义，场上的主角就是一根 10 米来高的长竹竿，演员利利索索地上到竹竿顶上，就凭两只手，一双脚，在上面表演手摆旗、脚摆旗、驴打滚、金鸡独立、双打挺等等高难度的动作。竹竿顶上的人演得卖力，各式各样的动作让观众们一个劲儿地叫绝，再加上地面上锣鼓齐鸣，一起助阵，那场面热闹极了。等着演员亮过了绝活儿，观众过足了眼瘾，表演的队伍来一个七星亮相，左各庄的杆会就算是结束了。

杆会这项目好看不好学，它的难度大，要求的功夫深，现如今，这项技巧在全国大多数地方都已经失传了，只有到了廊坊文安的左各庄，您才能一饱眼福。

相传，左各庄的杆会已经有 600 来年的历史，堪称民间体育文化的“活化石”。庄里还存着一件证据，这就是一根 8 米来长、半尺多宽的大竹竿，那上头还刻着“明永乐十三年”的字样。翻翻历史纪年表，正是公元 1415 年，那一年里，这根大竹竿见证过什么样的故事呢？

相传，在明朝的永乐年间，有一天，左各庄这一带下了大雨，打着滚的浪头把水路上的小船折腾得直晃悠，船上的乘客个个都浑身发抖，跪在船头上求龙王爷保个平安。

这人群里边有老人，有小孩，还有个白白净净的书生，他本姓郑，是打南方来赶考的举子。郑举子想着自己十年寒窗，就为了金榜题名，可不能把性命断送在这小船上，他心一急，就发了一桩宏愿："这次进京赶考遇上了难事，但求龙王爷保佑这一船人的平安，如果您能显灵，我往后得了功名，一定给您重修大殿，重塑金身！"

郑举子的话音刚落，就瞧着一道闪电到了船头，大伙定睛一看，哟，那电光里还有两个人影，一个是红脸，一个是蓝脸，这两位施展法力护住了小船，让船上的人们平平安安地躲过了这场要命的灾难。小船到了岸边，乘客们各自拱手告别，郑举子就一路进了京城。

都说大难不死，必有后福，这话一点儿也没错，郑举子逃过了灭顶之灾，一举中了头名状元。他记着自己许下的承诺，等到回家省亲的时候，专门绕到了左各庄，隔着老远就听见左各庄里锣鼓喧天，只瞧着那满天飞的都是各色的彩旗，这里到底发生了什么事呢?

人山人海，龙王庙前上演怎样一场大戏?

锣鼓喧天，永济桥边见证怎样一场奇迹?

这庄上热热闹闹聚了好些个人，不是专门来迎接郑状元的，人家是在这庆祝一年一度的龙王庙会，那座亮亮堂堂的龙王庙前面人山人海，里三层外三层地围了个圈子。郑状元也是个爱热闹的人，他挤到人群里面仔细一看，正瞧见村民们抬着两尊龙王塑像，这神像的样子怎么有点儿眼熟呢？他揉揉眼睛再看，原来正是当年救他的那两位神仙。郑状元这才明白，当时船头上那两位不是别人，正是龙王爷的真身啊！他刚要跪下来给龙王谢恩，又看见十来个人抬着一根又粗又大的木杆子来到了人群中间，后面紧跟着又是老长的一溜锣鼓队，只听见身边的大人小孩都拍着手，笑着说："噢！是镇上的杆会来咯！"

郑状元这个外地人可没见过当地的杆会，他提着兴致等着瞧，果然就瞧见了一出好戏。就看那木头杆子被人撂倒地上，几十个人一人一根绳子把木头杆牢牢地拽住，让它笔直笔直地立起来，接下来，就有一位穿着七彩衣裳的高人登场了，他手脚麻利地爬到杆子顶上，在那木杆的尖尖上来了一个童子拜佛，又来一个金鸡独立，一大串高难度的动作真让人眼花缭乱，郑状元这手心里一直为他捏着一把汗，直到这人表演完了，咱们这位状元郎才想起来叫好。

左各庄上的杆会让郑状元看得挺过瘾，他跟老乡们一打听，才知道这是专门孝敬龙王爷的大戏。状元就想了，正愁着不知怎么报答龙王的救命之恩，要是能为杆会增光添彩，不也算是孝敬了龙王爷吗？自己的老家在南方，是远近闻名的毛竹之乡，那竹子又粗又壮，柔中带刚，抬着轻巧，用着灵便，要是拿这毛竹顶替木头杆，一定特别好使。

郑状元打定了主意，一路南下到了老家，把自己的心思跟家人一说，一家人都挺支持，专门派出了好几路的队伍到山里去找好竹子。派出去的小分队用了三天的时间，跑遍了两座大山，终于找到了一根结结实实的大毛竹。郑状元觉得挺满意，赶紧找人把这毛竹整理得顺顺溜溜，还在每个竹节上打好了铜扣。

郑状元亲自带队把这根竹竿送到了左各庄，又出钱重修了龙王庙，为两位龙王爷再塑金身。他把事情的来龙去脉这么一说，当地的老乡们都感慨这龙王热心相助，状元知恩图报，这事实在是一段善缘，于是就高高兴兴地接受了这根满含着心意的大竹竿。大家为了纪念这件事，就在竹竿上边刻下了当年的年号——明永乐十三年，直到今天，这根大竹竿还在左各庄里保存着，成了杆会的镇会之宝。

杆会的老家左各庄，位于河北廊坊的文安县，这里是华北平原上一处历史悠久的古镇，千百年的时光在这里积淀下丰厚的物质文化，也攒下了民间文化的老本儿。一到了逢年过节的时候，老乡们就把那根最有名的大竹竿抬出来，请它来领衔主演左各庄杆会。这大竹竿上场之前，必要先享受一阵香火供奉，再由庄上的老少爷们敲锣打鼓地护送出来，那场面真是又神圣又壮观，又喜庆又热闹。

俗话说，外行看热闹，内行看门道。左各庄的杆会究竟有着什么样的门道呢？

因为有了这可心又顺手的大竹竿，杆会这项民间技艺也在老乡们的代代相传中不断推陈出新，出了好些个让人叫绝的新招式。现任的左各庄杆会会长张家棣透露说：现如今，早先的单人表演已经发展到了双人、三人、七人或者更

左各庄杆会

多人数的演出，细说在这表演动作，也从蹬、支、捽、扣、倒、挂、叼、搽、栽、滚、仰、贴、粘到双挂、双横、三卧、四卧、四坐等动作，样样到位，杆会的表演招式已经发展到 100 多种。

这杆会不光咱老百姓爱看，就连那皇宫里的大人物，也是杆会的忠实粉丝，这其中又有着怎样的故事呢?

话说在乾隆年间，那是一个春天，紫禁城里的乾隆爷发话说要出门活动活动筋骨，到白洋淀里去打猎。天子出门，那阵势一定是小不了，沿途的各个地方都搬出了拿手的绝活给皇帝表演。皇上这一路走，一路瞧，看过了各式各样新鲜的玩意儿。

有一天，皇家的队伍沿着水路到了永济桥的边上，这里早摆开了从四处聚起来的大秧歌、小车会、玩高跷的、跑旱船的、打拳的、敲鼓的、花子会、杆会等等统共是七十二道花会。乾隆带着文武大臣坐在龙舟上从这河里过，虽说这几位都是见过世面的，可是今天到了这儿，只觉得自己的眼睛实在是不够使了。

就在龙舟的正前方，漂着一艘大木船，船上一座戏台，戏台上演的就是左各庄的杆会。您想，这船上可不比地上，忽忽悠悠站着都打晃儿，要在那上面立着竹竿演节目，一般人可是办不到。乾隆爷瞧着这一出，也看得眼珠都不转了。就见这竹竿顶上那小伙子一会儿一个转身，一会儿一个跟头，一会儿又大头朝下地滑到竹竿正中间，乾隆爷那颗心都提到嗓子眼儿了，可人家那演员还是脸不变色心不跳，你说说，这得是多深的功夫呢？

忽然，竹竿上的小伙子哧溜一下滑了下来，不知从哪变出来一大盘的鲜桃给乾隆爷献了上来。乾隆皇帝看得哈哈大笑，立马就下了一道旨意，赐给左各庄杆会马车一套，黄金300两。打这以后，左各庄杆会就贴上了皇家御封的标签。

**花样百出，怀仁堂里如何赢得喝彩？**

**绝活盖世，千百年来如何获得美名？**

到了清朝的光绪年间，慈禧太后过大寿，这老太太喜欢看个新鲜，就把各地的戏班召到了宫中，左各庄里也收到了特别邀请函，参加慈禧的庆寿大典。

到了慈禧过寿的正日子，皇宫里边传来了“海差”，这对于民间艺人来说可是顶格的待遇。那时候，宫廷传外面的戏班子去演出叫作“传差”，其中分着三六九等。比方说，到颐和园演出就叫“湖差”，因为那里有个昆明湖；到怀仁堂演出叫“海差”，因为那是中南海，是最顶级最尊贵的演出地点了。

左各庄杆会的弟兄们到了中南海的怀仁堂，就见着来来往往的全都是戏班子，只有左各庄杆会是个例外。这不单是他们瞧着稀罕，就宫里当差的太监也觉得挺新鲜，要说杆会进皇宫，在清朝的历史上那也是破天荒的头一回。因为左各庄杆会是慈禧太后钦点的项目，所以，太监也对他们高看一眼，厚待一层。到了指定的候场地点，别的戏班都得老老实实地坐在房檐底下等着，根本不容许随便动弹，如果谁有个小动作，少不了就得挨上一顿揍。可是，对于左各庄杆会的兄弟们来说，这规矩也就没那么严了，可以溜溜达达地活动活动。

到了正午12点，祝寿庆典正式开场，可是连着几个时辰，慈禧的脸上都没个笑模样。这倒不是因为戏班演得不卖力，还得说是慈禧看戏看得太多，对她来说，再好的戏目也没什么意思。

慈禧老太太不高兴，她身边的人们也都跟着提心吊胆，好不容易熬到了最后，左各庄杆会要上演压轴的节目，戏台上花样百出，终于把慈禧太后给逗乐了，这老太太“扑哧”一笑，她身边的人们终于松了口气，大太监领会了她的意思，高喊了一句“太后有赏”！从这以后，慈禧也成了杆会的爱好者。

到了民国时期，左各庄杆会的技艺更是炉火纯青，各地的演出邀请像雪片似的飞了过来，杆会的档期排得是满满当当。有一年正赶上文安城里开庙会，左各庄杆会作为当地最出名的项目参加了这场盛事。

当时，演员们想着给父老乡亲好好演一出绝活，就在三丈三高城门楼上竖了一根三丈三长的竹竿，还特意派出最专业的高手张协勋。要问这位他是谁呀？他正是现任杆会会长张家棣的四伯。就看这位上了场，先来了一个耍流星，这是什么玩法呢？就是人在竹竿顶上金鸡独立，手里拿上一条绳子，那绳子的两头分别拴着一个盛满水的深盘子，演员攥着绳子当空耍，盘子里的水却是一滴都不能掉出来。那盘子转得像流星一样，绳子舞得看不见影儿，这绝活儿赢得了一阵又一阵的掌声。

谁知道，天公不作美，就在这个当口上，忽然刮起来一场大风，演员张协勋就从竹竿上出溜下来。要不说这艺高人胆大呢，就在这时候，张协勋一个鲤鱼打挺，一只手扒住竹竿，后背紧紧地贴在杆子上，慢慢悠悠地滑到了地面上。地下的观众们都攥了一把冷汗，张协勋却是稳稳当当，大气都不带喘的，给大伙拱手抱拳行了一礼。当地的老百姓们谁也没看过这么好的功夫，等大伙醒过神来，一连片的叫好简直把那城门楼都要掀翻了。

几百年来，左各庄杆会的传承人始终保持着最古朴的表演风格，用扎实的功底奉献出一场场精彩刺激的表演。提起左各庄杆会的大名，在远远近近的地方都是有口皆碑，这口碑来自于杆会成员对事业的热爱和传承，也让左各庄杆会的大名列入国家非物质文化遗产保护名录之中。

这正是：

古镇杆会艺凌风，永乐传奇举子情。

百尺竿头展英姿，民间绝技传美名。

# 第十二回 河北武社火　乡谊浓烈美

上一回我们去了廊坊文安，赶了一趟热闹的左各庄杆会，10米高杆上，艺人演得精彩，百姓看得过瘾，一句话，玩的就是心跳！在咱们河北民间，古往今来还有许多看不够的节目，说不完的热闹，尤其到了大年下，更是好汉们一展身手，百姓们集体狂欢的时节。今天我们带大家去河北农村欣赏一种古老的表演——武术社火，这种表演究竟怎样得好看，千年流传中又留下了哪些步步惊心的老故事？

武术社火又叫武社火，是一种用武术拳法、器械来展示武打技艺的民间传统竞技表演。它最早起源于古代祭祀神灵的社火表演，人们随着锣鼓的节奏，用夸张的表演展示武术动作，多年传承下来，就形成了独特的武术社火。在咱们河北的很多农村都有这种表演，今天我们也不远走，就到井陉的微水和石家庄市区孙村，感受一番武术社火的别样风采。

井陉微水位于太行山东麓，坐落在金良河和绵河交汇的小盆地里，三面环山一面临水，除了好山好水好风光，这个村子自古还是军事重镇，兵家必争之地，著名的秦皇古道就从这里穿过，数不清的战争在这里发生，不少都被写进史册，流传千古。

汉高祖三年，大将韩信曾经在这里背对河水排兵布阵，上演了一场“背水一战”的经典战役，以一万人马力克赵王20万大军。

明朝末年，闯王李自成带领农民起义军，挺进北京城，出发地就是在咱们井陉微水，几个月之后，闯王功亏一篑，再次打这里经过逃往山西。

清朝末年，八国联军入侵，大同总兵刘光才在这一带率兵反抗，打了一场漂亮的自卫反击战。

另外，在古时候河北、山西之间只有这么一条交通要道，经商做买卖的人也必须打这儿过。山路崎岖，免不了盗匪出没，这一路都需要镖师护镖。一代又一代武艺高强、身怀绝技的镖师，常年在秦皇古道行走，在微水古镇歇脚，给当地留下了尚武风俗。

镖师是个高危行业，干的是刀口舔血的活儿。他们行走江湖，驱匪护镖，留下了一个个传奇故事，也给秦皇古道上传下一个独特的武术门派——微水武术。微水武术究竟起源于什么时候，有怎样的过人之处？

微水武术源远流长，有文字可查的可以追溯到明代。根据书里面记载，微水武术的创始人姓高，家住微水村旗杆巷，老高家有武学渊源，祖上曾经在皇宫里当差，是皇帝的殿前带刀指挥官。明朝洪武年间，高家人搬到了微水村，打那以后，就世世代代生活在这里。老高家的子孙后代出了不少人才，有的考中了贡元、进士，有的考中了武举人，武举人立起双斗旗杆，开班传艺，开创了远近有名的微水武术。

微水练武术，可以说是人人有一手。逢年过节，微水人把平常操练的武术套路加以改造，放在社火表演中，形成别具一格的武社火。武社火表演者就是当地的百姓，一招一式都来自于平日的生活、劳作，又好看又亲切。每次开打，围观的乡亲们都密不透风，精彩之处，喝彩声四起，上面演得投入认真，下面看得也是手心里直发痒，忍不住想上去施展几路拳脚，切磋一下技艺。

**千年古道，微水武术怎样薪火相传？**

**百年恩情，孙村社火如何见证友好？**

微水武术社火经过了几百年的演练传承，其中的门道和讲究都不少。

首先，外出表演的时候要把所有的兵器放在露天地里，也有的时候放在天地爷底下，用黄纸燎一下，所有参加演练的人要先拜兵器。仪式很庄严，表达对天、地、神的崇拜。

然后，抬上大鼓，鼓乐齐鸣一路走到表演的地方，围成一个圆场子先跑阵。啥叫跑阵呢？简单说就是跑出一种队形，有一字长蛇阵、阴阳八卦阵、九宫阵等等，看得人眼花缭乱。跑阵有什么作用呢？就是为了吸引观众，热场热身。

跑完阵之后正式表演就开始了。第一场一般是三节棍对枪。为什么这么安排呢？因为这时候观众们都围了上来，有可能挤压缩小表演场地。三节棍属于危险兵器，舞起来虎虎生风，人们害怕打着自己，就自动向后散开，留下一个相对宽敞的地方进行接下来的表演。

在锣鼓伴奏下，表演者在圈内过招。既有枪和棍，又有刀和剑。只见一片刀光剑影中，对阵双方闪转腾挪，一方一个“力劈华山”，一方一个“藏头缩项”，攻得猛烈，躲得巧妙，锣鼓越敲越急，双方游走越来越快，围观人群中叫好声、掌声一浪接一浪。

微水社火对练的套路也有特别的讲究，除了兵器较量，还必须有徒手对打，一先一后，程序不能少，这是微水武术表演的一个特色。

如今，微水武术已经入选省级非物质文化遗产名录。微水武术社火的传人高凤鸣师傅也在积极整理、挖掘失传的武术套路，让微水武术这个传统的体育竞技运动能够继续发扬光大。

欣赏完了井陉微水的武术社火，咱们再到石家庄裕华区孙村转上一圈。

武社火

如果正赶上春节的时候您来到这儿，可能会碰见这样的一幕：

街上一大群人围着看热闹，人群里面，一位白发老者手持大刀，向一名手持棍棒的老者头上砍去。持棍者挡去一刀，将棍子扫向持刀者的腿部……俩人打得不可开交，围观的百十来号人不但不制止，反而拍手叫好。这又是为什么？原来这是“东排徒弟”和“西排师傅”举行的武术大拜年。

武术大拜年？这还真是个稀罕事！这是一个由来已久的习俗，也是孙村独有的武术社火。

每年正月初十，孙村的村民们早早地聚集在村里的龙腾路口，自发地敲起鼓打起锣，还有一支队伍，乐呵呵地表演着划旱船、跑驴、扭秧歌，好不热闹。不过，这哪有武术社火的影子呀？别着急，这只不过一个欢迎仪式，他们用这样的方式迎接邻近的中仰陵村的朋友。

这不，说曹操曹操到，上午 10 点钟，几十位中仰陵的村民举着大刀、扛着花枪，一路踩着锣鼓点过来了，迎客的和客人合成一队，有说有笑地向村中戏台走去。

来到戏台前，两个村子的人分成两队，将手中的兵器放置一旁，拱手给对方拜年。然后，按农村的过年风俗，集体双膝下跪给对方磕个大大的响头。

随后，又是一阵热闹的锣鼓，村民们自动围成一个大圆圈，中间腾出 20 米见方的空地儿。年近八旬的“东排徒弟”赵玉恒首先登场，自幼习武的老人上来先表演了一套传统洪拳，一年一度的武术社火这才算正式开始。

接下来，西排师傅、东排徒弟轮流登场，只见他们在场上踢腿、劈掌、出拳……每个动作都干净利落、虎虎生威，尤其是四位“西排师傅”带来的“三英战吕布”阵法表演，让人拍手叫好，四个人使用的武术器械各不相同，有刀、枪、棍、棒，其中三人从不同方向同时向扮演吕布的人发起攻击。“吕布”为了躲避对方刺杀，一会儿跳起躲闪，一会儿蹲下避开，一会儿转左，一会儿转右，防守的同时，还不忘杀他们个回马枪。

说到这儿，有朋友可能要问了，什么叫“西排师傅”、“东排徒弟”，孙村和中仰陵村这个武术大拜年的传统是怎样来的，两个村庄之间到底有怎样的渊源呢？

故事要从260多年前说起，在中仰陵村，有一位小生意人，一天买卖途中遭遇一帮山贼，把他身上钱财一抢而空，眼看着连命都要保不住了。危急时刻，一个武艺高强的孙村人刚好经过，路见不平拔刀相助，救了他的性命。回去以后，中仰陵村人对着本村的乡亲把事情一学，村民们对这位救命恩人是顶礼膜拜，排着队到孙村拜师学武，两个村从此就有了师徒的名分，并且形成了一个传统，每年正月初十，中仰陵村民到孙村拜年，把一年所学向师傅做一个汇报表演，这就是孙村武术社火的由来。

孙村的这套看家拳法在当地被叫作“架子”，打拳叫作“耍架子”。据说这套拳是清朝年间传过来的，属于“小洪拳”分野，距今已有200多年的历史，在孙村代代相传。过去，全村男人不论老少都能比画两下子。

不过，在传授这套拳法时，长辈师傅对徒弟要求是非常严格的，收徒弟之前，必先讲三条祖训：第一，注重武德。练拳是为了强身健体，不能惹是生非、恃强凌弱。要尊师爱友，不能忘恩负义。修养不到一定境界，师傅不予“拆拳”。第二，不能轻易向外村人传拳，即使是本村人，也只传男不传女，防止女的出嫁到别村泄密。第三，学拳不能半途而废，“冬练三九，夏练三伏”。学有所成后，不能有门户之见，更不能据为私有。这些规矩，保证了这门拳法原汁原味地世代相传。

**一招一式，英雄好汉怎样打败地痞恶霸？**

**一张一弛，社火表演如何展现传统韵味？**

话又说回来，孙村武术社火跟武术表演有什么区别吗？这其中的差别可大了。

首先，武术表演主要以表演架子为主，比较注重观赏性，而孙村武术社火使用的这套拳法讲求实用，每一招、每一式都来真格的，一出手，就让对手毫无招架之力。

在孙村有这么一个传说，解放前一位姓梅的村民清明上坟烧纸，半路上遇到邻村的三个恶少，见小梅个头小，只身一人，就找茬打架。当时，小梅刚刚开始练拳，才学会了“十姿架”的半个动作。双方一开打，三名恶少就给揍趴下了。从此以后，“梅某半个十姿架打三人”的名声就流传下来，这件事儿也成了乡亲们茶余饭后的笑料。

还有一个故事，说是抗日战争期间，有个驻扎在孙村的日本军官，自称精通武术和相扑，闲来没事儿常常摆擂台跟人过招，三乡五里不少人都败在那个日本军官的手下。有一个姓刘的村民打小就喜欢“耍架子”，练就了一身好武艺，见别人欺负到自己家门口了，心里就憋了一口气，这一天，终于上了日本人的擂台，他一上台，先是一个“打蹿捶”，接着又来了一个“擒龙式”，将那个日本军官摔倒在地上。自此日本人再也不敢在中国人的地盘上耀武扬威。

可能这些都是传说，却足以说明孙村武术社火的威力。

武术社火跟武术表演的第二个区别是什么呢？武术表演突出舞台效果，武术社火更侧重传统文化传承。无论架子套路，还是对练套路，大多取材历史传说或小说、戏剧，每个套路都有典故。就拿“三英战吕布”来说，它取材于我国古典名著《三国演义》第五回的一个精彩片段，在社火表演中，是以真刀实枪表现这段厮杀。另外，“赵云战魏延”、“邯郸会战”、“对花枪”、“打花棍”等，也都有历史典故。表演者头巾盖顶，身着彩色花边衣，脚蹬五彩云子靴，“上场如猛虎，下场如绵羊”，粗犷威猛，体现了燕赵人的豪放、威武之风。

到如今，石家庄孙村社火传承了 200 多年，孙村和中仰陵村的友谊也延续了 200 多年。

这正是：

微水武术代代传，崇文尚武在乡间。

孙村仰陵大拜年，师徒情谊百代传。

# 第十三回 太极寻祖根 永年杨露禅

上一回我们在艺中有技、技中有艺的微水武术中领略了秦皇古道上的彪悍与悲壮，在铿锵有力的锣鼓点中感受了石家庄孙村的武术大拜年。要说咱燕赵大地上的传统技艺那是真不少，要从这里边选出一个人气状元，当之无愧的就是一脉相传的杨式太极拳。这一招一式里包含着怎样的故事？

这故事的开头是在清朝的光绪年间，那时候，北京城里有一个洋鬼子仗着自己力气大，到处张牙舞爪，没事找事，还给自己起了个大号叫作“万斤力”。

那个年头，谁敢惹洋人呢？好些个中国人只好忍气吞声，见了这个“万斤力”，大伙全都绕着走。可是，这洋人却有点儿不知好歹，经常公开表示瞧不起中国的功夫，三天两头地找人去挑衅。中国有句老话，叫“善有善报，恶有恶报；不是不报，时机未到”。终于等到这一天，洋鬼子的报应就到了，这究竟是怎么回事呢？

有一回，洋鬼子“万斤力”又跑到街上欺负人，这时候，街边闪出一个人影，三拳两脚就跟那旋风似的打了个转，人高马大的洋鬼子“扑通”一声就倒在地上，直摔得是头破血流。走过路过的街坊们瞧见这一幕，心里都觉得特解气，忍不住都跟着拍手叫好。大伙仔细一瞅，刚才这个挺身而出的大英雄竟然是个年轻的小伙子，他姓甚名谁，是哪路好汉呢？

有人认出了这个年轻人：“这不是那个邯郸来的杨班侯嘛！”这杨班侯又是谁呢？都说“名师出高徒，虎父无犬子”，说到这小伙子的父亲，也是教他学武的师傅，正是了不起的太极大师杨露禅。杨露禅这一生成就了什么样的传奇？他又经历过什么样的故事呢？

细说起来，不得不提到他拜师学艺的往事。一代宗师杨露禅，就生在邯郸永年，是个地地道道的农民子弟，从小就显得特别懂事，知道帮着大人赚钱养家。平时，庄稼活儿忙了，他就起早贪黑地在地里忙活；农活不忙的时候，他就去县城西大街上一家杂货铺打打零工，赚点儿零花补贴家用。

杨氏太极拳宗师杨露禅

县城里什么样的人都有，什么样的事都能见着，有一天，杨露禅眼见着一个恶霸跑进了隔壁的药店太和堂，非要让那掌柜压低价格卖货给他，要按着他说的那个价钱，东西简直就跟白送差不多了。这明摆着就是无理取闹，人家药店的掌柜自然不会答应。那恶霸在这片地方从来是说一不二，他看这掌柜不点头，三步两步上来就打算动手。

杨露禅在一边瞧着，心里估计这掌柜是要吃亏了，可是自己一个小孩子，也帮不上什么忙。他这正着急呢，只见那药店的掌柜四两拨千斤，用手那么轻轻地一拨拉，恶霸一个跟头就摔到了大门外。这场面可把杨露禅给惊呆了，他压根就没想到，药店掌柜一个斯斯文文的人，身上竟然有这样不得了的好功夫。

杨露禅人小心思大，他看着人家功夫好，也想把这本事学到手，往后做个顶天立地的大英雄。他专门找了个时间到药店掌柜的家里去，表示说想要拜师学艺。这个名叫陈德湖的掌柜摇摇头，说不能把拳法传给外人。杨露禅碰了钉子，也没有泄气，还是恭恭敬敬地给陈掌柜鞠了个躬，再三再四地求人家。陈掌柜到底是个热心人，他看着眼前的小伙子身体壮实脑子灵，是个练武的好苗子，干脆指给他一条明路，这路在何方呢？

精诚所至，少年郎能否获得名家真传？

精益求精，杨露禅如何成为一代宗师？

杨露禅的诚心感动了药店的陈掌柜，掌柜指给他一个地方，让他去找一个人。这地方就是陈掌柜的老家——河南陈家沟，这人呢，就是陈掌柜的师傅陈长兴。杨露禅把这话一字一句地记在心里，他还记住了这种拳法的名字——太极拳。

杨露禅兴冲冲地回了家，简单收拾了几件换洗的衣裳，转天就上路直奔陈家沟。十几岁的孩子走这么远的道，一路的辛苦那就不用说了，好不容易到了地方，杨露禅就拜在了陈长兴陈师傅的门下。

这杨露禅，他跟着陈长兴冬练三九，夏练三伏，练功夫肯下力气，学本事肯用心思，六年之后，陈师傅发话说："杨露禅，你可以出师了。"这话什么意思呢？就是在陈长兴看来，这孩子的功夫可以够得上混碗饭吃，学习也可以告一段落。

杨露禅谢过了师傅，回到了邯郸永年的广平府。当地人一听说他学艺归来，有不少人登门拜访，专程为了切磋武艺，几个回合下来，还没人赢得过杨露禅。可是，他这心里琢磨着，自己赢是赢了，不过总不像当初药店陈掌柜赢得那么潇洒，那么轻松。这时候，又有人上门挑战，几招下来，杨露禅就败下阵来。他回去想了又想，想着这拳法的精妙之处还是没有学到手。于是，他收拾行装再上路。

杨露禅这一趟出门，目的地还是河南的陈家沟，他又进了陈长兴的家门接着学艺练功夫，这一练就又是六年。等到拜别师傅回家乡的时候，正赶上正月初一过春节，十里八乡的人们听说老杨家的小子回来了，都想看看他长了多大的本事。有练武的后生去找他比试，没有一个赢得过他。

这时候的杨露禅跟当年比起来简直就像是换了一个人，那手段出神入化，那拳头柔中带刚，有懂行的人就说了，杨露禅这一手是"棉拳"，"棉里藏针，如棉藏铁"，最得拳法的精髓。

在杨露禅的老家，人人都说他这 12 年的时间没白费，这功夫总算是学到家了。可是杨露禅的心里另有想法，没过多久，他又做出了一个决定，这又是怎样的一段故事呢？

杨露禅在这十多年里学到了一身的好功夫，也明白了学无止境、精益求精的大道理。这一回，他下定决心要摸索到太极拳的精华，调头又去了陈家沟。

陈长兴见着徒弟又上了门，他的心里也有点儿愁了，这是为什么呢？因为在古时候，一般的武术师傅总要留上一手，不会把看家本事全都传给外人，陈长兴也不例外，之前呢，已经把功夫教了九成，最后那几手绝招本来是概不外传的，这回杨露禅来了，实在不知道该拿什么来教他。陈长兴再一想，杨露禅的的确确是个好后生，不管是练武还是做人，那都是一点儿也没挑，自己收了这么多的徒弟，最好的一个那就是他。人呢总是要死的，可武术的技艺不能丢呀，如果说要找一个人把自己的功夫传承下去，杨露禅倒是一个不错的人选。

这么重大的事情，陈长兴也不敢不小心，他打定了主意，还得试试杨露禅的人品和毅力，然后再说后边的事。从这天起，陈长兴对待杨露禅的态度就变了，整天是爱答不理的，根本没个好脸。杨露禅不管师傅的脸色好不好看，从来就是恭恭敬敬地对待他，认认真真地练拳法，看不出一星半点儿的不高兴。这一切终于打动了陈长兴，把自己通身的武艺教给了他。

转眼又是六年过去了，陈长兴成了白发苍苍的老爷子，杨露禅也过了而立之年。陈师傅跟自己最心爱的徒弟说："露禅啊，你的功夫已经学成了，可以回家去了。但是，你可不能骄傲，时时刻刻要记着人外有人、天外有天这句话，多学人家的长处，提高自己的武艺。"

杨露禅含着眼泪拜别了恩师，回到了广平府，这时候的他不再是当年那个自己，不管对手是谁，也跟他过不上招，只要一搭手，转眼就飞了。据说杨露禅常常端着一只麻雀练功夫，他把麻雀放在手掌心里，这鸟怎么也飞不走。因为麻雀想要上天，就得借助手心的反弹力踮个脚，但是这鸟怎么费劲，也借不到这点力量，这就是太极拳法最神奇的"听"劲。

杨露禅一直没忘了师傅的话，他拳不离手，整天地练习，谦虚谨慎，四处去求教，那功夫更是噌噌地见涨，名气也是越来越大，从广平府传到了邯郸，再从邯郸传到了京城。

当年，京城是全国统一考试的地点，学文的秀才，练武的英雄，都要到考场上比试比试，才有机会当官发财。因为赶考的人挺多，京城也就兴起了不少的考前培训班，有一户姓张的人家专门辅导武术，有好多身强力壮的硬汉坐镇张家，其中一位正是杨露禅的老乡，他就把自己家乡这位武学奇人推荐到这里。

那天，杨露禅一进门，周围那一大圈彪形大汉就把这个瘦瘦条条的邯郸人给看扁了。拱拳行礼之后，主人摆开一道接风宴，说是要请杨先生让自己开开眼。杨露禅演了一遍太极拳小试身手，可是张家这伙人里没几个见过这种拳法，谁也不太懂行，都觉着这慢慢悠悠的招式根本打不着人。张家的主人开口就问了："杨先生，你这拳法到底能不能打人呢？"

杨露禅不卑不亢，回答说："我的拳本不是用来打人的，可是如果真打起来，虽说打不了铜人、铁人、石头人，但凡是血肉之躯都是可以打的。"酒席上一阵的起哄声，都嚷嚷着说要比试比试，看看这杨先生的高招。这一比，到底会比出个什么结果呢?

**比武场上，你来我往谁人能拔头魁?**

**四九城中，南拳北脚何人能占先锋?**

张家的院子里摆开阵势列开队，一个五大三粗的汉子头一个上场对阵杨露禅，双方刚刚抱过拳，这汉子就可着嗓子大声说："既然是比武，那我就不讲情面，不论生死，要是谁死在这比武场上，那可没处后悔去！"话音刚落，这汉子就冲着杨露禅扑了过来，一个猛虎下山，那拳头嗖嗖带风，恨不得一拳把他打飞了。就见这杨露禅不慌不忙，稍微抬了下手，那七尺高的汉子就像是撞上了弹簧，腾地一下飞出去好几丈远。

一见这情景，另一位拳师立马跳上了比武台，他刚动手，也落了个落花流水的下场。两个大汉躺在地上"哎哟，哎哟"地直叫唤，再也没人敢上台挑战。杨露禅稳稳当当转了个身，朝着主人拱了拱手，说是要告辞。这主人在台下早就看傻了眼，这才回过味儿来，赶紧上前来求着杨露禅留下当教头，眼看着杨露禅没答话，他赶紧一边催着厨子换一桌大宴，一边把杨露禅的老乡拉过来说情。杨露禅也不是那小心眼儿的人，他微微一笑，就答应留在张家教人拳法。

比武的事情在京城传成了一件大新闻，杨露禅也成了武术界当红的人物。好多人不服这个气，都要上门来试试这个邯郸人的功夫，到底也没人赢得过他。

没过几天，杨露禅就得了一个“杨无敌”的大号，好多达官贵人都给他下帖子，那年月，要能跟杨露禅吃上一顿饭，就是最时髦的事情。

不过，在杨露禅看来，外面流行的那些虚名全部都是浮云，他从来不轻易显露武艺，只愿意把这一身的本事教给真心好武的人。不管是皇亲国戚，还是平民子弟，只要是够真诚，杨露禅就心甘情愿地把拳法传授给人家。

杨露禅凭着出神入化的太极拳成了京城的首席武术大师，可是他始终都没丢了“虚心”二字，在这里吸收了不少武学的精华。在他进京之后，拳法又有了一个转变，成就了杨式太极拳优雅华美的皇家气度，淡泊从容的禅学意境。

后来，杨露禅的儿子班侯、健侯也跟着进了京城，跟老爸练武强身，杨家的老二小子杨班侯的悟性尤其高，这就是咱们前头提到的那位拳打洋鬼子“万斤力”的少年英雄。

现如今，杨式太极拳的传奇还在民间流传，五大太极拳流派之一的杨式太极拳也成为国家级非物质文化遗产，成了全国甚至全世界最流行的太极拳法，那一招一式包含着中华武术的精魂，融合着中国文化的底蕴。

这正是：

太极宗师杨露禅，修德习武美名传。

班候京师展神威，世上方知太极拳。

第十四回

# 邯郸并蒂莲 武杨两式拳

上一回我们说到，杨露禅到陈家沟拜师学艺，练就了一身好武艺，开创了名闻天下的杨式太极拳，成为一代宗师。除了杨露禅，邯郸永年还有一个武学奇才，他对太极拳也是情有独钟，苦心钻研，创造出另外一个流派——武式太极拳。他是谁呢，这武式太极拳又有怎样的玄妙精深之处呢？

武式太极拳，距今已有130多年的历史。它的创始人是谁呢？河北邯郸永年的武禹襄。武式太极拳和杨式太极拳都出自邯郸永年，两大宗师武禹襄和杨露禅，还有一段解不开的渊源。

邯郸永年这个地方，历史上就是交通要道，历代镖师传承着一种豪侠仗义的文化，老百姓都爱好武术。话说清朝咸丰年间，永年南关人杨露禅从河南陈家沟学艺归来，武艺精进，十里八乡找他过招的人，一个个都败下阵来，杨露禅拳法声名远扬。

杨露禅有个老乡，叫武禹襄。他出身永年的名门望族，上面有两个兄长，他排行老三。祖上世代崇文尚武，兄弟三人也个个承袭家学能文能武。其中大哥考中了举人，在河南舞阳县当知县，二哥考中了进士，担任刑部四川司员外郎。武禹襄从小博览群书，才华横溢，虽然没有科考入仕，却也要文能文、要武能武、要样有样，是当地有名的翩翩公子。

武禹襄平常跟杨露禅关系不错，瞅着杨露禅学艺归来，十分羡慕，闲来无事就跑到杨露禅那里切磋武艺，还请杨露禅教他打拳。不过，杨露禅在教他的时候，也有所保留，没有把压箱底儿的绝活亮出来,所以武禹襄只学到了一些皮毛。

学不到正宗的拳法，武禹襄有点儿郁闷。咸丰二年，武禹襄的母亲让他到河南舞阳探望大哥。探完亲，武禹襄还惦记着学艺的事儿，他想到了此地有一位名闻四海的武学高手，何不试一试拜师这位高人呢？

这位高人就是陈长兴，当年杨露禅学艺，拜的就是这位名师。武禹襄探望了大哥之后，慕名来到陈家沟，恳请陈长兴收徒传艺。当时陈长兴已经八十多岁了，他说："我年纪大了，教不动了，要不让我儿子教你吧。"可陈长兴的儿子刚好出了门，押镖在山东，也不知道什么时候才能回来。

看到武禹襄求学心切，对太极拳又那么痴迷，陈长兴心软了下来，他写了一封推荐信，把他介绍给陈氏太极的十五世传人陈清萍，武禹襄这才正式拜在陈清萍门下，他悟性高又舍得下苦功，冬练三九，夏练三伏，终于学得了一身绝世功夫。

说来也巧，正在此时，武禹襄的大哥得到一本清朝初年山西人王宗岳的《太极拳论》，转赠给了弟弟，武禹襄本来就有深厚的功底，现在又得到了这样一本难得的奇书，大开眼界，如虎添翼。

武禹襄在钻研陈氏太极拳的基础上，结合《太极拳论》的精华，融会贯通，创出了姿势紧凑、动作舒缓，以气成式的太极拳法。这种拳既不同于陈氏老架和新架，也不同于杨氏大架和小架，自成一派，后人称之为"武式太极拳"。

一身武艺，武禹襄为何不愿入朝为官？

一腔热诚，李亦畬如何得到太极真传？

武禹襄有一身好武艺，但是对当官不怎么感兴趣。咸丰初年，太平天国的起义军声势浩大，朝廷看中了武禹襄的才华和那一身好武艺，想请他出来做官。工部左侍郎吕贤基亲自写下邀请函，希望他到安徽的军队里面来教授拳法。那个时候，武禹襄 40 岁左右，正是干事业的年龄，没想到，他却以母亲年事已高为由，推辞了。

后来，尚书毛昶熙、河南巡抚郑元善都出重金来聘请他，他照样一一婉言谢绝。武禹襄不愿意从政，一方面是为了照顾家人，另一方面是不想受人拘束，专心致志研究太极拳法。

武式太极拳大师武禹襄故居

武禹襄花费了毕生心血，来研究一套全新的拳法，每一招每一式，都请来本地勇猛的拳手前来切磋，反复检验，反复修改，最终自成一派。

那么，武氏太极拳有哪些精妙之处呢？这套拳法没有空架子，非常实用。它动作简洁紧凑，步法严格，拳势讲究起、承、开、合，一气呵成，达到意、气、形三者合一。正是因为它朴实无华，有人赠给它一个很形象的称呼——干枝老梅。

武式太极拳主要以气贯通。“气”字用于武术，虽然不是武禹襄独创，却在他这里发扬光大。更为可贵的是，这位武拳师，不仅习武，而且善于总结武术要领，著书立说。他在短短的《打手要言》中，使用了二十五个“气”字；在《四字秘诀》中，也使用了六个“气”字。

武禹襄一生对太极拳如醉如痴，根据自己的体悟，前前后后写了《太极拳解》、《十三势说略》、《四字秘诀》等等武学秘籍。直到年龄大了、卧病在床以后，还喜欢跟那些伺候他的人讲太极拳，讲起来滔滔不绝，从来都不觉得累。

那么，凝聚了武禹襄毕生心血的武学精髓又将由谁来继承呢？接下来我们要说到的正是武式太极拳的第二代传人。

武禹襄有俩外甥，一个叫李亦畬，另一个叫李承纶。兄弟俩从小就跟着舅舅练拳。

李亦畬从小就喜欢读书，满腹经纶，写得一手好文章，20岁左右就闻名乡里，堪称文武全才，后来还考中了武举人。他的弟弟李承纶，也考中了举人。这一家子出了两个举人，着实让人羡慕。可是兄弟俩人受到舅舅的影响，谁也不稀罕做官，全都放弃仕途，回家研究太极拳。李亦畬熟读经书，文化深厚，继承了武禹襄的衣钵，练就了一身绝世武功。

关于李亦畬，当地流传着很多故事。据说，李亦畬有个表弟，膀大腰圆，天生一副神力，身子壮得像头牛，打架非常厉害，一个人招呼十个八个没问题。有天表弟来找他喝酒，三两杯酒下肚，就问了："表哥，别人都说你拳术厉害，你果真能打吗？"

文质彬彬的李亦畬悠闲地坐在椅子上，双手扶着椅子的把手，微微笑了笑，"你要是不信的话，就过来试试！"

表弟走上前来，双手用力按住他的肩膀，说："表哥，只要你能让我动弹一下，我就服气了。"

这个表弟力大无穷，平常摁住一个人就跟摁住一个小鸡仔似的，一般人都动不了。没想到，李亦畬"哈"了一声，说："你坐到对面的凳子上吧！"

话音刚落，表弟就被扔到了对面的凳子上，这个大块头彻底服了气："表哥你的手都没有动，竟然能把我扔到八尺以外的地方，真是太神了！"

这个故事打这儿之后传开了，李亦畬名声更大了。

李亦畬能文善武，武德高尚，练拳习武几十载，没有伤过一个人。对那些实在不知趣的人，也只是略施小技，点到为止，决不伤其筋骨。因此，大江南北的武林英豪，提起他的大名，全都竖大拇指。不过，也有人不服这口气，这不，永年金陀寺的一位和尚自恃武艺高强，总想跟李亦畬较量较量。

有一天，金陀寺的法空和尚请他到寺里下棋。当时，金陀寺院子里面有一块七八寸厚的石碑，平放在石墩儿上，下棋对弈非常舒服。两个人摆上棋盘，你来我往地对战起来，忽然一阵风吹过，把棋盘吹落在地上。李亦畬刚要去捡，法定和尚笑着说道："不用啦！"他伸出食指，在石碑上连着划了好几下，划出一个棋盘。指头划过的地方，留下了足足六七毫米深的坑。很明显，法空和尚是在显摆自己的功夫厉害。

李亦畬明白法空和尚是想跟自己比试一下，正巧一个卖豆腐的停在门口吆喝，李亦畬朝那个人招招手，“来一斤豆腐。”说话间，一块四四方方的豆腐送到了他的面前。李亦畬把豆腐放在石碑上，用食指沿着豆腐的四个边划了个印，然后用手掌压在豆腐块上，运足丹田之气，猛地一按，只听“咔”的一声，那七八寸厚的石碑上，竟然掉下来一块四四方方、豆腐大小的石块。再一瞅，那块豆腐纹丝未损，还是方方正正，正好镶嵌在石碑里面。法空和尚像个木头人似的愣了好久，一句话也没说出来。

这个故事是不是真的，我们暂且不论，但是足可见李亦畬当时的盛名。

李亦畬身怀绝世武功，为人却很低调，不张扬，他不仅承袭了武氏太极的拳法，还从理论上对其进行了提炼升华。除了写下《五字诀》、《虚实图解》等著名拳论，他还将王宗岳的拳谱、武禹襄的拳论重新整理，抄写了三本，一本自己保存起来，一本送给了弟弟李承纶，另一本传授给了弟子郝和，俗称“老三本”，也是现在太极拳各大流派所尊崇的古典拳论。

因此，有人说太极拳的拳术出自河南陈家沟，而太极拳的理论始于永年文武全才的李亦畬。

那么，李亦畬老先生又将拳法传给了哪些弟子呢？武式太极拳的第三代传人又是谁呢？

**出身贫寒，苦孩子如何结交武学泰斗？**

**洁身自好，郝为真怎样拒绝攀权附贵？**

李亦畬将太极拳法传给了自己的儿子宝廉、宝让，还收了当地的郝为真、清河县的葛福来为徒。这几个弟子里面，师傅最待见的就是郝为真。

郝为真，邯郸永年人。他为人老实忠厚，体格魁梧。因为家境贫寒，从小就在米店里面给人家扛苦力。郝为真也是天生一副神力，他的两只手能同时举起一百多斤重的粮食袋子，跟他一起干活的伙计们几个加一块也干不过他。

也是机缘巧合，郝为真经常给李亦畬家送米，时间长了，两个人就熟识起来了。郝为真喜欢武功，没有门第之见的李亦畬就收下了这个米店小伙计当了徒弟。

因为从小受苦，郝为真非常珍惜这个拜师学艺的机会，练拳的时候也比别人用功。李亦畬非常喜欢这个勤学上进的徒弟，把他当作自己的衣钵传人，将武式太极拳的精髓全都传授给了他。等到李亦畬岁数大了，每当有人前来拜访、学习拳法，都让郝为真跟对方切磋拳脚。

郝为真没有辜负师傅的希望，成为著名拳师，进一步把武式太极发扬光大，他综合王宗岳、武禹襄、李亦畬三个人的拳论，提出了走架的五个要素，那就是心静、意专、气畅、神敛、形顺。要做到眼有神，身有谱，脚有根，外柔内刚，形神合一，求得“四两拨千斤”的效果，达到一种“人为我制，而我不为人制”的神奇境界。

郝为真成名以后，依然洁身自好。光绪末年，直隶总督袁世凯听说老先生的威名，想要花费重金聘请他到天津教自己的儿子和侄子学太极拳，还特别劳驾广府太史胡月舫前来劝说。

由于之前发生了“戊戌变法”那件事儿，袁世凯受到了百姓唾骂。郝为真也不想跟袁世凯扯上关系，即便是广府太史来了，他依然坚决推辞，说：“我年纪大了，身子骨也不像以前那么硬朗了，您还是另请高明吧！”胡太史没法交差，百般请求，郝为真有些无奈，就推荐了杨式太极拳的传人陈秀峰代替自己前去。

到了民国三年（1914 年），郝为真到北京城去拜访朋友，遇到了一个人，就是外号“活猴”、“虎头少保”的孙禄堂。他一直仰慕郝为真，非要拜他为师，还把老先生请到自己的家中做客。可偏偏老先生因为水土不服生了病，上吐下泻。孙禄堂一看机会来了，又是请医生看病，又是拿药、煎药地细心服侍，前前后后忙乎一通，终于感动了郝为真老先生。为了感谢孙禄堂的深情厚谊，老先生将武式太极拳传授给了他。

郝为真先生一生传人比较多，对普及和发展武式太极拳做出了很大贡献。现如今，武式太极拳已经在燕赵大地上遍地开花。

这正是：

太极拳术起永年，通学大儒出神拳。

武氏太极开新径，燕赵武魂代代传。

# 第十五回 同宗又同祖 太极见奇观

上一回说到了堪称神奇的武氏太极，讲到了这一流派的传奇故事。要说起调和阴阳的太极拳法，有好多不同的变化，就在河北大地，还有一大拳法派别名叫孙氏太极拳，它集三路拳法之大成，汇中华武术之精华，这路拳法又包含着怎样的一段故事？

说到孙式太极拳，不得不提起这一路拳法的宗师——孙禄堂。当年，这位生在保定顺平的大师级人物在武林之中有着“虎头少保”和“天下第一”的称号。

这孙禄堂的功夫为什么这么高？他自小就拜在河北名师李魁元的门下，学了四年的形意拳，后来又跟着师傅的师傅郭云做了七年的小徒弟。孙禄堂到了 20 岁出头，觉得自己的本事还是太浅，想见世面，学功夫，那就得进京城去长长见识。他这一趟到了皇城根下，找到八卦掌的名师程庭华，跟着人家学掌法。孙禄堂本身就有着武术的好底子，再加上得了名师指点，没用几个月的时间就悟到了八卦掌精髓。

孙禄堂多年苦修，一直练到了知天命的年纪，他想想自己这多半生，几乎是打遍天下无敌手，不过总有一个对手怎么也抗不过，这究竟是哪位高人呢？

这位打不倒的老对手，也是孙禄堂的老朋友，他就是杨式太极拳创始人杨露禅的亲孙子杨澄甫。孙禄堂早就眼馋太极拳的功夫，想求自己的哥们传授个一招半式，可是杨澄甫说了——“各自守住自己的拳法，各自都能称霸江湖”。不管这孙禄堂怎么劝，人家就是不松口。孙禄堂为了学武艺，自然也不肯善罢甘休，这事到底要怎么收场呢？

这正是东方不亮西方亮，孙禄堂在杨澄甫那里碰了软钉子，又遇见另一位太极大师，终于了了他心头这桩夙愿。

就在这年冬天，武氏太极拳的第三代传人郝为真到了北京，这一趟来是为了探望好朋友杨班侯，他这一路走得急，刚到北京就染上了风寒。孙禄堂听说了这事，赶紧把郝为真接到了自己的家里，伺候着他让他安心养病。郝为真别提有多感动，没几天的工夫，年近古稀的郝为真就跟刚过半百的孙禄堂成了一对赤诚相见的好朋友。

既然是朋友，说话也就不用客气了，有一天，孙禄堂跟郝为真提出了请求，说是想跟他拜师学艺。按照当时的习俗，拜师可不是一件简单的事，想跟着人家学本事，先得发帖子，再得行大礼，敬了茶，磕了头，才算成了师徒。而且，孙禄堂还提了一个要求——拜师之前，先要跟准师父过过招，看看他的水平到底行不行。这个要求在今天看来恐怕有点儿不礼貌，可是在当年，这也是武术行里的惯例。

郝为真大师大气度，他大大方方地让孙禄堂先出招。有着“活猴”之称的孙禄堂先来了一个“猴子偷桃”，直奔郝为真的中路就过来了，人高马大的郝为真双手一提，就跟抱小孩似的把孙禄堂整个捧了起来。孙禄堂两脚不沾地，在半空中晃悠了半天。这回，他算是心服口服，彻彻底底地服了气，恭恭敬敬拜在了郝先生的门下。

孙禄堂一入师门，就成了武氏太极拳的得意弟子，他把师父的武艺和自己的功夫融合在一起，将形意拳、八卦掌和太极拳来了个一锅烩，成就了自成一家的“孙氏太极拳”。

天人合一，孙氏太极包含几多玄妙？

道法自然，层层精进再创何种高招？

要说这孙禄堂的确无愧于武学大师的名号，他不光打得一手好拳，理论的功夫也很是精到。在他看来，三合一的孙氏太极拳讲究的就是一个“和谐”，形意、八卦、太极这三者的关系是相辅相成，相互融合，就像是宇宙之中的“天”、“地”、“人”。因为有了这样的感悟，孙禄堂的拳法更是出神入化。

几年以后，正是一个秋天，孙禄堂又见到了自己的师父郝为真，这师徒二人一见面，少不了要好好切磋一回。高手和高手之间的较量，最能试出拳头里面的含金量。俩人一交手，郝为真就被自己的徒弟给吓着了。要知道，此时的孙禄堂已经是 54 岁了。短短几年的时间，功夫就能长进这么多，能做到这一点的人，普天之下也难找到第二个。

瞧瞧孙禄堂的拳法，那真是青出于蓝而胜于蓝，比起郝为真当年传授的那套功夫,更有自己的创造。他在一行一动中体会到三层意境:刚开始练习的时候，身体就像是沉在水底，两脚踏在地上，迈步之间好像能感受到水的阻力；等到功夫深了一层，身体就像是悬在水中，两脚也从水底飘了起来，就跟那潜水达人一样，能在水面之下行动自如；等到这拳法练到了极致，身体轻巧得好像能在水面上行走，这时候，功夫才算是练到家了。

据说，孙禄堂有一手绝招，要说出来您可能觉得没什么特别，不过，您要是自己试一试，就知道其中的难处了。这招到底是什么呢？就是要求同一边的肩膀和脚的外侧紧紧贴住墙面，同时抬起另一只脚，这就要求巧妙地把握身体重心，得是顶级的太极大师才能做到的事。

孙禄堂的武艺集百家之长，他想着，这好功夫是取之于人，自己也得把它授之于人，世世代代地传承下去。民国年间，孙禄堂开办了不少的武术馆，大江南北都有孙氏太极拳的教学点。他曾经在江苏国术馆担任过副馆长，还做过原国术馆的武当门长。在他这段生涯之中，又发生了什么样的故事呢？

中国有句老话，说的是“文无第一，武无第二”，在武术这行里，谁都憋着劲儿去争个第一。所以，不管在哪一朝，哪一代，比武打擂台都是经常的事。虽说孙禄堂平时并不爱主动找人挑战，不过，一旦有人上门叫阵，他从来都是先发制人。据说，就在孙禄堂担任江苏国术馆副馆长的时候，门前来了一个练家子，一推门就嚷嚷着要找孙师傅交交手，过过招。大圈椅上坐着的孙禄堂一听这话，腾地一下就从座位上蹦起来了，那身手确实跟“活猴”一般无二。

门口这位还没反应过来，就听见耳边呼呼风响，猛虎似的拳头朝着自己的面门扑了过来，紧接着，就是“哧啦”一声响，这位身上穿的棉袍子从上到下就给撕到了头。这时候，就瞧着棉絮跟雪花似的从眼前飘过，等他回过神来，才看清面前这位精神抖擞的孙禄堂，瞅着那架势，简直就是个小伙子，哪像是一位老人呢?

孙禄堂跟这位拱了拱手，请他出招，可是这练家子吓得面色发白，根本就不敢动手了。他冲着孙禄堂鞠了一躬，客客气气地告辞了。他明白孙师傅是点到为止，没下狠手，不然的话，撕碎的就不只是自己这身棉袍了。

关于孙禄堂的传奇数不胜数，讲的都是他神乎其神的武艺，盖世无双的气概。虽说这故事里的故事它不一定全都是真的，不过，在世世代代流传下来的段落之中，总能体会到中华武术的精气神。在民间，还有几段老故事让人津津乐道，这其中又有着怎样的情节呢?

相传，孙禄堂到了晚年，也想着叶落归根，就回到老家河北教人打拳。当地人早就听说过孙师傅的大名，可是没几个人见过他的真容，有个在铁路上工作的小青年知道孙禄堂回来了，也想着去会一会这位听说过、没见过的武术大师。他一路打听着孙禄堂的住处，没费多大周折就到了大师跟前。

小伙子终于见到了孙禄堂，看着眼前这位老先生个头不高，体格也不怎么硬气，根本不是想象中的样子。孙禄堂瞧着这小伙子挺有意思，就和和气气地问他："你找我是要干吗呀？"小伙子倒也不怵头，高声大嗓地说是想请孙师傅试试自己的功夫。

说起这小伙子也不是普通人，他平时整天在铁路上干重活，也练出来两条铁膀子，一个人就能抬动八百斤的铁轨。他跟孙禄堂提出了自己的想法，想要比一比胳膊上的力气。孙禄堂听了这话，乐乐呵呵地往板凳上一坐，说："小伙子呀，你尽管上手拉我的胳膊吧。"这年轻人吸了一口气，两手一起用力，拽住了孙禄堂的胳膊，他咬紧了后槽牙，使出了全身的劲儿，眼看着那脸都憋红了，豆大的汗珠在脑门上聚成了堆，可是，这孙禄堂的胳膊还是纹丝不动。

忽然，孙禄堂稍稍动了下肌肉，那五大三粗的小伙子立马就被拽了个跟头。这下，小伙子算是服气了，他两手抱拳拜过了孙师傅，回去以后逢人就说："这回我可算是没白去，真见识了大师的本事！"

宝刀不老，比武场上如何一招制胜？

拳法长青，九州之内如何代代流传？

几年之后，花甲之年的孙禄堂老当益壮，功夫愈加精进，名声更是越传越远，就连东洋的日本人也跑来要跟他一试高下。有段故事说的是在 1920 年，日本的天皇下了命令，派出本国的柔道冠军、大力士坂田一雄专程到中国来跟孙禄堂比武。这一比可就把小日本给比下去了，没过两招，日本人就被摔在了地上。坂田一雄当下就要拜孙禄堂为师，想请他来教中国功夫。孙禄堂是铁骨铮铮男子汉，哪能答应这样的要求，日本人的想法自然也没能得逞。

十年过后，日本人还记着当年吃的败仗，他们精挑细选派出了五个格斗高手，又跟孙禄堂下了挑战书。孙禄堂到了比武场上，老先生开口说道："你们一个一个地上场也挺麻烦，不如五个人一起来吧！"这话可把日本人搞懵了，他们谁也不明白，一对五的比赛要该怎么打。孙禄堂看他们一脸的糊涂相，又跟他们解释说："这样吧，我就躺在地下，你们尽管对我动手，再派一个人数着一二三。在这之后，如果老朽我不能起身，就算是你们赢了！"翻译官叽里呱啦地说了一通，几个日本人互相对了个眼神，都想着这个孙禄堂一定是老糊涂了，居然能说出这么个法子，看来，今天一定能把上次丢的脸全都捡回来。

孙禄堂平平展展地躺在地上，五个日本人一股脑地压到了他的身上，旁边有人数着数字——"一、二……"三还没说出口，孙禄堂一个鲤鱼打挺站了起来，五个日本人全都摔出了两三丈远。

到了第二天，日本人捧来了 20 万大洋，想把孙禄堂请到日本去做武术教练。这一回，孙老先生根本就没见他们的面，隔着院墙喊了一声——"想让我把本事教给日本人，没门！"

孙禄堂的功夫没被日本人学去，在中国人自己的地盘上却是代代相传，遍地开花。他的徒子徒孙遍布华夏九州，现如今，就连大洋彼岸也有不少人成了孙氏太极拳的粉丝。

这拳法的第二代掌门人孙剑云传承了先父的武艺，一直到了 90 多岁的高龄还在长城内外热心推广祖传的中国功夫。就在几年之前，这位精神利落的老太太到了香港，那一套潇洒自如的拳法让当地的武术爱好者看得如痴如醉，每个人都竖起了大拇哥儿，直夸她才是真正的“体坛明星”。

如今，孙氏太极拳已经传到了第三代，现任的掌门人不是孙禄堂的血脉至亲，而是门下品德最好、功夫最深的孙永田。以武强身，以德传世，这是孙氏太极拳祖师孙禄堂的信念，也是中华武术的精神。

这正是：

杨武太极并蒂莲，引出孙式太极拳。

河北大地尚武风，健身养生尽开颜。

# 第十六回 南拳与北腿 戳脚在河北

上一回我们说到，一代宗师孙禄堂集形意、八卦、太极之大成，创建了一种新的拳法——孙氏太极拳。从那以后，武林之中又多了一颗璀璨的明珠。除了大家熟悉的太极拳，咱们河北还有一种以腿脚功夫为主的拳法，那就是戳脚拳。更有意思的是，这种拳法还被称为“水浒门”。难道这种拳法跟《水浒传》里面的英雄好汉有关系吗？戳脚拳的祖师爷是谁呢？

河北武术，名家荟萃，不仅有大家熟悉的太极拳三大流派，还有一个流传了200多年的特殊拳法——戳脚拳，在河北饶阳、肃宁等地广为流传。

为什么叫戳脚拳呢？因为这套拳主要以腿脚功夫见长，它的全名叫作“九番御步鸳鸯勾挂连环悬空戳脚”，又名九番鸳鸯脚、九枝子腿、趟子腿，是中国古老拳种之一。

我国武术界历来有“南拳北腿”之说，戳脚拳是我国北派拳术中的佼佼者，更被誉为“北腿之杰”。常言道“手打三分，脚踢七分”，戳脚拳腿法十分灵活，共有九九八十一种不同形式的变化，称为八十一腿法。另外，套路还有文九、武九，二九一十八趟。

戳脚拳具有很强的攻击性。我曾经亲眼看到，肃宁戳脚第六代女弟子苗晓兰在谈笑之间，踢断小腿粗细的木桩。她的一个只有16岁的女学员把六块叠在一起的整砖一脚踢碎，是实打实的硬功夫。

说起腿脚功夫，很多人都会想到黄飞鸿的“佛山无影脚”，那套虚虚实实的招式让人眼花缭乱。咱们河北饶阳的戳脚拳也有招牌动作，就是“鸳鸯脚”。它前出之掌就像鸳鸯头上的羽冠，后起之脚就像鸳鸯上翘的尾巴。您还可以从经典名著《水浒传》里面找到它的影子，究竟哪位

戳脚第六代传人宋君杰表演戳脚柳叶刀

梁山好汉会这一手呢？这位梁山好汉就是武松。

在《水浒传》中有一段“武松醉打蒋门神”的经典场景。话说恶霸蒋门神霸占了武松结拜兄弟施恩的快活林客店，武松得到信儿，勃然大怒，决定帮兄弟讨回公道。他来到快活林客店，借着酒劲儿跟蒋门神打了起来。

蒋门神没敢轻敌，马上使出了一个黑虎掏心冲上去，“啪”的一下就打在了武松的肋骨上。这时，武松顺势上前就给他使了个玉环步，蒋门神往后一躲没有扫上，武松紧跟着又使了一个鸳鸯脚，一招比一招更厉害，打得蒋门神节节后退、跪地求饶，最后答应把快活林还给施恩。

武松使用的“玉环步，鸳鸯脚”的招数，和戳脚中的“玉环步、鸳鸯脚”基本是相同的。这个情节在明代施耐庵的《水浒传》里就有了这么清晰的描述，说明戳脚在600多年前就已经产生了。

另外,《水浒传》中还有一位英雄好汉，也会戳脚功夫。这个人是谁呢?就是花和尚鲁智深。鲁智深要上二龙山，邓龙不许，两个人就在山下比画起来，结果,邓龙被鲁智深一脚点翻,在床上躺了好几天,由此可见这个功夫的确了得。

什么是“点”呢?就是我抬脚踢你，快踢到你的时候，突然把脚面一绷，用脚尖往前戳你。这种打法，可不是现代搏击的本事，而是戳脚中最基本的腿法动作，只有中国的传统武术中才有。

正是因为《水浒传》里面这些精彩的故事，民间有一些拳师把武松视为戳脚的前辈，把戳脚拳称为“水浒门”。那么，戳脚拳的祖师爷究竟是谁呢?

**惊世奇谈，死囚犯如何成为戳脚门祖师?**

**隐姓埋名，冯克善怎样传授十三脚绝学?**

河北饶阳、肃宁是戳脚拳盛行的地方，当地的戳脚拳师中有一个延续了将近200年的习俗,每年农历的九月十五,这些练习戳脚的拳师都会来到师傅家里,一起祭拜祖师。

他们祭拜的祖师就是冯克善。他是衡水武术界公认的饶阳戳脚创始人，这位备受尊崇的武林高手曾经是嘉庆年间的一名囚犯。从囚犯到大师，这其中又有怎样的传奇呢?咱们从头说起。

嘉庆十八年(1813年),皇帝曾经出门到避暑山庄小住，可没想到，前脚刚出门，后脚就出事儿了，紫禁城差点儿被一伙起义的天理教教徒给占了。当时的天理教领导人之一，就是冯克善。

冯克善从小天资聪明,臂力过人,20岁左右拜山东济宁著名武师王祥为师。王祥很喜欢这个徒弟，把自己的看家本事全都教给了他。冯克善得到了真传，更加厉害，赤手空拳对付几十个壮汉那是小菜一碟。

后来,冯克善加入了天理教,因为勇猛善战,被推举为地皇,称为“武圣人”。他带领天理教教徒发动起义，攻打紫禁城，最后以失败而告终。冯克善被抓进大牢，成了阶下囚。得知自己要被斩首，冯克善一琢磨，与其干坐着等死，倒不如放手一搏，凭着一身武功越狱。他气运丹田，抬起脚啪啪两下，就把牢门踢开了，在两个老部下的协助下，从大牢里面逃了出来，一路逃到了河北饶阳，过起了隐居的生活。

现如今，饶阳一带流传着一段“戳脚十三脚歌诀”，它是这样唱的：“十三脚恩师传，漂流江湖四十年，玉容师音难寻觅，祖祖辈辈念老灿。”

这个老灿是谁呢？就是冯克善。

为了不让大清朝廷抓到自己，冯克善隐姓埋名，最初以少林寺云游僧人法静的身份，在饶阳县南部桑园教别人打拳。后来，他听说北官庄有个比较大的拳场，就去了那里观摩。当时，有个叫周老亭的花拳拳师正在教弟子练拳，冯克善隔着墙头瞧了一会儿忍不住喊了一声：“你们练的这个能打着人吗？”众人一看，有人挑衅，就把他叫过来，比试比试，结果全都败下阵来。这些人不服气，拿着刀枪棍棒齐上阵，又被他打败了。大家心服口服，齐齐拜他为师。

就这样，冯克善在北官庄住下来，化名为赵灿章，号老灿。他在这里一住就是八年，培养了一大批高徒，还把绝命戳脚十三脚等绝学传给徒弟们，为戳脚流派的形成打下了基础。

后来，冯克善还辗转去了蠡县、献县等地，改名冯凯克，字克敏；又去廊坊、唐山传授另一种风格的地躺戳脚拳，他的弟子遍布河北各地。其中“戳脚十三脚”这一招法套路，在饶阳宋氏家族是独传，被称为“戳脚之魂”，已经成为中华武术的活化石。

饶阳戳脚界流传着一个“南拳换北手”的故事，这又是怎么回事儿呢？

原来，冯克善为了不暴露身份，在各地传授的拳术都不相同。在饶阳桑园和深县杏叶、冯庄一带，他传授的是十二路华拳。到了饶阳北官庄，传授的是戳脚拳的套路，比方说八趟金刚锤、绝命戳脚十三脚、奇枪八卦刀等。

可时间长了，桑园和深县的徒弟们有意见了，他们找到冯克善，也不含糊，当面锣对面鼓地提意见，说：“师傅，为什么你只教我们软拳，在北边却教北官庄人硬拳呢？这有点儿不太公平吧！”

冯克善一听这话，不由得笑了，拍了拍徒弟们的肩膀，说道：“硬拳不全，软拳全，还是软拳打硬拳，你们是师兄弟，可以南拳换北手，互相交换嘛。”

徒弟们一听，觉得是这个理儿。从那以后，两个地方的徒弟们经常在一起切磋拳脚武艺。经过几代人的努力，以原来的八趟金刚架、八趟金刚锤、六合根等套路为基础，形成了一个名家辈出的武术体系——饶阳戳脚门。

饶阳北官庄的第二代戳脚拳师刘老旺、李老题等人大多数都在家乡授拳，附近的沃地、北善、横头、北张保等村都得到戳脚拳真传，北官庄戳脚拳一脉也出了不少英雄豪杰，比较典型的是“四大名捕”和“八兄弟”。

“四大名捕”都是谁呢？一位是神弹弓曹志忠，一位是铁腿计老宏，另外两位是硬气功闻名的赵老志、王老元。这四个人都是饶阳人，属于饶阳戳脚拳第三代传人，生活在清朝光绪年间。

这四个人里面，曹志忠功夫最厉害，他的弹弓技艺更是登峰造极。当时武林中流传着一句顺口溜：“南京到北京，神弹弓曹志忠。”据说，有一次在京城里面，有个人跟四大名捕杠上了，站在紫禁城前竖起的一根大旗杆上，对曹志忠说：“你不是号称神弹弓吗？你要是能射中我，我就服了。”

曹志忠一看，那人分明是来叫板儿的，不杀一杀他的威风，就不知道天高地厚，于是说道：“既然这样，那我就用弹弓射你的左眼！”那人站在高高的旗杆上，心想曹志忠绝对是在吹牛，那么远的距离，怎么能射中呢？没想到，曹志忠拿起弹弓就射了过去，那个人“啊”的一声惨叫，就从旗杆上掉下来，大家上前一看，射中的正是左眼。

四大名捕本领高强，地方官府经常聘请他们当业余侦探捉拿案犯。传说，有一次宫中有位格格突然丢了一个价值连城的镯子，官府破不了案，皇帝龙颜大怒，有位太监给皇帝出主意，建议把案子交给直隶省的饶阳县令。饶阳县令接到这个圣旨，吓了一身冷汗，这个案子要是破不了，自己的脑袋岂不是要搬家了？

饶阳县令愁眉不展，饭都吃不下，身边的师爷给他出了个主意，何不让北官庄的“四大名捕”试试？县令连忙把曹志忠等人派出去，很快就破了案。

原来，作案的是一位沧州武林人士的孩子，这位少年轻功非常好，也很顽皮。那位格格的玉镯他并没有拿走，而是放在了前门楼上的一块瓦片下。案子破了，皇帝很高兴，赏赐了曹志忠一件黄马褂。

那么，大名鼎鼎的“四大名捕”最后怎样了？传说，“四大名捕”中的两位后来被日本人杀害，另外两位不知所踪。

一脉相传，戳脚门涌现哪些英雄好汉？

一身正气，八兄弟留下哪些传世美谈？

斗转星移，戳脚拳传到了第四代，这批英雄好汉里面又出了赫赫有名的“八兄弟”。他们是赵万进、王五更、计同余、赵樊福、耿玉泰等八人，也都是饶阳北官庄人。他们生活的年代，正是抗日战争时期。当时饶阳是冀中行署所在地。乱世之中，八兄弟为了民族正义，使出浑身解数。

八兄弟里面，赵万进的功夫最好，当时他的公开身份是日伪村长，可实际上是共产党的地下工作者。后来，日军到北官庄扫荡时，无意间发现他身上有共产党的粮票，下令把他逮捕了。1945 年，这位戳脚名人在保定被杀害。

再说另一位戳脚高手耿玉泰，他曾经在东北谋生。当时他的戳脚功夫在东北也很有名，日本关东军司令部看上他的武功，想花重金聘请他做日本人的武术教官。耿玉泰誓死不教日本人，被关押在日本军营里。有一天深夜，耿玉泰打伤了看守人员，逃回了家乡，在家乡传授拳法。他们还鼓励自己的后代积极参加抗日，戳脚门里英雄辈出，可歌可泣。

经过几代拳师的努力，到了 20 世纪 30 年代，戳脚拳发展成风格独特的全国性拳种，饶阳也被看作是戳脚拳的发源地。20 世纪 80 年代，不断有人来饶阳北官庄、沃地、北善、横头、北张保等村访拳问祖。

中华人民共和国成立后，戳脚被列为全国武术表演和比赛项目。现如今，河北戳脚拳已经成为国家级非物质文化遗产，这对它的保护与传承，具有重要的意义。

这正是：

凌厉拳术有戳脚，九转连环逞英豪。

四大名捕八兄弟，爱国正气震燕赵。

# 第十七回 猎猎武林风 沧州八极拳

上一回讲到了燕赵之地的“北腿之杰”——戳脚拳，那九转连环的拳脚，鸳鸯勾挂的高招，实在让人叫绝。今天上场的这路拳法也不简单，论出身，它就诞生在武术之乡沧州，比名气，那也是咱河北地界上响当当的一块招牌，这就是刚劲迅猛的“八极拳”。这名号到底是什么意思？这招数究竟有多么神奇？

说起八极拳这个名号，那可是很有讲究，早年间，好多地方都有人练习这套拳法，这功夫也就有了好几个名字，有人管这叫作“巴子拳”、“八忌拳”，也有人说这是“开门八极”、“开拳”。最后，这拳法的名称怎么会定做“八极拳”呢？

练武练的就是身体上的八个部位，包括头、肩、肘、手、尾、胯、膝和足，要把这八处位置的作用发挥到极致，就是“八极”的用意。再有，汉代刘安的《淮南子》也有这样一句话——“九州之外有八寅，八寅之外有八纮，八纮之外有八极。”八极指的就是极远之处。所以，“八极拳”的名号不光有实际的意义，也有深远的内涵。

提起八面威风的八极拳，不得不说到百年之前的一出大戏，那一回武林争霸，保住了中国人的尊严，那一回拳脚往来，打出了中国武术的气魄，这出戏的名字就叫作“中华第一擂”。这究竟是怎样的一段故事呢？

相传是在康熙年间，中国的地盘儿上来了不少的洋人，其中就有两个人高马大的俄国大力士。他们一路到了京城，见着满街的中国人都没有他们的个子大，胳膊腿的也没有他们粗，于是呢，这俩人就开始膨胀了，一心想着要在这里逞逞威风。他们两个一合计，干脆在前门下面摆了个擂台，贴出了海报要跟中国人比个高低。

当时，四九城里也是高手云集，他们瞧见洋人的海报，看那语气压根就没把中国功夫放在眼里，这还能成？得给这俄国人看看咱的厉害！可是一连几天，擂台上的中国人全都败下阵来，还有好几位师傅给人打得不是死就是伤。洋人眼见着自己占了便宜，行事也就更狂了，恨不得要在大街上横着走。

这事一传十，十传百，在京城里传成了一件大新闻，就连紫禁城里的皇帝也听说了。康熙爷一寻思，两个洋人在皇城里张牙舞爪，外人还不得把我大清当成个软柿子？赶紧的，把文武百官都叫来，一起商量个对策。大伙你一言我一语，出来了两种意见，一拨人说："咱堂堂大清朝怎么也不能认栽，一定要找个能人去出头！"另一拨是一群和事佬，他们说了："两国之间要以和为贵，不能为这个小事影响朝廷跟洋人的关系。比武打擂到底是个民间的事情，政府睁一眼闭一眼就当没看见呗。"

这康熙爷到底不是那没骨头的人，他还是听了主战派的意见，一道圣旨昭告天下，要征召有本事的能人去杀杀洋人的威风，涨涨本朝的志气。这时候，有位亲王提了个人选，说只有这位能担起这样的重任。他到底是何许人，身上又有多大的本事呢？

**飞来横祸，惹出怎样一场生死离别？**

**擂台比武，打出怎样一个震世威名？**

沧州八极拳传人对练

亲王提出的这位能人正是沧州孟村镇上大名鼎鼎的丁发祥。想当年，因为世道不太平，沧州一带习武之风非常盛行，不少的年轻后生都练得一手好拳脚，其中最出挑的一个就是老丁家的小子丁发祥。要问他的功夫为什么这么拔尖?还得说是梅花香自苦寒来，宝剑锋从磨砺出。

丁发祥小的时候，家里的条件很不错，因为日子过得好，所以这一家人也格外小心，生怕被那毛贼惦记上，就让丁发祥在村子外头的土窑里苦练了三年的武功。这小子冬练三九，夏练三伏，就在那一年的伏天里，他又照常在院子里练功，那拳头打得嗖嗖生风，豆大的汗珠子挂满了他的脑门。

这时候，正好有一位老道从这里经过，他长得龟形鹤骨，穿得邋里邋遢，可是却练得一身的好武艺。老人家隔着大门瞧见丁发祥在那儿练武，觉得这小伙子还真是个难得的好苗子，于是这心里就动了收他为徒的意思。老道也不敲门，进门就把心思讲了出来。丁发祥正愁没人指点，没想到高人这就上门来了，他赶紧给老道磕了个响头，俩人就算是结成了师徒。老道教的一手八极拳法，丁发祥也就得了真传，他不光学到了高深的武功，也学到了低调为人的道理。平时，丁发祥很少在外人面前展露武艺，就是近邻的乡亲也没几个了解他的身手。

丁发祥就跟个普通人似的过日子，眼看他已经成了个花甲老人，怀里也抱上了大胖孙子，本以为这辈子就剩下享清福了，谁知道他好好地走在路上，却遇见了一场飞来横祸。

这天，丁发祥抱着孙子在地头上遛弯，正瞧见一辆马车陷进了路边的泥沟子，怎么也拉不出来。丁发祥那可是个热心人，赶紧上去帮着人家想辙。他把那情况看了看，立马就有点子了，他一只手抱着小孙子，另一只手托在马车底下，猛地一提丹田气，就把马车推了出来。赶车的师傅一个劲儿地跟他道谢，丁发祥摆了摆手，人家开路了。

看着马车走远了，丁发祥想着孙子已经半天不吱声了，难道这孩子是睡着了？他赶紧打开怀里的小被子，去看孩子的小脸蛋，这一看，可不得了了，孩子竟然死过去了。丁发祥这才想起来，一准是刚才推车的时候用力太猛，把怀里的小人给憋死了。

丁发祥悔得是没法没法的，这可怎么跟儿子、儿媳妇交代，往后又怎么跟家人相处呢？老头愁得没辙了，最后一咬牙，一跺脚，一个人远走他乡。

丁发祥一个六十多岁的老爷子，背井离乡该上哪儿去过活？他一路过了天津进北京，最后就在京城的一家肉铺里做了伙计。有一天，店里的伙计不是很忙，丁发祥就在门口坐着看街景，忽然，就见胡同里跑出来一匹受了惊的高头大马，疯疯癫癫地横冲直撞。当时，他也没多想，就怕这马伤了人，三步并作两步走，上去就是一掌，那马前腿登时就断成了两截。

大街上的警报解除了，可是丁发祥的麻烦也来了，你好心拦惊马这没错，不过人家的马叫你打伤了，这又得怎么论呢？这时候，一个兵丁追了过来，说这马是亲王府上的牲口，如今被你给砍断了腿，我可没法交差，少不了要请你这老头跟我走一趟。丁发祥可是个老实人，他听人家这么说了，只好跟着兵丁去见王爷，要赔钱，还是要赔马，就听主家的吩咐吧。

没想到，王爷听说了这事，不但没有跟丁发祥索赔，反而对他特别欣赏，一是看中他的热心肠，二来也看好他的真功夫。于是，这王爷就发话了，说你呀，也别走了，就留在这亲王府中传授武艺吧。

丁发祥念着王爷的知遇之恩，也就在这里留了下来。日子越久，王爷越觉得这个姓丁的老头不是凡人，那拳脚上的功夫简直就没人能比，所以，就把丁发祥推荐给了当时的万岁爷，也就有了前面说的那一幕。

话说这丁发祥领了皇命，转天就上了比武的擂台。那两个俄国的大力士脑子正发着热呢，瞧见这么一个小老头要来比武，根本就没拿着当回事。双方互通过姓名之后，一个洋人大摇大摆地上了擂台，一拳头就朝着丁发祥的脑门飞过去了。丁发祥呢，并不急着还手，他一个侧身躲过了拳头，看透了洋人的路数，瞅准了机会出了一个“抱肘”。就见那洋人连着退了好几步，晃晃悠悠倒在了台上，台下的观众全都看傻眼了，都没反应过来刚才那是怎么回事。

在武术行里，有这么句话——“宁挨十手，不挨一肘”，要说这“抱肘”的狠劲可要比拳头厉害多了。大个子的洋人躺在地上直翻白眼，嘴角还渗出来一股鲜血。台下的观众们一连数了十个数，洋人还是没起身。这时候，一道圣旨到了比武台，一辆马车接走了丁发祥。接下来，又要发生什么样的故事呢？

原来，康熙皇帝早就派人盯着擂台上的战况，一听说丁发祥打败了洋人，给咱中国人挣了面子，这万岁爷可是给乐坏了，他赶紧叫人把擂台上的英雄召进了皇宫，还专门为他题写了一块“神州壮士”的匾额。

康熙问丁发祥使的这是什么拳，他给皇帝行了个礼，回答说自己练的是“巴子拳”。康熙笑着说：“这拳法威震八极，往后就叫作八极拳吧！”皇帝挥毫点墨，又题了一行“文有太极安天下，武有八极定乾坤”。

这一场擂台赛让丁发祥打出了名气，也让八极拳传出了声望，被后人称作“中华第一擂”。为什么这么说呢？因为它在历史上足足占了六个第一：外国技击高手在中国摆设的第一个比武擂台；是第一个用中华武术赢得国家尊严的擂台；唯一一个跟国家的地位关联的“政治大擂”；唯一一个受到皇帝关注的擂台赛；丁发祥本人呢，也成了沧州武林中唯一一个被皇帝钦赐“壮士”名号的武术大师。

从这往后，丁发祥带着皇恩回到老家，就在少年时练武的地方开起了武馆，专门传授那一手八极拳。十里八乡报名学艺的后生越来越多，八极拳的流传也就越来越广。100年之后，沧州又出现了一位了不起的八极拳师，这就是号称“神枪”的李书文，他这一生又经历了什么样的故事呢？

精英辈出，沧州城里再现哪位英雄豪杰？

世代相传，八极拳法如何留名百年青史？

话说这李书文正是八极拳第五代传人张景星的高徒，后来又在师伯黄士海的门下练了六年的大枪。想当年，他跟着师傅学功夫，从自家的院子到师傅的宅子，来回就有十几里路，这一路上他都是一步一掌，一步一肘，一时半会也没忘了练功。

练过了掌法练枪法，李书文那一杆大枪使得也是出神入化，白天他练着去扎铜钱眼儿，晚上就扎香火头，出门到了树林子，他就拿着手中的大枪去扎树枝上的大枣，一枪一个枣，百枪百枣，从来没个失手。

因为得了两位武林高人的真传，再加上他本人的刻苦勤奋，李书文成了沧州城里武术精英。他的拳法越加精进，枪法更是堪称神奇，他那拳头一出，就像是雷电霹雳，他的大枪一抖，恰似流星赶月。

那是在 1895 年，清政府征召各路高手训练精锐部队，李书文的师傅黄士海也收到了一封聘书，可是黄师傅岁数大了，实在做不来教头的活儿，就把最得意的徒弟李书文推荐上去。

李书文到了兵营的那一天，各路高手已经到了一多半，不管是政府的官员还是其他的教官，见了这个貌不惊人的李书文，都没拿正眼瞧他，以为他是谁的跟班仆人呢。等他报出了大名，周围先是静了半刻，接下来就是一阵大笑，有人撇着嘴说："就你？拿什么本事来做教头呢？"

李书文也不答话，把手中的大枪一摆，噌地一下刺向了大厅的柱子，他把大枪一收，那枪头上竟然扎着一只绿豆大小的苍蝇，而那柱子的油漆面却是半点儿也没伤着。这一下，震住了整个大厅，刚才还斜着眼睛看他的人们，个个都拍手叫着："神枪！神枪！真乃神枪也！"李书文还是不说话，只是拱手抱拳冲着大伙点了点头，又练了一套八极拳，这一回，所有人全都说不出话了，只是瞪大眼睛仔细看着，谁也没想到世上竟然有这么高深的武术。从这以后，李书文就在军营里传授武艺，训练弟子，把拳法和枪法传承了下去。

百年之后，八极拳代代相传，已经成为全国十大优秀拳种之一，这个满含着传奇的大名也列入了国家级非物质文化遗产的名录。

这正是：

八极神拳出河北，威震擂台显神威。

御前保镖传武德，击败东洋凯旋归。

# 第十八回 沧州武风起 泊头六合拳

上一回我们说到，沧州拳师凭借一手漂亮的八极拳，打败洋人，尽显燕赵男儿的英雄豪气。除了八极拳，在沧州还有一种武术也相当厉害，那就是六合拳。它是什么时候诞生的，又留下怎样的传奇故事呢？

说起六合拳，起源相当悠久，要追溯到元末明初。传说中，这种拳法是少林寺的一个烧火僧人创造的。这个烧火僧人叫许那罗，长得不起眼，却独具慧根。他在烧火做饭闲暇之余，看着其他僧人练武，日子久了看出了一些门道，自己创造出一套可攻可守、刚柔并济的拳法，很快在武僧之中流传开来，成为少林拳中重要的对练套路。

为什么叫六合拳呢？“六合”指的是什么呢？

有三种说法。

一说是指自然界的六个方位，也就是东、西、南、北、上、下。

二说是指人体的六个部位，也就是手、足、肘、膝、肩、胯。

三说是指拳法演练所需要的内外三合。“内三合”指“心、意、气”三者相合，“外三合”指“手脚、肘膝、肩胯”三者相合。内外合一，即为六合。

《沧州武术志》记载：明朝万历末年，六合拳传到河北泊头，距今已有400年历史。那么，它是在怎样的机缘巧合之下，传到泊头的呢？

相传，明朝万历末年，有一个南方的侠士张明，四处游历，路过泊头清真八里庄（也就是当今红星八里庄）时，染上了重病，奄奄一息。他也算是命不该绝，八里庄有个姓曹的人，无意之中发现了张明，把他带回了家中，找郎中给他看病。经过一番悉心照料，张明的身体慢慢好起来了。

泊头这个地方，老百姓都喜好武术。曹家有个男孩儿，叫曹振朋。这孩子生得虎头虎脑，每天早上在院子里刻苦练功，不管刮风下雨从不间断。张明看在眼里，觉得这孩子是个练武的好坯子，很是欣赏。为了报答曹家的救命之恩，就收曹振朋为徒，教他六合拳，一教就是好几年，直到曹振朋完全学会为止。临走的时候，张明还送给曹振朋好几卷拳谱。

打那以后，六合拳就在沧州泊头生根发芽。后来，曹振朋将六合拳传给儿子曹寿，曹寿传给了泊头镇的石金可等人。他们在泊头镇开门授徒，前来拜师学艺的人非常多，出了很多武林高手。

六合拳的传人里面英雄辈出，据说，四世传人石金可用两个手指捻碎半摞铜钱；五世传人石金省能轻松举起大石磨，人称“黑旋风神力千斤王”。

其中还有一个大名鼎鼎的英雄，他一生行侠仗义、扶危济困，成为一代豪侠，跟燕子李三、霍元甲、黄飞鸿等著名武师齐名。这位大侠是谁呢？就是大刀王五。他又留下了哪些故事呢？

**坚定不移，王正谊如何长跪不起拜师学艺？**

**百折不屈，小五子怎样广交朋友行侠仗义？**

大刀王五原名王正谊，字子斌，是河北沧州人。他出生在一个贫苦的家庭里，三岁的时候父亲就因病去世了，留下他和母亲相依为命。穷人的孩子早当家，他小小的年纪，就知道帮着母亲干活，到了12岁，就能撑起这个家了。从小到大这般磨炼，也让他变得孔武有力。

这时，王正谊想要拜师学艺，只要学得一身好武艺，就再也不怕别人欺负。当时，沧州这一代最有名的武师是谁呢？六合门的李凤岗。他是道光、咸丰时期著名武术名家，因为精通拳术，尤其擅使双刀，被武林人士称为“双刀李凤岗”。王正谊听说了双刀李凤岗的大名，想要拜他为师，却吃了闭门羹。他在李凤岗的家门口长跪不起，以表示自己的诚心。

李凤岗被他这种锲而不舍的精神打动了，收他为第五个弟子，师兄们都亲切地叫他“小五子”，外面的人也叫他王五。

王五没有辜负师傅的期望，冬练三九，夏练三伏，身上那股子拼劲儿甚至超过了几个师兄。李凤岗看在眼里，非常喜欢这个能吃苦的徒弟，把一身本事都传给他。青出蓝而胜于蓝，几年下来，王五的功夫已不在师傅之下。

眼瞅着徒弟一天比一天强，李凤岗很是欣慰。可是没有社会经验，空有一身武艺也不行。李凤岗琢磨了一下，就把爱徒推荐给自己的师兄刘化龙，一起押镖赶赴济南，行走江湖开阔眼界。打那起，王五开始了他的镖业生活。在押镖过程中，他广交武林豪杰，即使遇到强横之徒，也尽量以功制服，刃不染血，江湖朋友称他为“侠义之士”。

经过几年的锻炼，王五逐渐成长起来。到了同治十年，也就是 1871 年，王五告别了师傅，一个人出去闯荡江湖。他先到了天津，后来又到了北京，经过朋友的介绍，在一家镖局当了镖师。

同行的人见他年纪不大，说话又是乡下口音，以为他是个乡巴佬，没有什么真本事，只不过打着师傅“双刀李凤岗”的名号混碗饭吃而已。这些人瞧不起他，就找机会刁难他。

有一天，十几个镖师成群结伴来“拜访”他，想和他比试武艺。王五不想得罪人，一开始非常客气地招呼他们，以礼相让。可是对方为首的大汉出其不意向王五打来，王五拳臂一挡，把大汉打得连连后退了好几步。

那个大汉不服气，紧接着第二拳又打来，王五出右手一拨，转身一个“凤凰垒窝”，“扑通”一声把大汉打倒在地。王五抬起腿想要踢他的小肚子，可是又收了回来，给那人留了几分情面。

十几个镖师见王五腿脚利索，出手不凡，连连赞叹，更因为他脚下留情而感动。一时间，大刀王五的精湛武功、高尚武德传遍京城。

六年以后，王五攒了一些积蓄，再加上朋友们的帮助，他在北京半壁街创办了源顺镖局。他给镖局立下了四条规矩：一，重要镖车要亲自走镖；二，来访的朋友只要提到“大刀王五”，就热情款待，赠送路费盘缠；三，要帮助穷人，冬天送棉衣，夏天送单衣；四，春节时要赶着马车载着吃穿用的东西周济穷人。

由于王五严守戒规、走镖谨慎、收费合理，再加上他乐善好施、救助穷人，赢得了大家的称赞，众人赠以“德荣感化”匾额。没几年时间，镖局就发展壮大起来，共有前后两个大院，房屋 34 间，镖师 50 多人。

镖师干的都是刀口上舔血的活，押镖在外，难免遇到一些劫匪，王五也不例外。光绪十九年（1893年）夏天，王五接了一趟镖，亲自押送着10万多两白银从北京来到天津。当他们的船行到下西河，遇到一个大麻烦。

这时候，对面来了一艘船，船头上站着三四十个彪形大汉，为首的就是横行当地的“赛绞龙”闽清。当闽清得知押镖的人是威震四方的沧州大刀王五时，心中有些发毛，想要罢手。可是又怕手下的人会嘲笑自己，心想就算截镖不成也要会会王五。

闽清豁出去了，举着长枪就朝王五刺了过去，王五挥刀相迎。眼瞅着枪尖要刺进王五的胸膛时，王五拿刀猛撩，震的闽清虎口都麻了。他想抽枪换招，王五一刀就劈在了他的左肩膀，枪脱手落地。

闽清连手中的武器都被打掉了，狼狈不已，可是王五却没有乘胜追击。闽清感觉自己的左肩膀很疼，却没有伤到筋骨，就知道王五有意放他一马，又是感激又是佩服，拱手称赞王五，跟他结为朋友。

这样的事儿数不胜数，王五闯荡江湖几十年，广交各路英豪，切磋武艺，威名远扬。东到江浙，西至陕晋，南到湘鄂，北到辽宁，只要见到镖旗上有“王五”二字，就没人敢冒犯。

**义薄云天，王正谊如何临危不惧英勇就义？**

**侠肝义胆，霍元甲怎样不惧危险安葬好友？**

大刀王五德义高尚，大江南北的武林人士都把他奉为“祭酒”，也就是武林中的首领。他不但义薄云天，而且还有满腔的爱国热情。当时，康有为、谭嗣同等维新派发起戊戌变法，王五跟谭嗣同情投意合，彼此以兄弟相称。王五不仅担负起了谭嗣同的衣食住行和保安工作，还亲自传授谭嗣同剑武艺，希望能在变法维新中助他一臂之力。

可是，维新派中没有人马，没有刀枪，只依靠一个光绪皇帝，失败是不可避免的。很快，由于袁世凯的出卖，西太后发动了政变，幽禁了光绪，下令逮捕康有为、梁启超、谭嗣同等维新派领袖。王五得到消息后，立即去找谭嗣同，劝他到日本避难。可是谭嗣同下定决心为变法事业牺牲，希望以此警醒大众，最终被抓进大牢。

谭嗣同被捕入狱后，王五还联络武林志士，密谋营救谭嗣同，打算劫狱，却被谭嗣同竭力劝止。1898 年 9 月 28 日，谭嗣同等“戊戌六君子”被监斩于宣武门外菜市口。王五冒着生命危险给谭嗣同收尸，还在家中密设灵堂接连七日祭奠，又置办上好的棺材，亲自扶棺送往湖南浏阳安葬。

为了帮谭嗣同复仇，王五多次组织人员进行暗杀载琦、荣禄，可最终也没办成，但王五反抗清廷的决心更加强烈。

两年后，义和团反帝爱国运动在北方兴起，慈禧借助义和团驱逐外国侵华势力。国难当头，王五率领手下的人马，与义和团众并肩作战。后来，八国联军攻入北京，慈禧出逃，清军反过手来帮助洋人围剿义和团。对此，王五痛恨万分，说:“太后专权，权臣卖国，清军不抵御外敌，反而杀戮同胞，令人心寒。想要消灭洋人，必须反抗大清朝廷，如果不反抗，国家没法富强，老百姓没法生存。”

眼瞅着清兵杀过来，义和团首领张德成劝王五赶紧外出躲避。王五却说：“大丈夫宁可立着死，绝不苟且偷生。”最终，清兵将源顺镖局团团围住。王五执刀迎战，杀死了几十个清兵，最终寡不敌众被捕，被八国联军枪杀于前门东河沿。王五就义前大义凛然，高呼：“大丈夫生不能报效正义，以躯而殉大业，死而无憾！”一心报国的一代英豪,就这样惨死在卖国贼的屠刀下！时年 56 岁。

大刀王五名震京城，人人都听说过他的威名。清政府想要杀鸡儆猴，把王五的头颅挂在朝阳门城门上悬杆示众。王五的家人没法给王五入殓，伤心不已。

消息传来，惊动了一位声名赫赫的大英雄，谁呢? 就是大侠霍元甲。他跟王五是沧州同乡，也是非常好的朋友。听说王五遇难的消息后，霍元甲悲愤不已，立即从天津赶到北京，凭借着自己高超的武功，在夜色的掩护下，神不知鬼不觉地爬上城墙，将王五的头颅取回，送回了王五的家中，又在《老残游记》作者刘鹗的协助下，终于将王五的身首合葬，以告慰他的在天之灵。当天晚上，霍元甲就在王五的故居住下来，也算是跟老友道个别。

王五去世之后，镖局停业。他那把 100 多斤重的“青龙偃月大刀”和谭嗣同的宝剑，都被他的夫人保存在北京东城区西半壁胡同 13 号院的源顺镖局中，每年王五的忌日，都要把大刀拿出来祭奠王五。到了 1958 年大炼钢铁时，王五的青龙偃月大刀和谭嗣同的宝剑都被当成废铜烂铁扔进了炼钢炉，使后人无法借此瞻仰这位大侠的风采，不能不说是一种遗憾。

现如今，六合拳在一代代拳师的传承下，发扬光大。2002 年，六合拳第八代传人石同鼎在泊头市兴建了一座六合武馆，培养了一大批优秀武术人才，他的弟子多次在国内外武术比赛上摘金夺银，六合拳的威名享誉海内外。

这正是：

运河武乡出豪杰，大刀王五真悲壮。

时代传人助武魂，泊头六合威名扬。

# 第十九回 镖不喊沧州 名逞四方扬

前面说到沧州城里出了不少的英雄豪杰，在武术行里开创了好些个独门绝技。因为这些顶天立地的好汉，威震八方的武功，沧州也就有了“武术之乡”的名号。在这里，还流传着一句武林的行话“镖不喊沧”，这话到底是什么意思，其中又有着什么样的传奇？

“镖不喊沧”，也叫作“镖不喊沧州”，是曾经通行于各大镖局的惯例。早年间，镖局承担了民间的物流运输，押镖的师傅行走四方，哪儿都得去，不过，单单是在沧州这一处，谁都得守着“镖不喊沧”的规矩。不管是南来的、北往的，还是黑道的、白道的，只要是运镖的车船行人要打沧州这儿经过，一不能打出镖旗，二不能喊出镖号，统统都得悄没声地溜过去。

想当年，镖局可不是一般的地方，想在这行里混口饭吃，必须得会几下拳脚，有点儿过人的本事，镖局的老少爷们行走江湖，谁都得敬上三分。不过，要是到了沧州这一带，甭管是哪个镖局的师傅，都得低着点头。这里面又有着什么样的讲究呢?

当年，镖局的队伍出门走镖，要在行李大车上拉起一杆三角旗，那上面写明了镖师的大名和镖局的大号，一路走，一路敲着锣鼓，喊着号子。队伍不管是到了什么地方，都得给人家报上名来，这在行里叫作喊“镖趟子”。这其中的意思有两层：一是要告诉当地的朋友，我们要借光路过你家的宝地，在这儿跟您表示感谢；第二呢也是显示显示威风，要让人家明白自己是有功夫的人，我们不给您找麻烦，您也别跟我们过不去。如果到了省会级别的城市或者是其他镖局的所在地，喊镖的事情也就免了，运镖的师傅都要下车下马，步行过去，过了这段，再重新上马赶路，这也是行里的一项礼仪。

这路上要是提前打听到哪个山头上的人厉害，哪个关卡不好过，运镖的队伍就不能这么大张旗鼓了，只能是人不出声，马不挂铃，旗子锣鼓的都收起来，往车轱辘上擦点儿油，悄悄地过去就得了。用行话说，这就叫作“偷镖”。

不过，要是到了沧州的地界上，甭管你有多大的名头，有多大的本事，也不能大张旗鼓，只能是悄悄地过路，否则的话，不光是给自己找麻烦，还得丢尽你镖局的脸面。所以，直到现在，沧州地区还流传着这样一句话，“车轱辘抹油——蔫遛”。

要问这是为什么，还得提起沧州“武术之乡”的名号。这一带有的是武林豪杰，多的是武术高手，要在这里喊镖叫板，那不是在关二爷面前耍大刀吗？所以，各大镖局的阵势在这里全都免了，一律要遵行两个字——低调。如果有刚入行的后生问起这其中的究竟，镖局的老师傅准得提起多年之前的那段武林轶事，这又是怎样的一段故事？

**狭路相逢，一来一往落下怎样一个结局？**

**同行相遇，一拳一脚打出怎样一个传奇？**

早年间，沧州的大南门外头开了一家成兴镖局，这镖局的老板岁数不大，本事却不小，他就是土生土长的本地人李冠铭，他那两个膀子全是力气，一身武艺盖世无双。

话说有这么一回，一辆镖车经过沧州，保镖的队伍有点儿张狂，一路打着镖旗，喊着镖号，吵吵嚷嚷地进了城门。那队伍里面几个镖师边走边嘀咕，说这所谓的武术之乡也没什么了不起的。这话传到了李冠铭的耳朵里，他的心里自然是挺不痛快。李家的成兴镖局在当地可是头一号，李冠铭的功夫在这一带也是第一名，外人瞧不起沧州，那不就等于瞧不起他李冠铭，瞧不起他的成兴镖局吗？

李冠铭越想越来气，出门就朝着那运镖的队伍追了过去，他一路紧着赶，没等对方的镖车走出半里路，就已经超过了他们。李冠铭打眼一瞧，正好这前头立着一座石头牌坊，他两手一拽牌坊上的大梁，双腿就把对方的拉车大马夹了起来。几百斤重的高头大马被李冠铭夹在半空，那马儿吓得直叫唤，运镖的汉子也都变了脸色。

那几个人互相对了个眼神，知道准是刚才吹的牛皮惹恼了当地的高人，这回可得认栽了。他们呼啦一下跪了一片，都冲着李冠铭赔不是，说我们刚刚那都是胡说八道，您大人有大量，可别跟我们一般见识。李冠铭也不是那小心眼的人，他哈哈一笑，掉头就回了家。

虽然说李冠铭没把这事当个事，但是那些见识过他功夫的镖师却把这段故事传开了。打这以后，再有镖局的队伍经过沧州，都老老实实地守着规矩，谁也不敢高声大嗓地喊镖了。久而久之，“镖不喊沧”就成了这一行里的惯例。

沧州的武术精英是数不胜数，单说这李家的成兴镖局里就有好几位出名的人物。刚刚说到的这个李冠铭，他家里还有个侄子名叫李凤岗，这个后生长大以后，做了成兴镖局的大镖师，凭着一双大刀撑起了李家的祖业。

说起李凤岗那可是个挺有意思的人物，他打小就跟着叔叔李冠铭学功夫，刚刚到了十几岁，就把各式的武器使得出神入化，把各种的拳脚练得炉火纯青，手里那一双大刀舞得更是让人叫绝。行里的长辈看着这小孩挺不错，就带着他到天津城里去开眼，在那里的镖局见世面。

李凤岗在天津过了三年，小小的少年倒是经历了不少的事，他跟着镖车出过远门，拿着棍子斗过高僧，岁数还没到十八，已经成了当地的一号人物。

有一回，镖师们聚在一起吃饭，一边吃一边聊，说起这李凤岗的好功夫，大伙一时兴起，要求这小伙子演个绝活来看看。李凤岗觉得自己年纪小，不该在这么多叔伯大哥的面前瞎显摆，于是呢，这小孩他就没答应。可是，他扛不住镖师们一而再、再而三的要求，只好点头说给大家出个节目，就当是闹着玩吧。

这节目怎么出呢？李凤岗说了，我来耍这一双大刀，各位前辈就着后厨这一堆土豆、茄子、青辣椒，拿起来尽管往我身上扔。这话一说，大伙都笑了，这算是什么玩法呢？我们这么多大人围攻你一个，不成了欺负小孩了吗？李凤岗笑了一笑，说茄子土豆的也伤不着人，大家就放心吧。于是，李凤岗双手拿刀在院里站好，镖师们拿着东西喊了一声，一块朝着他的身上扔了过去，就看那李凤岗的身边只见刀光，不见人影，扔过去的东西全被打了回来。这一出好戏让镖局的大人们也都看傻了眼，个个拱手抱拳跟李凤岗说着“佩服！”

李凤岗从少年郎长成了中年人，一身的本事更是惊人，他的名气也更是见长，这名声一直传到了清政府，他也被请到兵营，做了个吃皇粮的总教练。可李凤岗在这儿干了几天，眼见着当官的跟洋人点头哈腰，实在受不了这个窝囊气，干脆打道回府，接手了老家的镖局买卖。在这之后，沧州城里又发生了什么样的稀罕事呢?

当时，各大镖局都听说了这条新闻——天津回来的李凤岗做上了成兴镖局的大镖师，这人到底有什么能耐呢？有些人很是不以为然，觉得他不过是顶了一个李家后人的虚名，仗着前辈混日子罢了。

没过多少日子，沧州城里就来了一支运镖的队伍，领头的镖师一路喊着镖号，明摆着要破了往日的规矩。李凤岗冷眼瞧着这人就打自家的门口过去，他不动声色，回屋换了一套粗布衣裳，光脚背了个粪筐，从后门绕到了街上，一直走到八里地外的路口，在街边一蹲，就等着镖车过来。

等着镖车到了眼前，李凤岗就假装是个拾粪的老农民，一路低头迎着队伍过去了。领头的镖师一看有人过来，大声嚷嚷着说：“老头，你找死呀，还不赶紧给我滚！”李凤岗装着耳朵背，眼睛花，既听不见，也看不清，还是冲着前面一直走。这可把那镖师气坏了，他跳下马来，一把抓住了李凤岗的领子。李凤岗瞅准机会，反手握住了镖师的手腕，胳膊一动，就把这七尺高的汉子扔出了一丈开外，又低头拿起了自己的粪筐，不言不语地赶上对方的镖车，调头回了沧州城。

那镖师躺在地上缓了半天，过了一炷香的功夫才算是缓过劲儿来，他听着几个小哥们说了刚才的事情，知道这是城里的高人要给自己颜色看。镖师心里明白，现在的头等大事就是找人家赔礼道歉，把镖车给要回来，不然的话，自己的饭碗就算是砸了。

这几个镖师商量了半天，最后还是从自己的腰包里边掏了银子，买了整整一车的好酒，去找沧州的武林人士请罪。后来，这事算是过去了，两拨人不打不相识，终于也成了好朋友。

运河边上，是谁一声大喝打破镖不喊沧？

茶馆门前，是谁一出绝技展示武术精魂？

上百年来，“镖不喊沧”已经成了沧州城里的传奇，这其中还有这样一出老故事。那时候，大运河在沧州城外面拐了个弯，河汊子边上就有个茶馆，这茶馆挨着城门，临着运河，人来人往的别提有多热闹了。

据说，那一年的秋天，水路上来了一只镖船，船头立着一个镖师，他人高马大，肌肉发达，后背上挂着一把单刀。就在这镖船经过茶馆的时候，船上的镖师扯开嗓子大喝一声，直把周围的人全都引了过来。

茶馆的小二听见有人喊镖，知道这一准又是冲着城里的成兴镖局来的，赶紧叫人通知了李凤岗。李凤岗一听，噢？居然还有这事，那我得去会会这位道上的朋友。他一路赶到了大运河边，老远就瞧着那镖师站在船头耀武扬威，他挥一挥手，也喊了一声——“喂！请停一停！”

镖师一听有人喊他，就招呼着船工要靠岸。那船离着岸边还有一丈五六，李凤岗一个箭步就跳到了船上。镖师见人影飞过来，一挪身子就要动手，可是他的腿还没抬起来，自己就“扑通”一下掉进了河里。等他从水里扑腾出来，只听着运河边上一阵的叫好声，刚才的人影转眼又回到岸上。

镖师擦干了头上、脸上的水珠，揉揉眼睛仔细看，刚才那个轻盈飘逸的影子是个 50 岁上下的先生，他在水上一来一去，一身的大褂是滴水没沾。这时候，岸边的李凤岗也发话了：“这位您敢在沧州喊镖，想必是有了不得的功夫，我就代表这里的成兴镖局，请您上来比试比试。”

这镖师没接他的话茬，只是冲着李凤岗鞠了一躬，客客气气地请教他的大名。李凤岗回了个礼，答话说了自己姓甚名谁，只见那镖师一听他的名字，顿时就露出了一脸的笑模样，还从自己的身上摸出来一个湿乎乎的信封，上前来恭恭敬敬地呈给了李凤岗。

这可把李凤岗给弄懵了，到底怎么回事呢？他把信封打开一看，那里面写的是明明白白，原来是李凤岗的一个好朋友引荐这位镖师来拜师学艺，这镖师生怕李凤岗不乐意出面，也想提前试试他的功夫，所以就出了这个激将法。李凤岗看这镖师有心学艺，也就留他住了些日子，传了几招武功。

镖师回去之后，逢人就要说起这位李凤岗，说这沧州的武术博大精深，“镖不喊沧”那绝对是名不虚传。成兴镖局的故事越传越远，沧州功夫的威风也就响彻了八方。

这正是：

沧州武术震八方，一代豪杰李凤岗。

成兴镖局名显赫，镖不喊沧威名扬。

# 第二十回 武林又一绝 河北形意拳

上一回我们说到，沧州武术威名远扬，热血男儿尽显英雄气概。高手过招犹如电闪雷鸣，玩的就是心跳，打的就是过瘾，不管哪种功夫，都有自己的独到之处。咱们河北还有一种顶呱呱的拳法，就是形意拳。这种拳法讲究短打、快打、先发制人，威猛无比。它是谁创造的呢？那些英雄好汉又留下了怎样的故事呢？

说起形意拳，不能不提几句顺口溜："身如弩弓拳似弹，弦响鸟落见奇鲜"，"遇敌好似火烧身，打破硬进无遮拦"，"上打咽喉下打阴，中间更似虎掏心"。

一听这顺口溜，咱们就知道，这样的拳头凌厉凶猛，专门攻击敌人的要害，要是学会了这样的拳法，行走江湖就多了一份安全保障。这么厉害的拳法，是谁发明的呢？

咱们还得把月份牌往前倒一倒，倒回明末清初。那时候有个山西人，叫姬际可，他从小就喜好武术，曾经到河南少林寺拜师学艺，学会了少林武僧的护法秘籍——心意把，还学会了六合枪法。机缘巧合下，他又得到了岳飞的拳谱。姬际可以岳飞的拳谱为理论，把枪法化为拳法，并融合心意把，创造出了一种新的拳法，就是形意拳，也叫心意拳。

有了一身好武艺，姬际可也不藏着掖着，而是广收门徒，将拳法传授给徒弟们，逐渐分成山西、河北、河南三大流派。后来，河北人李洛能凭借这种厉害的拳法，打败了很多武林高手，得到了一个响当当的美称——"神拳李"。在咸丰、同治年间，李洛能跟八卦拳之董海川、太极拳之杨露禅，三足鼎立，威震武林。李洛能还写了一本书，叫《形意拳谱》，打从那起，这种拳法在河北地区称为"形意拳"。

就这样，形意拳在河北大地上生根发芽，一代又一代的武林豪杰上演着动人心弦的故事。有一位跟霍元甲齐名的形意拳高手，不但培养了不少武术精英，更登上擂台，打败了一个俄国大力士，留下了“十一面金牌”的故事。这位英雄好汉就是沧州人韩慕侠。

韩慕侠可不简单，他从小就学习密宗拳，后来又拜武林大师张占魁为师，学习形意拳和八卦掌。那时候韩慕侠也就是个十几岁的小伙子，血气方刚、争强好胜，经常跟别人挑战，几乎没输过，很快就在张占魁的手下打出了名号，人称“玉面虎”。

到了 20 岁，韩慕侠开始云游四方，遍访名师，将最擅长的形意拳和八卦掌糅合在一起，自成一派，还在天津开设武馆，培养了不少武术精英。

1918 年秋天，有位俄国大力士来到了中国，掀起了一场风波。这个大力士叫康泰尔，一年前就开始环游世界，每到一个国家就摆擂台跟人比武，打遍了欧美很多国家，没人能打得过他。就这样，康泰尔获得了十枚金牌，号称“震环球”。

康泰尔将最后一站地选在中国，想在这打一场漂亮的擂台赛，然后完美收官。他先在天津、上海表演功夫，引起了轰动，接着来到北京，登报纸做宣传，在中央公园（现在的中山公园）五色土摆七天擂台赛。康泰尔不但将原来的十枚金牌拿出来，还特别制作了一枚大金牌，上面铸有中英对照文字“1918 中央公园，中华民国七年，万国赛武大会奖章”，准备犒赏自己。一连五天，没人前来应战。康泰尔扬扬得意地想，中国人不行，没人敢来啊。

第六天黄昏的时候，康泰尔正在六国饭店的大沙发上闭目养神，忽听门房来报：“有中国武师来会。”康泰尔大吃一惊：哪个吃了熊心豹子胆，竟敢不怕死地找上门来?

来的人是谁呢? 就是韩慕侠。听闻康泰尔如此嚣张，韩慕侠特意从天津赶到北京，想在擂台上会一会这个大块头。不料，警察厅却以“恐伤人命，引起外交”为名，不准比试。韩慕侠一怒之下，找上门来。

康泰尔看到韩慕侠，连连摆手，叽里咕噜说了一连串的话。翻译对韩慕侠说：“康泰尔先生嫌你个子矮，一动手，会像摔小鸡子一样摔死你。”韩慕侠一听这话，当下就说：“你告诉他，我打他，就像摔死一只耗子，而且，我敢跟他订下生死文书！”康泰尔气炸了，立刻签下“生死文书”，搬开桌椅，摆开架式，准备拼命。

康泰尔浑身都是肌肉，高大魁梧，跺一跺脚桌子都晃悠，跟他一比，韩慕侠显得弱不禁风。这一场看似实力悬殊的较量，究竟会博个怎样的你死我活？

**打擂比武，大力士如何输掉十一枚金牌？**

**上阵杀敌，韩慕侠缘何发放十二个铜板？**

两个人在客厅里拉开架势，准备开打。康泰尔根本就不把韩慕侠放在眼中，说：“你先来！”韩慕侠笑了笑，说：“我们中国人从来不先动手打人，你先出手吧！”

康泰尔霍地伸出右手，直奔韩慕侠的咽喉，韩慕侠早就看在眼里，几乎是在同一刹那，早将那八卦掌中的挑掌往上一撩。康泰尔没打中，翻手又来抓韩慕侠的手腕，把个右肋全暴露出来。说时迟，那时快，韩慕侠抓住这一瞬间，以迅雷不及掩耳之势，一个搓步用形意拳中的虎扑，重重打在康泰尔的胃穴上，打得他连连倒退了几步，把沙发、茶几全都撞翻了，趴在地上，把吃下的晚饭也一股脑儿吐了个满地。

韩慕侠说：“这一次，我赢了你一块金牌，你起来，咱们再打十次！”可是康泰尔躺在地上，只剩下喘气的力气了，根本就起不来。

第二天是擂台赛的最后一天，中山公园的五色土前，人山人海。康泰尔来到公园里，先让翻译上台，用望远镜四处搜寻。韩慕侠知道他是在找自己，就背过了脸去。康泰尔以为韩慕侠没来，松了一口气，跳到擂台中央继续耀武扬威。

就在他扬扬得意的时候，韩慕侠一个旱地拔葱，窜到台上，大喝一声：“康泰尔，我已候多时了！来，再较量十次！”康泰尔一见是韩慕侠，吓得骨头都软了，连忙摆手说：“不比了，不比了，服了，服了！”

康泰尔甘拜下风，将十一面金牌乖乖捧出来，赠给韩慕侠，并当众在一块白绫子上写下了中、俄文对照的字据。台下顿时一片欢呼声，人们簇拥着这位英雄，争相照相，直到出了公园，还不肯散去。

韩慕侠留下的故事可不止这一个。抗日战争期间，还流传着这样的歌谣：“武术团，真敢干，十二个铜板上前线。不发机关枪，专耍大刀片。”这个歌谣中唱的英雄好汉又是谁呢？还是韩慕侠。

韩慕侠生活的那个年代，天下不太平，他想用武术训练军队，把“以武术治国”的希望寄托在军队身上。直到快50岁的时候,这个抱负才得以实现。当时，张学良将军邀请他出任十六军千人“武术团”的教官，这个“武术团”也就是大刀队，在天津杨柳青训练了两年之久。

可是，问题出现了，由于军饷层层克扣，大刀队领不到军饷，人们没法过日子。韩慕侠这个人很仗义，他变卖了家产，给每个士兵12个铜板。后来家业被卖空了，大刀队也停止了活动。

东北军易帜后，韩慕侠训练的大刀队被编入宋哲元的二十九军。1933年，日军发动进攻。大刀队准备上阵杀敌，师长张自忠把天津市所有磨剪刀的工匠都集中到市政府，为大刀队磨刀。每一把大刀都磨得锃光瓦亮，锋利无比，一刀劈下去，能把摞起来的十枚铜钱劈成两半儿。

后来，大刀队在喜峰口奋勇杀敌，不但杀死很多敌人，还毁掉了日军好几门大炮，给不可一世的日本侵略者以致命的打击。从那以后，大刀队威名远扬，韩慕侠“十二个铜板上前线”的故事也流传下来。

河北武林多豪杰，形意拳门中还有一位英雄好汉，也留下一段历史佳话，他就是“快手刘”。

“快手刘”原本叫作刘实君，河北沧州人，1900年生，1964年去世，是我国宋氏形意拳第三代传人。他从小就喜欢武术，五岁开始习武，先后跟随刘德宽、纪子修等人学习八极、六合通臂。21岁那年，刘实君被国民革命军陆军第十团任命为炮兵班班长。32岁那年，他结识了宋氏形意拳的宋虎臣先生，深得宋先生心传口授，把形意拳练得炉火纯青，“挨身炮”、“十面埋伏”、“十六把”等高级实战技法，更是让人叹为观止、望尘莫及。再后来，刘实君跟人过招时，出手迅猛、快似闪电，人们都称他为“快手刘”。

“快手刘”功夫了得，关于他的故事有很多。刘先生后来定居西安，在家中授徒，遇到一个难缠的徒弟。这个徒弟身材魁梧，功夫底子不赖，他根本不相信形意拳十二形中“虎扑”的威力，觉得虚张声势，平常练功的时候也不那么认真。面对这样的刺儿头徒弟，刘先生又该怎么办呢?

刘先生得知后，也不气也不恼，平时多加留意，还亲自给他做动作示范，然后让他任意向自己进攻，体会“虎扑”的攻击性。

一天，这个徒弟想要跟师傅过过招，一个跨步上前，以刺面掌猛攻师傅头部，当步子快要落地时，紧接着身形一变，又以一个斩肩向师傅的肩部砍去。

旁边观看的人一看这阵势，心都提到嗓子眼了，为老先生捏了一把汗。谁料，老先生不慌不忙，当徒弟的手掌快接近时，突然双手向上一托，以迅雷不及掩耳之势，将双掌置于徒弟胸口，用力一弹，只听“啊”的一声，那个高大魁梧、体壮如牛的徒弟被打出 20 米之外。在场的人都惊呆了，纷纷竖起大拇指。

事后大家议论说：要是跟敌人打，刘先生的这一招“虎扑”打下去，对方就算死不了，也得残废。若不是刘先生收放自如、手下有分寸，后果不堪设想!

这个徒弟又是后怕又是佩服，打从那起，再也不敢小瞧形意拳的每一招每一式，跟着师傅踏踏实实的练习，多年之后，也成了一个手法极快的拳手!

还有一件事儿，更让人拍手叫绝。咱们都知道，男人抽烟要点火。现在很方便，有打火机，几十年前，火柴是大家常用的点火工具。刘先生也抽烟，可人家点火的时候与众不同，从不用火柴点烟，用什么呀？人家呀，有功夫，他的几个徒弟亲眼看到过，刘先生在家抽烟时，直接用手夹烧红的木炭点烟！换成别人，手指头早就被烫伤了，可他嘛事儿没有！徒弟们都看呆了。从这我们可以看出，刘先生已将形意拳的精髓练到了登峰造极、出神入化的地步!

**国难当头，大丈夫胸怀大志如何报效国家?**

**大敌当前，刘实君满腔热血怎样奋勇拼杀?**

国家兴亡，匹夫有责。话说 1937 年，国家处在了对日抗战的存亡时刻。这个时候，刘实君更是有了用武之地。

因为他在军队里表现出色，被当时的第八集团军任命为营长。1939 年，他抱着一腔爱国热血，在山西参加了打击日军的战斗，被任命为抗日青年决死队副总队长。1940年，刘实君来到延安的抗日大学，担任教官。

刘实君一琢磨，日本人自古崇尚武道，擅长拼刺之术，我们的将领、战士也要有拿手的擒拿、拼杀之术。怎么教他们？教些什么内容呢？

刘实君左思右想，难以入睡。一番深思熟虑之后，他决定吸取明朝大将戚继光对抗倭寇的经验，根据实战需求，将自己形意门中的“翼德大枪”进行简化，融入对敌作战当中。“拿扎枪”、“崩枪”、“拨缠压”这些招式看起来很简单，却是直接致命的必杀技，在战场上屡试不败。

他还将形意拳拼刺技艺传授给战士们，经他训练的战士跟日寇肉搏拼杀时，毫不示弱，让不可一世的日军领教了中国武功的厉害，为中国武术史在现代战争中留下了辉煌壮烈的一幕。

当年，刘实君先生参加了著名的“沂口”战役，那次战役相当激烈残酷，枪弹用完了，面对强敌，不能退缩，怎么办？

没说的，上！

刘实君亲自率领战士与日寇赤身拼杀。这种果敢拼搏的精神，不仅体现了刘先生的武艺绝伦，更彰显了他那无私的爱国主义精神，值得我们后辈永远铭记！

这正是：

形意拳术震武林，力克俄国大力神。

抗日杀敌显正气，民族英雄展武魂。

# 第二十一回 家门有查拳 传承在邱县

上一回说到“一寸为先，一发即至”的形意拳，那力度好像山崩地裂，那速度像是电闪雷鸣。咱河北的地界上还有不少的武林传奇，还有挺多的武学绝技，比方说传承在邯郸邱县的查拳，就是一路挺神的功夫，那招数之中包含着什么样的故事？

说到查拳这个名字，您可能觉得不太熟悉。不过，要是提到那部经典的武侠片《马永贞》，大家一定印象很深刻。其实，那剧中的男主角使的正是查拳的功夫。

细说这套拳法的由来，那可是挺有历史，早在清朝的康熙年间，黄河边上就兴起了这路神拳，它练起来潇洒好看，打出来矫健有力，好多的武术迷都把查拳当作心头好。现如今，这路功夫就在邯郸邱县传承下来，当地陈村的石秀峰就是查拳的正牌传承人。

要说燕赵之地的武功路数那可是不少，这查拳是如何在武林之中打出了一个响当当的大名，怎样在大河之北杀出来一片明朗的天呢？

史书上记着这样一段故事——明朝末年，边境经常遭到倭寇的骚扰，皇帝发了一封诏令，要征召全天下的勇士保家卫国。这消息传遍了九州，好些个热血男儿报名应征，大西北也来了一位名叫查尚义的好汉，要参加抗击倭寇的队伍。

查尚义一路走到了山东，这道上风吹日晒的，身体闹了点儿毛病，一时半会没法赶路了，只好停在山东的冠县休息疗养。当地的老百姓那也都是热心肠，一听说这位是爱国的义士，都把自家的好吃好喝送给他，让他好好养着，早日康复。

查尚义在这儿养好了伤，跟这里的老乡也结下了亲哥们似的交情，他想着一定得报答人家这份恩情，可是拿什么来报呢？自己也没多少值钱的东西，有的只是一身的武艺，不如就把这本事教给大伙吧。冠县的乡亲跟着查尚义学了一手好功夫，为了纪念这个有情有义的男儿汉，也为了纪念这难得的情谊，大伙就把这拳术定名为“查拳”。

转眼就到了清朝末年，山东冠县有不少的后生都练成了精进有力的查拳，其中有一位特别拔尖，他的名字叫作张其维。

相传，张其维的拳头比铁还硬，手指头就像是钢筋一样，他手指一动，就能把人打倒在地，指尖一用劲就能穿透牛肚子。更绝的是，张其维还使得一手龙飞凤舞的虎头凤尾镋。这是一种挺有历史的武器，刀刃像是半弯月亮，又像是一把叉子，下面有一根长柄，上头还带着一个枪尖，拢共有两米多长。

张其维的功夫如此了得，到底是怎么练出来的呢？

精益求精，张其维为人师表如何苦练武艺？

保家卫国，常振芳走出师门怎样抗日救亡？

据说，张其维自小就喜欢拳脚功夫，这娃娃还没长到三尺高，就整天在院里比比画画地打拳踢腿。他的爷爷是远近闻名的武术高手，在当地还有个“赛马超”的名号。张其维跟着爷爷练武术，从早到晚就没个停歇，等他长到了20岁上，那一身的本事已经是炉火纯青。

话说有这么一天，张其维出门去赶集，路上一个不小心，就被拉车的老牛踩了一脚，当时他也没多想，就顺手往牛屁股上点了一下。张其维在地上蹲了一会儿，觉得脚丫不太疼了，可是回头一看这头老牛，那牛可是让他给点得站不起身了。

另有一次，他跟着一个乡亲赶车去镇里，那车上还拉着一麻袋大米。张其维在板车上坐着，觉得手脚闲着没处搁，顺手指了一下麻袋，那又粗又厚的麻袋皮登时就破了一个大口子，白花花的大米撒了一车。张其维闯了这一回祸，也明白了自己的手指头到底有多厉害，从这以后，他再也不敢东点西点，随手去点什么东西了。

再说张其维手里那一把虎头凤尾镋，可是他专属的家伙事，除了他本人，别人根本就使不了。曾经赶上这样一回，两个村子为了什么事情打了起来，对方抄着长枪短棍冲了过来，这边也拿着武器来应对，眼看着就是一场火拼，不定要闹出个什么结果。张其维一马当先拦住了同村的老少爷们，说："你们先别急着往上赶，让我一个人来吧，大伙套上大车跟在后边，等着来装战利品。"

张其维提着虎头凤尾镋往人群前边一站，对方的棍棒就招呼过来了，他拿着自己的家伙一别一卡，那棍子、棒子就落到了地下。他身后的乡亲们收拾起这一地的东西，全都装上了自家的大车。张其维一个人截下来几十件武器，对方一个人也不敢再往前走。瞧着这小伙子实在是厉害，算了吧，这架也别打了，各自打道回府吧！

除了刚才说的这一回打群架，张其维很少跟人动手展示自己的功夫。不过，他的本事可是瞒不住的，十里八乡谁不知道这村里有个好汉张其维呢？

日子一久，他的名气传到了开封府，那里来了一位拳师，专门要来跟这个大名鼎鼎的张其维一较高下。张其维不愿意答应这事，可是人家好说歹说，非要比试比试。那拳师滔滔不绝说个没完，张其维实在听得烦了，就从地上捡了十来块砖头垒成一摞，手起掌落就是一拍。就听着"咔"的一声，一大摞的砖头全给碎了，再看那个挑战者的脸色，瞬间就变成了白的。那拳师再也不敢唠唠叨叨，只是拱手抱拳行了一礼，调头就回了自己的老家。

张其维练的这一身好本事并不是为了跟人显摆，也不是要跟别人打架。他想着，自己的功夫是从前人那里学来的，也该把这本事教给更多的年轻人。他打定了这主意，干脆竖起招牌开武馆，开班授课传后人。远远近近的一听说张家开了武术班，都赶着到这来拜师学艺。张其维挑选了好些个德才兼备的三好青年，传授了自己看家的武艺。在他的门下究竟出了哪位高徒呢？

张其维桃李满天下，其中最出名的一位就是山东临清人刘昆，这位高徒出了师门，在江湖上也得了个名号，叫作"大枪刘"。要说这位的身世也不寻常，他的祖父在庆王府里当差，是八旗兵丁的总教头，他的父亲也是清朝的武官。刘昆从小耳濡目染，对武术情有独钟，长大又得了张其维的真传，有了这么大的本事，那自然就得报效国家。他学成之后，先是在兵营里面做教头，还给王爷做起了私人教练，后来被张学良慧眼相中，到大学里面做了武术教授。

新中国成立以后，刘昆回到北京，在日坛西门的立场子教授武术，他潜心研究武学，一心苦练拳法，本事跟名气都是噌噌地见涨，“大枪刘”的名声也传遍了海内外。

张其维一生收了不少的徒弟，身体力行地把查拳发扬光大，他最得意的学生之一就是后来的武术大家常振芳。说起常振芳也是武术界里有名的人物，早在 1928 年，他就凭着一手的好拳打出了名堂，在山东的比武擂台上赢了一个满堂彩。

1937 年 7 月，卢沟桥边一声枪响打破了北京城的安宁，也拉开了全国抗日的序幕。国难当头，常振芳也不甘于比划比划拳脚自娱自乐，他毅然决然地加入了冯玉祥手下的抗日大刀队，在这当起了领头人。他领着一支队伍走遍了京郊,在高山河流之间杀掉了不少的鬼子。在日军的部队里,一提起大刀队的名字，日本人就像是小鬼见了张天师的画符，哆哆嗦嗦根本就站不直。

后来，常振芳带着大刀队北上去了抗日的最前线，他本打算着要跟小日本拼个你死我活，大不了把这条命捐在沙场。可是，国民党的军队一道命令不让抵抗，把队伍全都撤了回来。常振芳受不了这个窝囊气，辞职回了山东老家。

等到建国之后，这英雄才有了用武之地，常振芳走遍四方，传授武艺，把曾经报国杀敌的查拳功夫传播给更多的人。

**拳不离手，石秀峰如何练就一身武功？**

**因材施教，武教头怎样造就桃李满园？**

查拳推而广之，不少河北人也成了这套拳法的爱好者，其中，邯郸邱县的石秀峰在这一行里成了顶尖的人物，成了咱河北省非物质文化遗产查拳的传承人。这位的一身好武艺究竟是怎么练成的？这话说起来可就长了。

40 年前，石秀峰还是个七岁的娃娃，那时候他就跟着马秀岭老师学起了查拳。这缘分好像由天注定，自打他练起了查拳，几十年的时间里，从来都拳不离手，先是从“教门弹腿”的简单路数开始，渐渐地就成了一个“拳痴”。他的本事见天地涨，做师傅的马秀岭看在眼里，乐在心里，把这个聪明又勤奋的小徒弟看作了自己最得意的门生。

石秀峰在师门之下学了不过一年，就跟着师傅出门去见世面，跟各路的高手切磋，打擂，在这样的实战之中，他把传统的拳路推陈出新，琢磨出好些个新颖实用的招数。

石秀峰打拳不光舍得花力气，更乐意用心思，这武艺自然也越来越精，名声也就越来越大。80 年代，他正式进了邯郸体校，后来又走进河北省体工队。在 1986 年的河北全运会上，这个 20 多岁的小伙子一举拿下了查拳项目的金牌。武术行里，从来都是凭本事说话，石秀峰的本事有口皆碑，他也就被任命为武术教练，年纪轻轻的就做起了师傅。

石秀峰在体校当了四年的教练，又做了一个出人意料的决定。他打定了主意，要下海去试试水，看看凭着自己的拳脚能打出怎样的一片天空。这一回，他出了趟远门，一路就到了上海，在一家电影公司里跟着剧组去拍戏，这剧组的领头人也是个大腕，就是功夫巨星成龙。石秀峰在影视圈里摸爬滚打，想的是要在这里展示查拳的魅力，也寻思着怎样才能把“美观大方又健体”的查拳传承下去。

在外开了眼界，见了世面，石秀峰最终回归了自己的老本行，在河南开了一家文武学校，带出来 42 名国家级运动员。2012 年，他把学校从河南迁到老家邯郸邱县，亲力亲为带着 30 多个学生专练查拳。这些门生之中最小的只有五岁,年长的已经 37 岁,面对着这一群弟子,石秀峰念着“有教无类,因材施教”的理念，手把手地教学生。功夫不负有心人，有了他的努力，如今，传统的查拳功夫已经在河北生根开花，而石秀峰本人也成了这路拳法的正宗传承人。

这正是：

查拳始祖出新疆，河北邱县得弘扬。

武德武魂天下颂，抗倭卫国保边疆。

# 第二十二回 名声当当响 文安八卦掌

上一回我们领略了燕赵查拳的魅力。在武术界的百花园里，查拳可不是一枝独秀，还有一种旷世绝学震惊武林，那就是文安八卦掌。它究竟有什么独门绝招？又是如何流传于世？

话说1983年，一部名叫《武林志》的电影在全国热映。影片中讲道，清末民国初，国家动荡，民不聊生。武林高手东方旭一家流落到天津，以街头卖艺为生，偶遇八卦掌名师神掌李。祖师爷传下来的功夫不能丢，在神掌李的指导下，东方旭苦练八卦掌，希望有朝一日可以报效国家。

后来，俄国大力士达德洛夫在天津摆擂台向中国人挑衅，还暗算中国拳师何大海。危急关头，东方旭走上擂台，与达德洛夫拼死较量，让看台下的中国人都捏了一把汗。经过一番苦战，东方旭一记猛掌将达德洛夫打倒在地，获得了最后的胜利。

东方旭施展的那一记决胜的掌法是什么？就是八卦掌。电影播出后，八卦掌也被大家深深记住。

对于八卦，大家可能多少都有点儿了解，每个人都能说上两句。比方说：无极而太极，太极生两仪，两仪生四象，四象生八卦，八八六十四卦等等。八卦掌究竟是怎么来的呢？它跟八卦有关系吗？接下来，咱们仔细说道说道。

八卦掌，与太极拳、形意拳并称为内家三大拳法。它处处体现着“太极八卦”学说，出掌为“圆”，走的路线也是“圆”。最突出的招式套路就是带气走圈，避正打斜，以掌代拳，掌随身变。八卦掌行如游龙，见首不见尾；虚实之间，见影不见形，显示出我们中华民族传统武术的无穷魅力。

文安八卦掌

这么一门超凡入圣的武功，祖师爷是谁呢？就是大名鼎鼎的董海川。他生于清嘉庆二年（1797年），不但腿脚功夫厉害，更留下了很多神秘的传说。

董海川出生在廊坊文安县，身材高大魁梧，腿长胳膊长，力大无穷。他从小就练武，十几岁的时候武功就已经非常了得，随着年龄的增长，功夫越来越精进，雄踞一方。

董海川的八卦掌是跟着谁学的呢？有人说他曾经在九华山拜师学艺，还有人说他曾经到四川青城山学艺。民间的传说有很多种，但是有资料记载，董海川曾经在咸丰年间四处云游，足迹遍布大江南北。机缘巧合下，他结识了一位道士，得到了八卦真传——伏羲氏河洛图。要说这董海川的确是位武学奇才，他在八卦的基础上，结合武术攻防招数，创造出了一种新的拳法，也就是八卦掌的雏形。

那“八卦掌”这个名字是怎么来的呢？话说董海川来到京城，在肃亲王的府里当差，从来都不显山不露水，没人知道他是个武艺超群的高手。可是有一次在肃亲王的生日宴会上，董海川无意间露了馅儿。

当时正赶上肃亲王过寿，大宴宾客。亲朋好友全都来拜寿，肃亲王一高兴，就让护院总管露几手助助兴，又让董海川给众人上茶。大伙儿围成一片兴致勃勃地看武术表演，把路都给挡住了。

肃亲王那边催着要茶水呢，董海川无路可走，情急之下，他一手托盘，一手提壶，像燕子一样腾身而过，纵身跃上大殿，将茶水送到肃亲王面前，茶水竟然一滴没洒。肃亲王和宾客们都大吃一惊，大家谁都没想到，这个端茶送水的仆人竟然有这么好的身手，都吵吵着让他表演给大家看。

盛情难却，董海川只好在众人面前打了一套拳，行云流水，脚下生风，时而翻身如雄鹰，时而敏捷如泼猴，时而跃起如燕子，众人都看呆了。肃亲王也拍手叫好，问他:“你打的这是什么拳？”当时，董海川还没有给这个拳法定名，随口就说了一个名字“八卦掌”。打从那起，八卦掌就火了。

**一鸣惊人，董海川武艺高强招来何种麻烦？**

**一举成名，任文柱力克对手留下哪般美谈？**

董海川在肃亲王的生日宴会上露了一手，赢得了肃亲王的认可，后来被任命为王府的护院总管。正巧，肃王府中有一个叫全凯亭的护卫，也略懂武功，他看到董海川武艺高强，就想拜他为师。董海川不想收徒弟，全凯亭就长跪不起，说：“老师不收我，我跪死也不起来。”就这样跪了一天一夜，董海川被他的执着精神打动，这才答应收他为徒。全凯亭这个人擅长作画，还给董海川画了一幅像，一直流传下来。

老话说得好，树大招风，董海川出名了，也引来不少麻烦事儿。为啥？因为他的拳法跟以前的拳法不太一样，主要是绕圈走转。很多练武的人都没有见过这样的拳法，觉得董海川根本没有那么大的本事，是个大忽悠。大家心中不服气，隔三岔五来找董海川较量。其中就有精于罗汉拳的尹福，擅长摔跤的程廷华，善于使用连腿的史继栋，还有以大枪著称的刘德宽。

只见董海川左右啪啪啪啪，快如旋风，那些进攻的人完全不能靠近他。最终，这些挑战者一个个都败下阵来。不过，武林中人常说：不打不相识。那些跟他较量的高手们，大多都愿拜他为师学习八卦掌。董海川的名气越来越响亮。

董海川 70 多岁时，告老还乡，慕名前来求学的弟子越来越多，其中不乏达官贵人，也有平民百姓。没过多少年，八卦掌就传到各地，在武坛中形成了一大流派。

到了光绪八年，也就是 1882 年，85 岁的董海川驾鹤归西。后世传人编了许多传奇故事来称赞他，其中小说《雍正剑侠图》的影响最大、最广，更是给董海川和八卦掌蒙上了一层神奇的色彩。

正如阴阳八卦，斗转星移。八卦掌师祖虽然离世，但八卦掌却代代相传。话说 20 世纪 80 年代，文安县某村有一个专门练硬气功的人，他练的是铜筋铁骨，整天可着劲儿地用胳膊撞墙角，直到把墙角的红砖撞得粉碎。这还不算完，他又对着钢筋接着练，几年下来，把钢筋也撞弯了。这人自以为练成了铜头铁臂，沾沾自喜，就来到文安县城，想要找人挑战一把。他选中的目标是谁呢？就是武馆的一位八卦掌师傅。

八卦掌师傅一看，这位满身煞气，分明是来踢馆子的，如果不应战的话，岂不是要被人笑话？于是，两个人在郊外打开场子，准备过过招。

练硬气功的这位一上阵就咄咄逼人，双拳如风，毫不留情地向八卦掌师傅面门打来。八卦掌师傅一边"啪啪"拨开打来的拳头，一边向后退。旁边的人眼瞅着八卦掌师傅落了下风，心中都替他捏了一把汗。

练硬气功这位接连进攻了十几个回合，八卦掌师傅也退了二十来步。人们都以为八卦掌师傅要输掉了，却没想到，练硬气功这位突然跳出圈子，连连喊道："不打了，不打了。"喊完以后，他蹲在地上搂着胳膊，疼得"哎哟，哎哟"直叫唤。

众人纷纷上前探个究竟。不看不知道，一看吓一跳，只见那人撸起袖子，他的两条胳膊都变成了紫色，肿得老高。据说，那人后来足足休养了半个多月，胳膊才能动弹。打从那起，他对八卦掌佩服得五体投地。

这位打赢了比赛的八卦掌师傅究竟是谁呢？咱们先卖个关子，接着说另一件事儿。转眼到了 1990 年，全国八卦掌联谊会在北京召开之际，八卦掌的传人们纷纷从全国各地赶来，还有的从新加坡赶来。这些武林高手一见如故，在北京举行了集体武功演练，一位来自文安县的八卦掌师傅，吸引了众人的目光。他又是谁呢？

只见这位八卦掌师傅站在高高的擂台上，面对着周围数十人的即兴演练，他耳不动，心不颤，气定神闲，沉丹田，稳下盘，气随脉动，风从掌出，迅如脱兔，走若旋珠。呼呼的掌力惊得周围人如同被针刺到一般，一个个都退出去几丈远。他们静观这位师傅演练这套出神入化的八卦掌，个个看得目瞪口呆，打心底里佩服。演练完毕，围观的高手和联谊会组织者报以热烈的掌声，纷纷挑起大拇指说：“这才是真正的八卦掌！这才是八卦掌的真正传人！”

这位来自文安县的八卦掌师傅，和前面说的那位师傅是同一个人——文安县八卦掌第五代传人、文安县文柱武校创始人任文柱先生。

励精图治，任文柱如何发扬独门绝技？

无私传艺，八卦掌怎样走上央视舞台？

任文柱1950年出生于河北文安县大留镇北李村，自幼喜好武术，师从高俊奎、刘虎山学习八卦掌法。他肯于吃苦，不畏寒暑，稳扎稳打，苦练功夫，凭借着超乎常人的领悟力和毅力，将八卦掌法研习得熟练透彻。任文柱不但在1982年和1986年的全国武术比赛中获得金牌，还多次带领弟子到国外和全国各地比赛和表演，获得高度评价。现如今，任文柱先生继承和发扬旷世绝学八卦掌，是全国武林十六大拳派掌门人之一。

那么，八卦掌究竟有哪些独门绝技呢？

八卦掌有八个基本拳式，合于八卦之数，每个动作都是圆。武术界中流传着这样的说法，“形意的手，八卦的走”。“走”，也就是习武者说的“走圈”。它将八个方位全都走到，运动路线是沿着八卦图线纵横交错。习武的人经常说，“百练不如一走”。为什么呢？

打个比方，现在人过了50岁，挠腿就掉白皮，但是挠脸就没事。这说明什么？人老先老腿。内家拳很重要的一个特征就是养生，太极拳就是代表，八卦掌也一样。八卦掌的走是带着气走的，气往下沉，也就是要浊气下降，清气上升。

人们常说，“气沉丹田”。丹田在哪里呢？肚脐以下——就是运气的地方。把气运上来打个嗝，这个味是酸是辣？如果是像吃辣椒面一样的辣，那么，这人功夫肯定厉害。

关于八卦掌“走”的方式，常见的一种叫“蹚泥步”。练到上乘功力时，步伐“形如游龙”。八卦掌是以快速位移来攻击人，它的攻击点更多是人的侧方、身后，讲的是“四两拨千斤”。在八卦掌发力时，脚巴地，和地连在一起，借大地之力，然后看准角度发力，有种“杠杆力”就是这个原理。

八卦掌中还有独门绝技，那就是八卦刀。它区别于其他门派的刀——与单刀形状相似，但是比单刀大。刀身三尺，刀把一尺二。可以一只手用，也可以两只手用；可以带在身上，也可以挂在马上。所以，八卦刀有着“四尺二寸八卦刀，吊拉缓扎最为高”的称誉。

但是要学八卦刀，必须要先学会八卦掌。因为没有八卦掌的基本功不能学刀。八卦刀属于独门绝学，在传授徒弟的时候，要看徒弟的武德。武德是练武之人最最重要的品德，如果这个人的品德不够，学会了厉害的功夫就有可能伤害别人。所以，在传授刀法的时候，任文柱一直谨慎小心，对徒弟进行仔细考察。他从 32 岁开始收徒弟，带了上千名徒弟，可是刀法只传给了四个人——自己的大儿子、文安武校教练刘春玲及她的儿子、董大雄。虽然刀法不轻易传授，可是任文柱还是毫不保留地把其他的功夫教授给徒弟们。

文安自古习武风行，是我国著名的武术之乡。在文安，八卦掌是“学的人多，练的人也多”，文安县八卦掌也成为国家级非物质文化遗产。2011 年 11 月，八卦掌传承人任文柱带领他的弟子们，到央视演播厅录制《八卦掌》专题片，现场表演了文安八卦掌的传统精彩套路，也让世人领略到了中华传统武术的独特魅力。

这正是：

清末乱世出英雄，八卦神掌似蛟龙。

以掌代拳行如水，燕赵豪侠武林风。

# 第二十三回 沙河藤牌阵 绝技铸武魂

上一回讲到了武术行里的旷世绝学八卦掌，感受了那掌随身变，步随掌转，动如流水，变如蛟龙的神奇。要说这武术的功夫，大多数是单人单练，各出绝活，少的是排兵布阵，展示气魄，今天咱们就转场来到邢台沙河，来领略沙河藤牌阵那振奋人心的大场面。

到了河北邢台，“不能错过”的排行榜上有清风楼、开元寺、扁鹊庙等等一大串的名字，除了这些凝固的风景，还有一场热热闹闹的大戏一定得看。听那一片锣鼓喧天，看那一片刀枪飞舞，精壮的小伙子穿着黄衣裳，扎着红腰带，一个个真叫虎虎生威，他们你来我往，你进我退，不停地变换着阵型。这场面真让人有一种穿越的感觉，好像是一眨眼就来到了古战场，在两军阵前看见了一场气壮山河的大决战。

这里就是邢台沙河的一个小村庄，这里上演的就是经典的好戏——藤牌阵。

沙河的藤牌阵又叫藤牌战阵，在全国乃至于全世界都是独一份。说起它的历史，已经有千百年的渊源；要论它的来历，那可是从实战演变而来的阵法，不光演起来好看，真上了战场也能顶上大用。因为有这样了不起的来头，沙河藤牌阵也被民俗专家郑一民授予这样一个大号——国魂。这个称号来得有没有道理？这场阵势中又有着什么样的故事呢？

这话说起来可就长了。早在殷商时代，北方一带可不太平，部落之间没事就要打上一架，有战争就免不了有牺牲，有牺牲就得想着怎么保存实力，所以，有人就想了这么一招，把藤条编成盾牌挡住敌人，保护战士的血肉之躯，再把战士们编成阵列，前进可以进攻，后退可以防守。这

沙河藤牌阵演练

精心编排的藤牌阵真正是可进可退，进退自如。

说话就到了明末清初，李自成带着大军打到了北京，在皇城根下吃了败仗，一路退到了河北境内。队伍里面有个士兵在战场上挂了彩，实在跟不上大部队，只好隐姓埋名，留在十里铺上一户姓唐的人家养伤。他身上的伤病好了之后，部队已经找不着了，未来的日子怎么办呢？他想来想去，觉得当地的乡亲挺淳朴，留在这里倒也是个不错的法子。于是，他就找了个地方给人扛活，就在这个山清水秀的地方过起了生活。

时间长了，老乡们也不拿他当外人，因为瞧着这人模样老实，为人忠厚，还开玩笑似的给他起了个亲切的外号——老拙。这也不是说他脑子笨，其实就是把他看作一个规规矩矩的老实人。

老拙虽然是一个人独门独户地过日子，因为他手脚勤快心眼好，乡里乡亲的关系处得挺不错，这生活倒也是有滋有味。话说有一天，老拙溜达到了村子外头，正遇见几匹高头大马低头啃着地里的麦苗，这好好的麦子正在拔节，让牲口糟蹋了实在太可惜。老拙觉得这事不能不管，赶紧过去问了一句："这是谁家的马呀？"

有几个当兵的应声出来，那嘴里不干不净地嘟嘟囔囔，手里还拿着马鞭晃了几下，他们那意思大概就是：你算老几呢？敢管我们的事，吃了你的，你能怎么着呢？

要换了别人，也许还真的不敢怎么着，不过这老拙可不是普普通通的庄稼汉，他到底也在军队里待过几年，什么样的人都见过，什么样的事也遇到过，他心里明镜似的，知道碰见了这样的场面，忍气吞声就只能挨欺负。老拙心想：先下手为强，后下手遭殃。他三下五除二就把那几个当兵的打倒在地，给乡亲们出了一口恶气。

这事让乡亲们知道了，个个都对老拙刮目相看，挑着大拇哥儿直夸他“好汉”。这时候，大伙才看出来，原来这老拙不拙，人家正经是个武林高手！

**传道授艺，武教头留下何种神秘阵法？**

**从古至今，传承人再创何种武学传奇？**

当时，老拙所在的十里铺正把着南北要道，常常有些个散兵游勇、土匪路霸的在这作乱。这可把村民们都给愁坏了，好些年了都没想出辙来。这一回，乡亲们见识了老拙的功夫，就像是阴雨天瞧见了大太阳，都想着让他教几手武功，好看家护院，保一方的平安。

本来呢，这老拙的功夫是秘不外传，可是禁不住大伙一个劲儿地劝，他也只好答应给大家做教练，训练着乡亲们排兵布阵。不过，他还提出来一个要求，就是说这阵法“只传男，不传女，传里不传外，谁传外谁死”。不管是谁家的老少爷们，只要你想入会，就得发下毒誓，遵守这样的规矩。

老拙当了三四年的武教头，最终也没逃过生老病死，到了临终的时候，他把最得意的徒弟提拔为接班人，让他带着大伙继续习武。临了，他终于透露了自己的身世：其实，他本来是李自成大军中的武术教练，教的不是单打独斗的拳脚功夫，而是战场上列阵的方法。

说到这，您肯定猜出来了，老拙留下的阵法就是咱们说的藤牌阵。这阵法有什么门道呢？最关键的就是那一张张的藤牌。藤牌的材料使的是太行山里的藤条，把这东西拿水一泡，它就变得又柔又韧，再把它编成一个大圆片，里面夹上软蓬蓬的好棉花，中间再镶上生牛皮，这就是轻巧又结实的藤牌了。

战士们躲在藤牌后面，手里再拿上短刀、长矛、木头棍棒，打起仗来左右开弓，攻守自如。赶上大队的敌人到了跟前，可以变作密集队形；遇到零散的进攻，立马就变成了一组一组的小分队。开战的鼓点一响，各式的锣、铙、镲、钹都跟着热闹起来，那战场上简直就成了京剧的舞台。这气势先把敌人吓退了三分。

在实战之中，这藤牌阵有成百上千种变化，比方说"一字长蛇阵"、"四门迷魂阵"、"梅花五方阵"、"八卦连环阵"、"八门穿心阵"……都是常见的阵法。这阵仗中的人数可多可少，几十个人就能打一场漂亮仗，上万人也能按着阵法摆布开。

这么神奇的藤牌阵，在传承之中出过不少的高人，其中最出色的一位就是第五任的掌门人陈复礼。他到底有多厉害，您听听当地俗语就知道了，这一带十里八村的都知道这句话："不怕天，不怕地，就怕铺上的陈复礼。"这话里究竟有着怎样一段故事？咱们待会儿接着说。

早年间，临近的几个乡村摆了一场比武擂台，藤牌阵过五关斩六将，拿了一个总冠军。这么一来，就有人不服气了，说你们一群人上场算什么英雄，有本事出来单挑。陈复礼作为大家的领头人，义不容辞地要来打头阵，他朝着四周围的乡亲们拱了拱手，一个就地打滚就到了挑战者的跟前，对方还没反应过来，明晃晃的刀尖就顶到了胸前。这回，再也没人吭气了，个个都心服口服，把第一名的头衔送给了陈复礼的藤牌阵。

从这往后，陈复礼的大名越传越远，老百姓们都说，他的功夫是天上少有，人间难寻。这故事传得神乎其神，还有人就把他当成了神，家里有人犯个头疼脑热的毛病，都叫着陈复礼的名字来驱邪。这要说起来一准是迷信不可取，不过，从这事里也能看出来陈复礼那一身的本事，一派的正气。

藤牌阵的传说一直传到了今天，今天的藤牌阵又有什么样的发展呢？

300 年前，因为老拙定下的规矩，藤牌阵从来都是秘不告人地一脉相传。到了民国之后，旧式的战争成了历史，藤牌阵也就发展为半秘密半公开的状态。后来，中国人过上了太平的日子，这藤牌阵也就成了强身健体的传统武术，这阵法也成了热热闹闹的公开表演，就连那藤牌也变了模样。现如今，藤牌不再是防身的家伙，而是表演的道具，它上面那一块生牛皮也换作了帆布的面料，这么一来，藤牌更轻巧，也更能适应表演的需要。

1982 年，邢台地区举行了一场文艺会演，沙河藤牌阵一鸣惊人，拿到了好成绩。神秘的阵法再现江湖，吸引了好多人的眼球，这古老又新奇的藤牌阵不光是老百姓爱看，就连专家学者也很感兴趣。2006 年，沙河藤牌阵上了首批国家级非物质文化遗产的名单，跟隆尧秧歌戏、邢台梅花拳并称为“邢台三宝”。

因为藤牌阵的传承方式很是特别，加上十里铺村自古以来就是个小村子，所以，藤牌阵的传承虽然没有断了线，可是也从来没有形成规模。如今，掌握藤牌阵全套阵法的只有一位 80 多岁的老先生，他曾经见证了什么样的历史，又将开创什么样的未来呢?

**聪明绝顶，好少年如何偷得秘籍?**

**独门绝技，藤牌阵何处寻得出路?**

沙河藤牌阵的现任掌门就是第十二代传人胡道正，生在 1927 年的他是个土生土长的十里铺人，也是藤牌阵这一国家级非物质文化遗产的传承人。说起这位老先生的生平，那也是一段传奇，他之所以能掌握全套的藤牌阵阵法，不是通过拜师学的艺，而是在“偷师”中得来的本领。

当年，胡道正还是个十来岁的孩子，他家里没什么钱，那日子过得也不怎么好，书只读了不过两年，就辍学在家帮着大人拾柴火去了。学是上不成了，不过这孩子挺机灵，走到哪儿也不忘了学东西，就在拾柴火的路上，他瞧见人家在场地里练着藤牌阵，他在边上一看就入了神，见天地跑去看上一会儿。一天又一天，一年又一年，胡道正把那套阵法全都记下了，没事就在心里琢磨着比比画画，终于有一天，他跑到藤牌阵的师父身边，说是想跟着人家当徒弟。师父瞧着这孩子怪可怜的，就把他留在了队伍里，没想到，胡道正一上手就有模有样，让那些前辈们全都吃了一惊。

从这时候起，胡道正成了藤牌阵中的一员，他白天照样帮着家里干活，腾出空来就用在了藤牌阵上，那本事比谁长得都快，没多少日子就掌握了全部的阵法。

胡道正长到了20岁，人人都知道这是个好学上进的年轻人，家里虽然不富裕，还是有人给说了一房好媳妇。胡道正生儿育女，开枝散叶，还把藤牌阵传给了自己的儿子。可是，这年代已经不比从前，没有哪个孩子能拿出他当年的恒心来练功夫，几个儿子谁也没能把藤牌阵传承下去。胡道正倒是不灰心，儿子不行还有孙子，等到孙子长大了，他又把这本事教给孙子，可是因为小孩子的学业太重，到底也没能把全套的阵法都学完。

胡老爷子念着过去，想着如今，只希望把这项古老的技法教给子孙后人，只盼着这民族的遗产可以代代相传。怎么做才能让藤牌阵重新焕发活力，怎么样才能让这项宝贵的遗产重放光辉？这是胡道正老人心头的问号，也是值得每一个中国人思考的问题。

这正是：

燕赵沙河藤牌阵，阵法变幻撼人心。

攻防兼备显豪迈，千古渊源铸英魂。

# 第二十四回 传承民族风 满族摔跤情

上一回我们在隆隆隆的锣鼓声中，感受了邢台沙河藤牌阵的魅力。那些穿着古代士兵战服的勇士挥舞着刀枪，闪转腾挪，雄壮威武的阵仗让人眼花缭乱，惊叹不已。告别了邢台沙河的藤牌阵,咱们再到北边的承德去会一会“二贵摔跤”。这是一种怎样的摔跤术，又是怎样在承德盛行起来的？

提起摔跤,大家马上会想起小时候玩的游戏——斗拐。在咱们河北承德一带很流行这个游戏，不过在清代却是另一个名字,叫什么呢？布库。布库是满语,就是摔跤的意思,两个人相互打斗，看谁力气大。

布库可以两个人玩，也可以很多人来玩。一个人背起另一个人，与另一组开展对抗，俗称“骑马打仗”，满族的孩子管这叫“双人布库”。比赛时，在地上划出一个圆形角斗区，参赛者分为两个队，每队各二人。比赛时，一人背着另一个人，接近对方，骑马的人可以用手拉扯对方，把对方推出场外或把对方从背上拉下来，就算获胜。这种徒手相搏，关键就在于下面这个人的脚力，脚力的大小决定着比赛的胜负。

摔跤原本是民间的游戏，不管是大人还是小孩，谁都会玩。可是到了清朝，摔跤成了满族人最重视的一门格斗技术，甚至在军营里面流行起来。其实，摔跤有一位重量级的幕后“推手”，是谁呢？

他就是皇太极。话说1636年,皇太极称帝,国号大清。为了联合蒙古族一起对抗明朝，皇太极努力搞好跟蒙古族的关系，多次设宴招待蒙古使节。在宴会上，皇太极还让满族和蒙古族的摔跤手进行表演，以此助兴。

那个时候，蒙古族摔跤技高一筹。皇太极就赐封蒙古族的摔跤手勇士称号，还让满族子弟向蒙古族摔跤手好好学习。可是，很多满族子弟却不想领这个情，总想糊弄一下了事。皇太极一看这些满族子弟不听话，又使出一手，他赏赐给那些蒙古族摔跤高手每人一件豹皮长袄、一件虎皮长袄、一件虎皮袄，又对满族子弟下了一道旨意，说："你们以后要称呼这些蒙古摔跤高手所赐的名字，不允许叫他们以前的名字，否则就要治你们的罪。"

眼瞅着皇太极不高兴，还放了狠话，这些满族子弟害了怕，只得乖乖地跟着那些蒙古族摔跤手好好练习。

皇太极在位时，军队中经常进行摔跤活动，以此来训练士兵的力量和徒手搏斗的技术，还多次跟蒙古族及其他少数民族举行大规模的摔跤比赛，增加了军队的作战能力。

**摔跤比赛，顺治皇帝为何颜面尽失？**

**乔装上阵，惠顺亲王怎样挽回败局？**

中国古代有句俗话，叫作"穷文富武"，也就是说，穷人家的孩子，要想出人头地，没有别的出路，只能好好读书，科考中举。可要想练武的话，得有点儿家底儿。因为练武不但需要坚强的毅力，而且还经常跌打损伤。那些吃了上顿没下顿，没法养家糊口的人，是没有精力和体力去学武的。

这"穷文富武"跟摔跤又有什么关系呢？清兵入关以后，天下逐渐太平，朝廷小金库里的银子也越来越多，家底儿越来越殷实。清朝统治者有了资本，就开始大规模地练兵，提倡人们学习摔跤。久而久之，满族人摔跤的技艺大大提高，甚至超过了蒙古族。

清朝的《啸亭杂录》第二卷中就有相关的记载。说的是顺治年间，蒙古喀尔喀部派遣使臣觐见顺治皇帝，带来了草原上最好的摔跤手，在理藩院招待的宴会上进行摔跤联欢。都说"有朋自远方来，不亦乐乎"，可顺治皇帝却怎么也高兴不起来了，绷着一张脸没个笑模样。怎么回事儿呢？原来，在摔跤比赛的时候，朝廷派出去的几位摔跤手纷纷败下阵来。顺治皇帝听说了这个消息，脸上挂不住啊！

为了扳回面子，顺治皇帝下旨，要招募摔跤的高手赢回这一局。这时候，有个年轻人出场了。他是谁呢？惠顺亲王爱新觉罗·祜塞。他是礼亲王代善的儿子，也是顺治的堂兄。别看他年纪轻轻，才 20 来岁，却力大无穷，摔跤的本领非常厉害。可是，堂堂大清帝国的王爷，要是直接上去跟蒙古摔跤手较量，岂不是有损大清帝国的面子吗？惠顺亲王脑袋瓜一转，计上心头，换了一身侍卫的服装穿上，这才走上前去，跟对方比赛。

蒙古族的摔跤手赢了好几场,得意扬扬,眼瞅着一个年纪轻轻的侍卫走过来，丝毫没有放在眼里。可没想到，这第一个回合，惠顺亲王就把对方摔倒在地上。顿时，摔跤场上的气氛扭转过来，蒙古族的使者一看，呦，没想到清王朝还有这么厉害的摔跤手！连连称赞。顺治皇帝也高兴了，给了惠顺亲王好多封赏。

等到康熙皇帝即位以后，在承德建立了木兰围场，每年行围时都要和蒙古各部贵族举行联欢，每次在这里都要举行赛马和摔跤活动。那个时候，清王朝的摔跤技艺已经大大提高了。

满族摔跤逐渐发展成两种形式：一种叫“布库”相扑，比赛者摘掉帽子，身穿短袖上衣，脚蹬黑色靴子，只要将对方扑倒在地上就算获胜，获胜者获得御赐专用酒。另一种叫厄鲁特，比赛者光着膀子、光着脚丫比赛，不仅要把对方摔倒在地上，还要按住对方的头，让他两个肩膀都着地才算获胜，获胜者可以吃羊肉羹。

说起满族摔跤，在清王朝的发展史上还有一段津津乐道的故事，那就是少年康熙智擒鳌拜的故事。

话说当年康熙即位时才八岁，按照规矩，皇帝年幼，由顾命大臣辅政。可是鳌拜霸道专权，欺负小皇帝年纪小，根本不把小皇帝放在眼里，贪赃枉法，自行其是，众人都敢怒不敢言。康熙虽然年幼，却才华出众，有胆有谋，他觉得鳌拜处处与自己作对，是个心腹大患，必须想办法除掉他。

康熙把一些跟他差不多大的少年招来宫中练习摔跤。鳌拜根本不把这当回事，认为这只不过是小孩玩闹儿。还道是小皇帝胸无大志，只知道玩耍，越发放松了警惕。就在鳌拜漫不经心的时候，这帮摔跤的小子也练出了本事，万事俱备，只欠东风了。

康熙16岁那年，终于找了个机会，召鳌拜进宫来，说有要事相商，鳌拜不知是计，便大摇大摆地来见皇帝。康熙一声令下，那些孩子一个个跌打翻滚着来到鳌拜身边，这个抱腿，那个摁头，这个抻胳膊，那个揽住腰，鳌拜动弹不得，束手就擒。就这样，权倾朝野、威风凛凛的辅政大臣鳌拜，被康熙帝拿下。从那以后，康熙开始亲政，他文能治国，武能安邦，在他的统治下，清王朝如日中天。

在这次夺权的斗争中，摔跤起了关键作用，康熙帝下令成立“善扑营”，选拔优秀的大力士200名，分成头等、二等、三等，还派来自己的心腹大臣率领这支护卫队。

摔跤在民间原本就受欢迎，有了康熙皇帝的大力推广，一下子火了起来。而且，还摔出了一个花样百出的民间体育表演——“二贵摔跤”。这“二贵摔跤”究竟是怎么来的呢？

在承德隆化，流传着这样一首打油诗：“一人顶两人，难解又难分。自己摔自己，底下定乾坤。”说就是河北原生态的民间体育表演“二贵摔跤”。它跟康熙除鳌拜的故事有着千丝万缕的联系。话说当年，少年康熙利用摔跤智擒鳌拜，从朝廷到民间，人们奔走相告，纷纷庆祝。满族人民为了歌颂康熙皇帝，特意将摔跤比武大赛的场面进行加工创作，用道具表现出来，说一边是鳌拜，一边是少年侍卫，后来就变成了“二贵摔跤”这一民间表演形式。从康熙年间到现在，“二贵摔跤”一路摔了300多年。

**小妹抗婚，二鬼摔跤留下何种传奇故事？**

**艺人表演，民间艺术展现几多燕赵风采？**

关于“二贵摔跤”，还有一个有趣的传说。说的是，“二贵摔跤”一开始叫“二鬼摔跤”，相传是北宋苏东坡的妹妹苏小妹创作出来的。原来啊，当时的皇帝乱点鸳鸯谱，给苏小妹做媒，许了一门婚事。苏小妹老大不情愿，可是又不能得罪皇帝，怎么办呢？

小姑娘聪明机灵，就连夜缝制了两个凶神恶煞的鬼脸布人，让自己的丫鬟

隆化二贵摔跤在北京表演

架着学“二鬼打架”，她自己就装病，卧床不起。

很快，苏小妹被“双鬼缠身”的事传到了宫中，对方一听这个消息害怕了，婚事就被取消了。没想到，苏小妹对丫鬟装扮二鬼打架感兴趣了，闲来没事儿经常跟丫鬟一起玩。一天，小妹和丫鬟带着“二鬼”道具去春游，不料被一个叫王二虎的江湖艺人看透了秘密，便缝制了一个连体双布人，钻进里面表演二鬼打斗的技艺，并取名“二鬼摔跤”。这段故事虽然是杜撰出来的，却赋予了“二贵摔跤”传奇的色彩。

几百年间，“二贵摔跤”在承德盛行不衰。不过，20 世纪 50 年代中期，由于种种因素影响，二贵摔跤一度销声匿迹。到了 80 年代，隆化县的文艺工作者经过挖掘整理，让这种表演再次呈现在大家面前。

“二贵摔跤”的道具是一个长 90 厘米、宽 40 厘米的人形木架。上面是两个龇牙咧嘴、双臂扭在一起的满族男人模型，或者是两个顽皮小孩的模型。等到表演开始，锣鼓点那么一响，眼瞅着这两个人扭打在一起，又是翻滚、又是旋转，你踢我一下，我绊你一脚，摔得不亦乐乎，长辫子都飞起来了。这两个人摔得起劲儿，旁边的人看得过瘾。这种滑稽、幽默、夸张的动作，让一旁围观的人拍手叫绝，小朋友们看得起兴也跟着翻起跟头，现场笑声一片。可是等到表演结束，表演者撩起那布围子，人们一瞅，呦，原来里面竟然只有一个人啊！

“二贵摔跤”全套动作一气呵成，一般不超过四分钟，在锣鼓乐的烘托下，越发热烈火爆。近年来，“二贵摔跤”是承德隆化民间花会中的“压街”节目，也是河北省的文化品牌，多次代表河北在国家级各类比赛中获奖，引起了很大的反响，更吸引了大批国外的游客。

2007 年 3 月 25 日晚上，在美国芝加哥举办的“2007 神奇的中国风”大型元宵灯节歌舞晚会上，来自承德的满族“二贵摔跤”以其独特的艺术表演形式，加上艺人的精彩表演，立即赢得美国观众的喜爱，掌声不断。这真是一个“摔跤”摔到了国外，向外国朋友展现了我们燕赵大地特有的民间文化。

这正是：

燕赵大地民族风，隆化满族摔跤情。

二贵摔跤出国门，独特魅力华夏风。

## 第二十五回

# 吴桥耍杂技　世界惊奇艺

上一回去过了山清水秀的河北的北部，说过了趣味十足的满族摔跤，今天咱们要去哪儿呢？说出来您一定不陌生，这就是“杂技之乡”吴桥，这里有的是“惊、险、奇、绝”的妙招。都说“上至九十九，下至刚会走，吴桥耍杂技，人人有一手”，吴桥究竟藏着多少奇人，这里到底有多少绝技？

说起吴桥这个地方，您一定会想到两个字——杂技；讲起吴桥的历史，也必须要提到两个字——孙武。相传，军事家的祖师爷孙武跟这里有着解不开的渊源，他的后代就受封于此，子子孙孙绵延了上千年。现如今，到了吴桥，能遇见不少姓孙的老乡，还能找着很多用“孙”姓冠名的地方。按着吴桥人的说法，这里之所以早早地兴起了杂技的艺术，也正是因为得了老祖宗孙武的真传。

从前只知道孙武传兵法，没想到他老人家还会耍杂技，且不说这故事的真假，吴桥作为中国杂技艺术的发祥地之一，“杂技之乡”的名号一准是错不了。吴桥的杂技怎么能叫得这么响？它到底有什么过人之处呢？

俗话说了，百闻不如一见，要想瞧瞧吴桥的真功夫，您一定得去吴桥杂技大世界走上一趟。到了这，咱先得奔着名头最大的人物去，他是谁呢？就是有着“鬼手王”之称的王保合老先生。

在杂技大世界江湖文化城的“鬼手居”门前，端坐着这位个头小、身材瘦的老爷子。这老人家瞧着不起眼，就跟咱们邻居的老大爷没什么两样，他到底有着什么样的绝招，才得了“鬼手王”这样一个神秘又霸气的名号呢？

2009 年的夏天，吴桥杂技代表团出现在人民大会堂，为嘉宾表演拿手的节目，一个接一个演员上场，赢了一阵

吴桥杂技国家级传承人王保合表演古典戏法《三仙归洞》

又一场热烈的掌声，那气氛别提有多好了。等到王保合来到台上，主持人却遇到了一个不大不小的难题，这是怎么回事呢？

这倒不是为别的，只是王老先生的表演实在太绝了，观众们一个劲地鼓掌喝彩，说什么也不让他退场。可是，后面还有好几个节目，好多位演员，老这么拖下去，那也不是个事呀！主持人急得没法了，只好走上台去，压低了声音跟王保合说："无论如何，您老得把时间卡在十分钟之内。"王保合赶紧收了手，跟观众谢了幕。整场的活动散场之后，好多人还在议论着刚才那个姓王的老先生，回味那两出让人叫绝的表演。

提到王保合的拿手好戏，其实也是很有年头的经典节目，这就是中国的传统绝活"三仙归洞"和"缩骨软功"。练过这两样功夫的也许不止他一个，可是王保合却把这传统的绝活真正给玩绝了。在高手如云的沧州吴桥，他可算得上一位响当当的人物，这里流传着一副对子——"一二三,三球两碗一手鬼，四五六,六神五主四方惊"。这说的就是王保合的本事。

王保合的绝活吸引了全世界的眼球，黑眼睛、蓝眼睛都围着他的一双妙手，东方人、西方人，都听过他的大名。说到"鬼手王"这个名号，其中又有着怎样的来历呢？

走南闯北，吴桥艺人如何赢得神秘称号？

父业子承，杂技艺术如何世代发展传承？

把时间往前推上十多年，王保合到香港九龙艺术中心去表演。就连他自己也没想到，自己家乡的传统艺术在千里之外能这么受欢迎，这一演就是几个月，场场爆满，人人惊叹，王保合这个名字成了当地的热词，就连当时的香港特首董建华也成了他的粉丝。

董建华看过王保合的表演，还送了他一个名号——“鬼手”。这话一出，媒体都争着报道，把这个称号传遍了香江，传到了内地，一直传到了王保合的老家吴桥。这就有了“鬼手王”的大号，也就有了“鬼手居”的雅称。

王保合有了这样耀眼的光环，可是他一时半刻也没忘了从前学艺的艰辛。老话说了：要想人前显贵，就得人后受罪。现如今，他有了别人想都不敢想的名气；想当年，他也受过别人受不了的罪。

几十年前，王保合生在一个杂技世家，祖父和父亲都在北京的天桥摆过摊，卖过艺。他的爷爷王玉林凭着一身好本事，还在天桥上得了一个“江湖八大怪之一”的名号。王保合三岁就没了娘，就跟着大人上街卖艺，因为有老家儿的熏陶，他从小就学了不少基本功，那两手绝活“三仙归洞”和“缩骨软功”都是祖传的功夫。等到他长大成人，就自己拉班子演出闯荡江湖。后来，他加入吴桥马戏杂技团，成了一名正式的演员。

说起当年的经历，王保合说了：“那可真叫一个苦啊，最苦的不是练功下的狠劲儿，而是练功的环境，不管天气有多热，地冻得有多厚，都得在露天里练功夫。”舞台上的王保合看着总是那么精神，那么利落，可是没几个人知道，他在多年的练功生涯里落下了一个好不了的毛病，一赶上阴天下雨，浑身上下就跟针扎似的那么疼。

王保合下足了苦功夫，练成了真功夫，他手上一个“快”字成就了出神入化的“三仙归洞”。他既不用灯光道具的配合，也不需要谁来当“托儿”，就拿那三个小球，一根筷子，再加上两个小碗，就能演出精彩绝伦的节目。甭管你是阅历丰富的老人，还是眼神灵光的孩子；甭管你离得多近，盯得多紧；甭管你怎么出怪招，怎么出难题——就是难不倒这个王保合。

有一回，有观众来跟王保合打赌，说是要把“三仙归洞”的道具小球攥在自己的手里，看看他能怎么变。在咱们一般人看来，这根本就是个不可能的任务，可是王保合并不在乎，他不光答应了这个要求，还说是能把一个球变成两个球。周遭的观众谁也不信，就等着看会有什么样的奇迹发生，转眼之间，王保合说的事情全都应验了，大伙谁也没看出其中的玄机，一连声地鼓掌叫好，就连刚才那个不服气的也拍着手说："真是太神了！"

王保合的节目之所以能这么神，不光是因为老辈儿上传下来的手艺，还有他自创的"三合一"演出方式。究竟是哪三样合到了一起呢？就是侯宝林的"口"，赵本山的"忽悠"，再加上自己的手法。这也是他当年在天桥上耳濡目染，总结出来的经验。旧社会卖艺，讲究的是"七分口，三分艺"，手上的把戏耍得好，嘴皮子也得跟得上，才能让人家看得过瘾，听得热闹。

王保合凭着这手绝活摘得了中国杂技魔术"金菊奖"银奖、"河北省文艺振兴奖"，他的名字还被上海吉尼斯世界纪录大全收录其中。

千百年来，吴桥杂技的传承基本是父传子，子传孙，或者是师徒之间手把手地传授，如今，当地已经有了专业的杂技学校，不过多年来传下来的老法子还是挺盛行。

说起这功夫的传承，"鬼手"王保合觉得特别自豪，为什么呢？因为他们老王家代代相传杂技绝学，就这一家子差不多能赶上一个杂技团了。单说在吴桥杂技大世界工作的，除了老王他本人，还有他的儿子、儿媳妇、二姑娘、姑娘家的儿子，老少三代一共五口，个个都是杂技高手。在吴桥杂技团里，也有老王家的四口人，另外还有两个小外孙在杂技学校当学生，那成绩也是呱呱叫。

作为国家非物质文化遗产的传承人，王保合的本事不光传给家人，他也收了不少的徒弟。老王教人学艺很热心，不过，在挑徒弟的事上，他可是挺严格，但凡有那心眼不好，脑子歪的，根本就入不了他的法眼。在满门弟子当中，王保合最得意的就是自己的大儿子王立刚。有时候，他出门去演出，就让儿子暂时代理"鬼手居"的掌门，这小王得了老王的真传，那一手"三仙归洞"也是炉火纯青。

在吴桥这地界上，不光是有数不清的名人，看不完的绝技，也有一些个让您大开眼界的江湖奇人。比方说有着"小钢炮"之称的高福州，他是哪路奇人，又有着什么样的怪招呢？

"小钢炮"高福州的绝活可有不老少，像什么头顶开瓶、单掌劈砖、脖子卷钢筋等等都是他的保留节目，还有一招最擅长的"肚皮切菜"更能让观众的下巴掉到地上。

一说要表演这出绝技，高福州就举起一把明晃晃的菜刀，亮出一片白花花的肚皮，一手把菜叶按在肚子上，一手扬起菜刀。只见那刀起刀落，菜叶横飞，观众们都为他攥着一把冷汗，“小钢炮”他本人却是气定神闲，还插个空子跟大伙开开玩笑逗逗乐。等到表演结束了，他把菜叶子拨拉拨拉一拍肚皮，那上面愣是半点儿红印都没有。

据说，这“小钢炮”的名号可不是白来的，除了他肚子上的神功，还练就了一手的硬功夫。他打小就拜师学艺，专练铁砂掌，就在 18 岁上那一年，用那一双铁掌在一小时内拍碎了 300 块砖头。

**口吞铁球，观众即将见证何种奇人奇事？**

**苦练绝技，吴桥终将绽放哪般精彩绝伦？**

另有一位身怀绝技的吴桥奇人，就是一位敲着小锣的老爷子。他在场地中间转了两圈，观众们都拍着手请他亮亮绝活。老人一拱手，就从兜里掏出来两个滴流圆的铁球，说是要一口吞下去。有观众上手摸了两下，那铁球硬邦邦、沉甸甸，绝对没有作假，要把这东西吞下去，那还不得要人命？

大伙都劝着老人别逞强，千万不要伤着自己的身子，可这老爷子偏偏不听人劝，把挺大的一个铁球生生塞进了自己的嘴里。就见那铁球撑住了老人的腮帮子，他使劲吞了几下，忽然一梗脖子，“嗝儿”的一声，铁球就咽到了肚子里。

观众们看得目瞪口呆，一边为老人叫好，一边替他担心。老爷子一摆手，意思是让大伙别操心，没事！他一声低吼，就把铁球吐了出来，拍拍胸脯又说要同时吞下三个球。人家对老人的功夫很是欣赏，对他的身体也挺心疼，都劝着说可别再来这个了，要不您换上一手？

老爷子看着大伙这么疼他，那心里也是挺感动，说是还要出一个绝活答谢大家。就见他打开一个纸盒子，从里面取出两根两寸来长的骨头针，把这两根针插进了自己的鼻孔。这又是要干吗？大伙看得心惊肉跳，谁也不敢出声。老爷子用手揉揉自己的脸，见证奇迹的时刻马上就到了。大伙谁也没想到，那两根长长的针竟然从老人的眼睛里面冒出来了！

观众们都是好心人，一个劲儿地说："赶紧把针弄出来吧，可别为难您老了！"这时候，有人告诉大家：您眼前的这位不是别人，正是8岁学徒、15岁登台的民间绝活大师李印怀。这么一说，大伙全都松了一口气，原来，这老爷子就是名震江湖的李印怀，早听说他最擅长吞铁球、吞宝剑，还有一个挺有趣的外号叫作"皮包骨"。

名人、奇人、怪人，在吴桥之地不乏其人；绝招、险招、妙招，在杂技之乡都能看到。这一出出好戏，一幕幕精彩，都是靠着吴桥人吃苦流汗换来的功夫。一代又一代的传承，成就了吴桥杂技之乡的梦想；一场又一场的演出，打响了吴桥杂技之乡的大名。

如今，吴桥杂技艺术的名气已经飘遍了全球，创办于1987年的中国吴桥国际杂技艺术节也被全世界杂技爱好者称为"东方杂技大赛场"，是全球最著名的三大杂技赛场之一，比赛最高奖金狮奖也成为国际杂技界最瞩目的奖项之一。

这正是：

杂技百戏源流长，吴桥杂技传四方。

世间奇人多绝技，节庆盛会美名扬。

# 第二十六回 燕赵汇民歌 诗经留邶风

上一回我们到“杂技之乡”沧州吴桥，领略了“鬼手”王保合的缩骨软功，欣赏了“小钢炮”高福州肚皮上切菜的独门绝技，眼观六路绝活之后呢，我们还要耳听八方声音，咱们燕赵大地自古就有“乐声彻天、弦歌遍地”的美誉，这方土地上的百姓爱唱什么歌，爱听什么曲儿，这些好听的歌曲又是打哪起得头，怎样从古唱到今的呢？

提到河北的民间音乐，人们马上会想到“茉莉花”、“小放牛”等经典作品。不过，这民间音乐里面还有很多门道，就拿它的分类来说，包括民歌、歌舞、乐器、说唱和戏曲五大门类，每一类都有自己的独特魅力。今天咱们先来说一说燕赵大地上的民歌。

说起河北民歌的起源，我们先从一个老故事说起。这故事有多老呢，上溯五千年，说的是三皇五帝时期，涿鹿大地，群雄争霸，黄帝大战蚩尤，九战九败，领着手下的士兵退到泰山，躲在昏暗的雾气中，三天三夜不吃不喝不睡觉，冥思苦想退敌之策。

正在黄帝一筹莫展的时候，一个人首鸟形的女子出现在黄帝面前，她这一现身，战局立刻发生了大逆转，黄帝绝处逢生，打了一场漂亮的翻身仗。这个女子就是九天玄女。她给黄帝支了个妙招，不但传授给他出神入化的“玄女战法”，还帮他找来一种神兽——夔牛。

这可了不得！夔牛乃是东海中的神兽，它的外形像牛，头上没有角，全身都是灰色的，只有一条腿。夔牛每次出现都会伴随着狂风暴雨，身上还会放出万丈光芒。它要是吼一声，就像是打雷一样轰隆隆响，震耳欲聋。

九天玄女命令士兵们把夔牛杀掉，用牛皮做了 80 面战鼓，还用一种雷兽的骨头做成鼓槌。前期准备工作完成了，黄帝带着手下士兵来到涿鹿，跟蚩尤的军队开战了。

黄帝摆下“奇门遁甲”阵之后，就命令士兵们玩命地敲着80面夔牛皮巨鼓，一时间鼓声大作，一击响震500里，三击连震3800里，整个战场顿时山摇地动、天旋地转、杀声震天。蚩尤走也走不了，飞也飞不动，被黄帝杀掉了。

有神兵相助，黄帝得胜，他用夔牛皮做战鼓，以鼓声打败蚩尤的故事也流传下来。

**燕燕往飞，美丽姐妹花如何联袂动人古曲？**

**易水河畔，荆轲高渐离怎样和鸣悲壮离歌？**

黄帝用牛皮鼓助战，打败蚩尤，可以算得上最早的音乐发烧友。在黄帝之后，还有两个超级乐迷，她们潜心音乐创作，共同谱写一首《燕燕往飞》的曲子，一曲成名。她们是谁呢？

她们就是有娀氏的女儿。有娀氏是殷商民族的祖先，天下大定后，有娀氏生下了两个女儿，这两个女儿生得那叫一个好看，用现在流行的话说就是人见人爱，花见花开。有娀氏非常宠爱这两个女儿，含在嘴里怕化了，捧在手里怕摔了，还给女儿修建了华美的楼宇，要星星不给月亮。这姐妹俩有一个共同的爱好，就是喜欢音乐。吃饭喝水要听，就连睡觉前也得来上一段。

黄帝听说了这件事儿，觉得很有意思，就送了一只叫声很好听的燕子给姐妹俩解闷。姐妹俩很喜欢这只会唱歌的燕子，你给燕子用金碗盛饭，我就给燕子用玉做窝，都想把它据为己有。两个人你争我夺，谁都不肯让步，闹出了不少矛盾，要好的两姐妹就因此闹翻了脸。

小姐妹闹掰了，天天不是热吵就是冷战，久而久之，那只朝夕相处的燕子受不了了。惹不起躲得起，燕子下了两个蛋飞向了北方，再也不回来。

姐妹俩一看，燕子一去不复返了，这才意识到自己的错误，她们后悔自己的所作所为，握手言和，重归于好，并且呢，共同写了一首歌，歌名就叫《燕燕往飞》，这也称得上是北方最早的原创音乐。

《燕燕往飞》的故事是个传说，中国古代典籍中有关燕赵民歌的文献还有很多。春秋战国时期，我国第一部诗歌总集问世了，这就是《诗经》，这本集子收录了西周初年到春秋中叶500多年的诗歌。大家知道《诗经》分为风、雅、颂三种体裁，其中十五国风就是各地民歌。《邶风》、《鄘风》主要是河北的民歌。

关于《诗经》，还有一个不得不说的故事。

今天我们读到的《诗经》，是汉学大儒毛亨、毛苌注释的，也被称为“毛诗”。当年孔子删定《诗经》后传给了弟子子夏，接着一代代往下传，传到了毛亨那里。只可惜，毛亨生不逢时，赶上了秦始皇“焚书坑儒”。预感到大难临头，毛亨拖家带口从山东一路向北逃跑，开始了他的北漂生涯，最后在武垣县（现在的河间市）隐居。

后来，刘邦建立汉朝，天下太平了，毛亨才敢光明正大地重新整理《诗经》，传给了毛苌。毛苌很幸运，赶上了好时候。当时的河间献王刘德到处寻找遗失的古籍，一听说在他的管辖区有位儒学大师，不仅能背诵《诗经》，还能逐篇讲解，高兴得不得了，三番五次登门造访，请毛苌出山，封他为博士。不仅如此，刘德还专门建了一座招贤馆，让毛苌在这里讲《诗经》，传授弟子。现如今河间市城北，还有东诗经村和西诗经村。另外还有一个君子馆村，据说就是当年毛苌讲经的地方。

故事说到这里，大家都明白了，毛亨、毛苌两个人，为《诗经》的流传做出了巨大的贡献，也让那些民歌得以流传。

《诗经》的《邶风》中也收录了一首名叫《燕燕》的民歌：“燕燕于飞，差池其羽。之子于归，远送于野。瞻望弗及，泣涕如雨……”

有人说，这是描写一位君王送妹妹远嫁的诗。这位君王不辞辛劳，送妹妹到郊野，看到双飞的燕子，想到眼前的离别，伤心不已，却忍住伤心，对妹妹送上了祝福。

也有人说，这首诗充满了伤感的意味。它描写的是一对恋人深深相爱，最终却不能结合，就像一对燕子不能双飞。当女子远嫁他人时，男子只能远远地目送心爱的人离开，暗暗落泪。

在古代，《诗经》中的每一首诗都配有旋律，可以吟唱出来的，虽然现在这些旋律早已失传，但是有一些作曲家仍然尝试着给它配上谱子。比方说，邓丽君《在水一方》的歌词就是根据《诗经》中的《蒹葭》改写而来。

说完了《诗经》中那些或缠绵悱恻或伤感凄迷的民歌，咱们再换换口味，来到易水河畔，在经久流传的老故事里，听一曲慷慨激昂的离歌。

《史记·刺客列传》里荆轲刺秦王的故事大家非常熟悉。话说当年荆轲受燕国太子的委托，前去行刺秦始皇。燕国太子问荆轲："你还有什么没有完成的心愿吗？"荆轲说："我就想再听听高渐离的演奏。"

于是，高渐离击筑，荆轲合着拍子唱起了易水歌："风萧萧兮易水寒，壮士一去兮不复还！"歌声凄厉悲怆，听到的人都流下眼泪。

一曲唱完，荆轲仰头长叹一声，天空中居然出现一道七彩虹。高渐离趁势变了一个调，旋律变得慷慨激昂，荆轲继而唱道："探虎穴兮入蛟宫，仰天呼气兮成白虹。"周围的人听得群情激昂，燕太子丹也是感动不已，跪在地上向荆轲敬了一杯酒。荆轲喝下酒，登上马车飞驰而去，始终没有回头看一眼。只可惜，荆轲最终刺秦失败，白白丢掉性命。

后来，荆轲的好友高渐离利用演奏筑的机会见到秦始皇，他用筑投击秦始皇，想为知音荆轲报仇，结果也没有击中，反被杀死。不过，荆轲和高渐离的深厚友情却在历史上留下了一段佳话，《易水歌》也流传下来。

**一鸣惊人，秦罗敷为何声名远扬？**

**一曲动人，《陌上桑》怎样传唱至今？**

汉乐府中，有一首《陌上桑》非常著名，里面说到了一位绝色佳人，谁呢？就是河北邯郸人罗敷。

话说到了西汉年间，邯郸城里住着一户姓秦的人家，人称秦员外。他有一个女儿叫罗敷，天生丽质，沉鱼落雁，声名远播，从十里八乡一直传到地方太守的耳朵里，这位太守心里痒痒，一心想见见这个罗敷。

这一天，罗敷一大早起来，梳洗打扮。她耳朵上戴上明月珰，上身穿着红色短袄，下身一条浅黄色罗裙，挎着篮子往峪口的桑树林走去。

罗敷打扮这么漂亮去干什么呢？明着是采桑，其实是会情郎。

罗敷的心上人是谁呢？是一位叫王可的小伙子。都说美女爱英雄，这两位就是这么一对组合，王可人长得英俊潇洒，更有一身好武艺。先前，太行山东侧这条山峪里，常常有凶猛的老虎出没，很多从这里经过的人都被老虎咬伤或吃掉，老百姓们都提心吊胆的。王可凭着一身的好武艺，将老虎打跑了。从此，樵夫和农人就放开胆子去峪谷里干活，过路的人也不害怕了。

帅小伙王可和大美女罗敷是怎么结识的呢？说来也巧，有一天罗敷采桑叶，一只老虎扑了过来，王可正好赶来，上演了一出英雄救美，从那以后，罗敷每次进峪，王可都在暗中守护，有时还帮罗敷采桑叶，搬运罗筐出峪，一来二去，二人感情越来越深，私订终身。

要说这个罗敷长得实在太好看了，她一路走来，走路的人看着她都走不动了，少年们一见她也都手足无措，赶忙摘下帽子整理衣服，犁地的人也顾不上干活，看得两眼发呆，锄地的人扔掉了锄头，那回头率绝对百分之百。

这一天，罗敷出门正好碰到那位好色的太守，他坐在五匹马拉的豪华马车上，威风八面地停在路边。得知眼前的女子正是罗敷，女孩儿又是如花似玉的年纪，太守就动了歪心思，他拦住罗敷："姑娘，坐上大爷我的车子，我来养活你，保你一辈子享不够的荣华富贵！"

罗敷一看这太守仗势欺人，也没害怕，笑意盈盈地回答："大人，你是个有妇之人，我也早有了丈夫。我的丈夫，说起来也是个很了不起的军官呢，有1000多名随从。他骑着高头大马，用青丝拴着马尾，马头上戴着金黄色的笼头；腰中佩着鹿卢剑，宝剑价值上万。他15岁在太守府做小吏，20岁在朝廷里做大夫，30岁做皇上的侍中郎，40岁成为一城之主，人人都说我丈夫出色。"

罗敷一番话让太守听了个大红脸，自惭形秽，灰溜溜地在一片嘘声中跑掉了。围观的人纷纷竖起大拇指，夸这位美女罗敷不贪富贵，不畏强权。

后来，罗敷嫁给了王可，他俩一生住在深山幽谷之中，为过往行人防虎驱兽。许多年以后，丈夫王可不幸掉入深渊身亡，罗敷趴在岩畔，思念丈夫，每日流泪不止。时间长了，罗敷的泪水就化成一条河。

后人为了纪念这位美丽勤劳、不畏强权的姑娘，就把这条河命名为"罗敷河"，把她的村庄叫罗敷村。从那以后，这个故事被人们竞相传唱，成为流传已久的“罗敷艳歌”。后来，这首民歌被收录进《汉乐府》。因为歌里面的故事发生在路边的桑树林，所以被称为《陌上桑》。

这正是：

燕赵民歌源流长，燕燕往飞千古唱。
慷慨悲歌润易水，罗敷艳歌永流芳。

# 第二十七回 定州有名伶 张祜传美名

上一回说过了美女罗敷的故事，听过了易水河畔的悲歌，在千百年的时光之中，燕赵大地留下了多少传唱不衰的经典曲目，多少世代相传的民间传奇？一曲“佳人难再得”包含着怎样的故事情节？一首《何满子》当中又有着怎样的曲曲折折？

在文艺圈里，有一条地球人都知道的行业定律——唱而优则演；演而优则唱；唱演全能的明星，肯定是要进阶豪门。这事不光在现在说得通，就是在古时候也一点儿没差。早在汉武帝当政的时期，一位草根女子占据了音乐排行榜的首席交椅，她本人也是一步登天，做上了国家帝王的夫人。这姑娘先成了当红的名人，又带着全家人一起爆红，一大家子都过上了大富大贵的生活。

这个女人不简单呐！她正是汉武帝的李夫人。人家凭着一金嗓子在后宫之中把持住了一人之下、好多人之上的位置，挨着人头数一数，除了皇后，那就得是她最牛。不过，天下的女子这么多，这个姓李的姑娘怎么会跟皇帝结缘呢?

要说起来，这还真是托了她家大哥的福气。李夫人的哥哥不是别人，正是皇家御用的音乐人李延年。根据史书上的记载，李延年的老家在中山，也就是现在的河北定州。他们这一家人都很有音乐细胞，不论是唱歌还是跳舞，都是天生天成的天才。不过，好多艺术家都在年轻的时候走过弯路犯过错，这个李延年也不例外，他在外面惹了乱子，被官府缉拿归案，最后判了腐刑送进宫里。

李延年进宫进得可是不太光彩，到了皇宫大内，管事的也没给他安排什么好差事，就让他干养狗的活。可这李延年呢，养狗也养得不怎么样，整天挨人家管事的批评。

他心里这个憋屈呀，憋得实在没法了，就放开嗓子唱了首歌。他这一唱，正好被当朝的天子汉武帝给听见了。汉武帝还琢磨着：我这宫里没有这么好的嗓子呀，难道是有神仙亮嗓了？他跟别人一打听，才知道这歌声就出自于那个养狗的小子，再一问，才知道这小子是音乐世家的后代。汉武帝觉得把这人才拿来养狗实在是可惜了，干脆让他来当宫里的独唱演员吧。

有了汉武帝这一句话，李延年总算是脱离了苦海，又干上了自己的老本行。他能填词，会作曲，爱唱歌，善跳舞，一个人就能顶上一个创作加表演的小团体。再加上他的音乐功底确实了得，每回有新作问世，都能赚到不少的人气。有了这样的本事，李延年的身价是噌噌见涨，没多少日子，就混上了音乐大师的头衔。

汉武帝对自己发掘的这个人才也是挺得意，他跟李延年的关系越来越好，渐渐地，好得就有点儿超乎寻常了，就连司马迁也在《史记》里说他跟皇帝实在是太近乎了，不光哄着汉武帝开心，还陪着人家睡觉，差不多就是个男宠了。

李延年在宫里得了宠，更明白巴结主子的重要性，他有了什么新作品，第一个就要拿给汉武帝去求指正。有一回，他又有灵感闪现，没用多大一会儿工夫就有新作出炉，他说是要请汉武帝给指点指点，皇帝自然是乐呵呵地点头答应了。就见这李延年一个转身，一亮歌喉，一首悠扬动听的曲子就跟那香炉里的轻烟一样飘出来了。

**一顾倾城，李家小妹如何捕获圣心眷顾？**

**一见钟情，汉武大帝为何流连佳人香闺？**

等到李延年的歌声收了尾，汉武帝还沉浸在其中没有回过神来。这歌美，歌里的人更美，这么美的歌声我能听得到，这么美的人又要上哪儿去找呢？打从这一天起，汉武帝想在心里，念在梦里，一大把的心思都在李延年的歌声里。

他的姐姐平阳公主瞧着皇帝有点儿不对劲儿，就找他聊了会儿天，汉武帝也不跟姐姐见外，把一肚子的想法全都说了出来。平阳公主一听就乐了：“我的傻弟弟呀，原来你是为这事犯愁呢，难道你不知道吗？李延年歌里那位美人就是他的亲妹妹！”汉武帝听着这话，眼睛立马就亮了，赶紧打听这美人身在何方呢？平阳公主说了："她远在天边，近在身边，正好就在我的府上。那姑娘不光长得漂亮，而且跟他哥哥一样是能歌善舞。我这就让她来个现场直播，你就瞧好吧！"汉武帝揉了揉眼睛，端端正正地坐好了，就等着一睹李家美人的风采，倾听实力唱将的歌声。

也就是过了半炷香的功夫，就听着一阵环佩叮当，闻见一阵幽兰飘香，一个柳条似的身影轻轻柔柔地来到了大厅中央。汉武帝当时就看傻了眼，直怀疑自己是在做梦，如果不是梦里，怎么能见着这样天仙似的美女呢？

这姑娘行过一礼，挥手弹一曲大珠小珠落玉盘，开口唱一段云开雨霁见青山。汉武帝忽然一摆手，发话说："别唱了！"这可把大家弄懵了，这是怎么回事呢？汉武帝接着说："你呀，往后不能给别人唱了，只能专门给我一个人唱！"就这么着，李大美女一曲通关，拿到了出入皇宫的通行证，还领到了一个夫人的头衔。

这姑娘进宫之后，那真是一路春风，她的嗓子给力，肚子也争气，隔年就给汉武帝生了个大胖小子。这一下，更是母凭子贵，李夫人成了皇室之中的红人。

眼瞧着李夫人红透了后宫的整片天，其他的女人也都想跟她学上一招半式，博皇帝一个青眼。据说有这么一回，皇帝正在李夫人的宫里歇着，他就觉得头皮发痒，用手挠了两下。李夫人的心有多细呀，她看着皇帝不得劲，赶紧取下来自己头上的玉簪子给皇帝解痒。汉武帝有这么贴心的美人伺候着，那心里甭提多舒坦了，更觉得李夫人温柔贤惠。

后来，这事在宫里传开了，其他的女人这才发现，原来玉簪子还具备老头乐的功能，而且咱们的皇帝他就好这一口。于是，宫里的玉簪子成了最紧俏的物件，人人都学着李夫人的样子，在头上戴了一枚，时刻准备，给皇帝挠头解痒。而这玉簪子也得了个挺实用的别名——玉搔头。

李家的妹子春风得意正当红，她的大哥李延年又在忙活着什么呢？

李夫人受宠的这段时间，汉武帝的大舅子李延年也没有闲着，他刚刚被封做了协律都尉，主管乐府的日常工作，差不多就相当于全国音乐协会主席。

虽然历史上对李延年的人品有些争议，不过他在音乐上的贡献还是有口皆碑的。他不但擅长于词曲原创，还能把旧曲翻新，把冷饭炒出新滋味来。李延年仿着西域的调子做出了用来当作仪仗配乐的“横吹”，这可是中国历史上最早的一首有明确作者姓名和曲目名称的音乐作品，李延年也成了开天辟地头一个成功改编外来音乐的大师。

根据《汉书》上的记载，李延年在这个协律都尉的任期之内搜集了 138 篇乐府诗歌，还从这些旧作之中汲收营养，再创了不少的流行金曲。因为有他对音乐的这份热诚，加上正担着对口的工作，李延年把乐府的名曲推广到民间，让这些差点儿失了传的旋律再获新生。

几百年后，另一位生在邢台清河的河北老乡张祜还念着李延年的好，专门写了这样一首《昭君怨》:“故国三千里,深宫二十年。一声何满子,双泪落君前。自倚能歌日，先皇掌上怜。新声何处唱？肠断李延年。”这其中不仅有李延年的大名，还提到了一个“何满子”，这个名词指的到底是什么呢？

要讲何满子，先得说一说晚唐的大诗人张祜，那可是当时有名的金装才子，跟杜牧、李商隐、温庭筠这几位文坛大腕齐名。文人多雅兴，常常喜欢结伴来个自由行，在山水之间写点儿应景的诗词，刚才说到的这首《昭君怨》就是张祜在旅途中留下的大作。

这首诗一炮而红，不管是闪亮的歌星，还是草根的平民，任谁都能哼上几句。因为这首诗，张祜拿到了当年叱咤文坛金像奖；也正是这首诗，让他过了半辈子郁闷的生活，临了临了，落了一个客死他乡，做了一个孤魂野鬼。

要问这是为什么，就得说到何满子。她本是河北沧州人，也是一代当红的歌坛明星，走的就是黯然销魂的伤感路线。这位姑娘一开口，就能把人唱得肝肠寸断。要说起她的经历，倒跟李延年有点儿相似，也是在年轻的时候犯了事，差点儿就要被砍头。临行之前，何满子为了活命，就想了这么一个法子：听说如今的皇帝李隆基是个纯正的音乐发烧友，不如我试着唱上一曲，万一这万岁爷能为我转身，没准能捡回一条命来。

主意打定了，何满子一曲高歌，直唱得是“苍天白日黯然失色”，把当朝的天子也唱得红了眼圈。李隆基确实爱惜她的好嗓子，可是也不能为了这事违反依法治国的精神，万般无奈还是杀了何满子。不过，李隆基还是念着何满子的演唱才艺，用她的名字作为词牌收进了乐府之中。

过了玄宗这一朝，何满子的故事还在民间流传，以她命名的词牌也被人填词谱曲，排演了歌舞。百年之后，皇宫之中又发生了一件奇事，这又是怎样一回事呢？

**一声高唱，后宫才人如何香消玉殒？**

**一曲悲歌，诗坛才子如何兰摧玉折？**

话说唐武宗在位的时候，一位孟才人凭着唱歌跳舞的本事得了皇恩，这两人郎情妾意，很是甜蜜。不过，武宗的身板不怎么结实，岁数不大就得了重病，他临死之前，想想这世上没有舍不下的人和物，只有一个孟才人让他挂在心里。武宗想起这事，就觉得心里生疼，躺在床上整天地叹气。

有一天，他跟孟才人说起来："如果朕驾鹤归西，你有什么打算？"孟才人抱着笙囊掉起了眼泪，说："皇帝没了，我活着还有什么意思？妾身甘愿随您而去！"说着说着，孟才人就唱了起来，歌词正是当朝大诗人张祜那一首《何满子》。歌声刚落，孟才人就摔倒在皇帝跟前，太医上前查看了一番，回禀皇帝说："孟才人的身体还热乎，不过那一副肝肠已经一寸寸地断掉了，看来是没得救了。"

不久之后，武宗驾崩，到了发丧那一天，他那一副棺材却是怎么也抬不动。这事可是挺奇怪，大伙绕着棺材转了几圈，谁也闹不明白是怎么回事。这时候，有个宫里的老人讲了句话，说先帝也许是等着孟才人呢。大伙想着这话倒也在理，就把孟才人的棺材也抬了过来。这一回，武宗的棺材总算是离了地，由大伙一块搬进了皇陵。

身在扬州的张祜听人说起了这段故事，他心里觉得很是感慨，就着这事又写了一首诗歌："偶因歌态咏娇颦，传唱宫中二十春。却为一声何满子，九泉须吊旧才人。"这好诗就像是自己长了翅膀，没几天又红遍了大江南北，张祜的大名一直传到了长安，被人推荐给当朝的皇帝。

俗话说了：人红是非多。张祜红得发紫，也惹红了别人的眼睛，号称"诗家领袖"的宰相元稹就为这事起了急。他跑到皇帝身边嚼舌根，说这个张祜仗着会作几首打油诗，就把自己当成个人物，其实，他纯粹就是个二流子。皇帝

张祜塑像

信了元稹的话，从此断了张祜的仕途。

打从这起，张祜的人生就走起了下坡路，那日子就像是王小二过年——一年不如一年。几年之后，差不多就成了一个要饭的花子，他骑着一头又老又瘦的毛驴，好不容易回到了清河的老家。他刚刚走到村头上，就有人把他认出来了，这人也没安着什么好心眼儿，耍着张祜说："你怎么混成了这个样儿呢？再唱一首《何满子》不就什么都有了？"张祜苦笑一声，唱了一句："行却江南路几千，归来不把一文钱。乡人笑我穷寒鬼，还似襄阳孟浩然。"

不过，这世上总算还有好心人，村上一位有学问的老先生知道张祜的诗名，也了解他心里的苦衷，要把他请到家里好酒好茶地好好招待。可是，张祜需要的不是可怜，而是尊严，他拜别了这位老先生，一路南下，从此再也没有回过老家。

在这样的世道里，只有溜须拍马的小人可以吃得开，张祜没有那样的本事，有的只是一肚子的才华和一身的硬骨头，该上哪里去寻找出路呢？他一路走，一路叹，终于在安徽和河南的交界处找到了一个山清水美的小地方，就在这里住了下来。

公元 852 年，又是一年中秋，此时的张祜已经到了知天命的年纪，他吹着山野间的秋风，喝着自酿的烧酒，伴着一盏清冷的油灯，弹着一把跟他一样上了岁数的古筝，他高歌一曲《何满子》，这歌词就成了他的绝唱。

这正是：

西汉乐师李延年，乐府民歌千古传。

大唐沧州何满子，悲情盖世铸名篇。

## 第二十八回 好歌出民间 张嘴小放牛

上一回我们说到，西汉时期，定州的李延年凭着一首《佳人曲》飞黄腾达，自己的妹妹也沾了光，成为汉武帝的宠妃。1000多年以后，在咱们河北大地上，出了一位特别会唱歌的姑娘，这个地地道道的农家女，用一把清凌凌的金嗓子唱百姓的酸甜苦辣，唱革命的激情澎湃，动人的歌声飞出大山，传遍南北。这个好声音到底是谁的，又留下怎样的歌声传奇呢？

1913年，河北平山县杏树湾村一户农家落生了一个女娃娃，这孩子生就一个大嗓门，哭起来声音特别响亮。庄户人家起名不讲究，因为在兄弟姐妹中排行老三，这孩子大名就叫闫三妮。乡亲们呢，都叫她三花儿姐。三花儿姐从小俊俏机灵，特别是那清亮亮的金嗓子，谁听了谁稀罕。

闫三妮的家乡平山县杏树湾村，有“民歌之乡”的美誉。这里的人们淳朴善良，待人热情厚道，虽然日子过得苦哈哈，街坊邻居们却特别和睦，闲下来就凑在一起唠嗑、说笑、唱山歌。三妮爱唱又好学，小小年纪就攒了一肚子的山歌。

转眼间，闫三妮长大了，到了16岁，也就是说婆家的年纪。那个时候没有自由恋爱这一说，讲究父母之命、媒妁之言，就这么着，三妮嫁到了平山县蛟潭庄的胡家，做了庄户人的媳妇，过着面朝黄土背朝天、糠菜半年粮的苦日子。白天要下地干活，晚上还要纺线，干着粗活累活，一年到头吃不饱、穿不暖。那个年月，大家都这么过，闫三妮就把自己看到的、听到的编成歌儿，一首首饱含心酸的山歌、小调从她的嘴里传唱起来。《哭五更》、《刮野鬼》、《走西口》、《寡妇难》、《雪梅吊孝》等民歌，被她唱得豪迈而又悲壮，听得人眼里汪着泪，心里燃把火。

闫三妮最拿手的还是大山里的情歌，《你走那个山梁我走沟》和《半斤筱面推窝窝》唱出了她对纯洁爱情的向往和赞美。

闫三妮唱底层人民的悲惨遭遇，唱父老乡亲的喜怒哀乐，在十里八乡出了名。三妮的歌儿不光是能唱得人动感情，掉眼泪，还能唱出士气、唱出勇气，在抗日战争和解放战争时期，她的金嗓子一直飘到了对敌作战的战场上。

战争年代，平山人民和子弟兵们抛头颅洒热血，军民协力，一面抗战一面生产，支持前线。平山下盘村出了个“子弟兵的母亲”戎冠秀；王昭开展的抗日救亡运动，在晋察冀也是应者云集。就在这样的背景下，大量关于革命抗战、革命人物的民歌就从百姓的口中传唱了出来。

当时，闫三妮有位老乡，叫曹火星，1943 年，他创作出《没有共产党就没有中国》，从平山唱起，传到了边区，唱到了全国，鼓励着中国人民勇往直前。当地的老百姓也运用秧歌、霸王鞭等形式来宣传抗日。闫三妮也被感染了，经由她的金嗓子,《七七事变歌》、《想五更》、《小小的灯儿暗幽幽》、《太行山哪是靠山》等歌曲，飞出大山，在那个战火纷飞的年代点燃无数同胞的热血激情。

山歌悠扬，闫三妮怎样情深意切曲曲传唱？

一曲悲凉，小白菜如何感人肺腑代代流传？

新中国成立后，老百姓翻身做了主人，今昔对比，让闫三妮感慨万千，她用歌曲表达真情，歌唱党、歌唱人民的幸福生活。《十对花》、《花椒树》、《丰收的歌儿唱起来》、《四季勤劳幸福来》……这些来源于生活的歌，首首都是她的真情流露。

1964 年的全国民歌演唱会上,年过半百的闫三妮登上了人民大会堂的舞台。民歌会结束后，她被天津音乐学院邀请去进行表演。还是在这一年，河北省文化局在保定组织了阎三妮民歌演唱会，很多音乐工作者开始研究这位原生态的民歌手，这其中有一位著名的音乐家，谁呢？就是咱们新中国音乐史上大名鼎鼎的施光南，他听过闫三妮的演唱，把《半斤筱面推窝窝》、《你走那个山梁我走沟》等民歌的曲谱完整记录下来。

闫三妮演唱民歌音色圆润，高低自如，既有山歌开阔明亮的高腔，也有平原小调优美流畅的音调。她的歌，都是用劳动人民的方言土语演唱，表达老百姓的欢笑和眼泪。她就这样一直地唱着，起初唱给自己听，后来唱给大家听，唱了一辈子，现如今，她创作出来的那些民歌，还在平山地区传唱，在太行山间飞扬。

“小白菜呀，地里黄呀；三两岁呀没了娘呀。跟着爹爹，还好过呀。就怕爹爹娶后娘呀。”

这悲伤凄凉的旋律，听了让人心酸，这是首什么歌？就是咱们河北民歌《小白菜》。这首民歌是怎么创作出来的呢？咱们从头说起。

早先，华北平原一个贫苦的农家添了一个小丫头。原本一家人过得挺幸福，可是天有不测风云，小女孩儿两三岁的时候，亲娘去世了，留下父女两个人相依为命。

那个时候，日子虽然穷，但是当爹的心疼自己的女儿，也没让女儿受什么委屈。可是好景不长，小女孩儿的爹给她娶来一个后娘，生了一个弟弟，小弟弟成了家里面的宝儿，爹和后娘宠得不得了，可是这小女孩儿呢？就成了后娘的眼中钉、肉中刺。什么苦活、累活都得干，吃饭的时候还要看人脸色。弟弟吃面，小女孩儿只能喝汤，平时挨打挨骂更是常有的事儿。

小女孩儿满肚子的委屈不知道找谁去说，更加想念自己的亲娘，就编了首歌曲来表达心中的苦闷。天下穷人是一家，周遭的小伙伴们听到了她唱的这首歌，都跟着学唱，学唱的过程中又加进了自己的感受，就这样，《小白菜》唱开了，一直唱到了现在。

这位小女孩和她的小伙伴们，就是《小白菜》的作者。他们不认字，更不识谱，连名儿都没有留下，但这首苦日子里泡出的歌却唱到无数人的心坎上，成为难得的音乐珍品。另外值得一提的是，这首《小白菜》还跟家喻户晓的《白毛女》结下了不解之缘。这其中又发生了哪些故事呢？

当时，平山县出了个白毛女，文艺工作者把她的故事写成了小说，还搬上了歌剧舞台。那是在 1945 年，创作组都忙活着《白毛女》演出，其中最让人纠结的就是那首《北风吹》，大伙绞尽脑汁搜索着合适的曲调，却始终没碰见可心的旋律。

就在这时候，作曲家张鲁老师想起了河北民歌《小白菜》，一下子找到了灵感。因为，小白菜跟喜儿的遭遇有相似之处，在歌剧的第二幕，喜儿在黄世仁家遭受痛苦的折磨，悲戚而又痛苦，《小白菜》的音调哀怨凄凉，表达喜儿痛苦的心情再合适不过。

后来，创作者们又以《小白菜》为基调，发展出了《进他家来几个月》、《哭爹》、《刀杀我、斧砍我》等多个唱段，被广大人民群众牢牢记在心间。就这样，《小白菜》跟歌剧《白毛女》牵手，结下了不解的缘分。

**二人对唱，顽皮牧童妙语连珠解答多少难题？**

**两人过桥，天上神仙有心试探缔造哪段传奇？**

提到河北的民间小调，人们一定说到“二小”，就是《小白菜》和《小放牛》。前面说了《小白菜》，接下来咱们就说一说《小放牛》。咱们河北人知道，小放牛的唱词说的是赵州桥，那为什么起名叫《小放牛》？

这个《小放牛》有三种版本。

第一种《小放牛》是咱们河北民间流行的歌舞小戏，其中有一段载歌载舞的男女对唱。说的是一个村姑向一个牧童问路，顽皮的牧童故意出难题考对方，这样的对唱方式流传特别广，还常常被融进戏曲音乐中。

第二种《小放牛》是传统京剧剧目，讲的是一个牧童正在放牛，邻村的小姑娘路过，二人一见钟情，一边跳着舞，一边对唱情歌，相互表达爱慕之意。

第三种《小放牛》指的就是咱们河北的同名民歌，它原本是昆曲中的《吹腔》曲牌，是笛子独奏家陆春龄等人演奏的南方曲笛代表性曲目。《小放牛》属于小调体裁的儿童民歌，天真活泼的村姑和牧童之间的一问一答，欢快喜庆，充满了浓郁的田园风格。现在您明白了吧，牧童出来了，肯定是要放牛的。

那么，村姑和牧童两个人对歌，问了哪些问题呢？这头一个问题就是：赵州桥来什么人修？那牧童是怎么回答的呢？我们先来听这个流传久远的传说。

相传，从前在河北省赵县城南五里的地方，有一条大河，名叫洨河，发源于河北西部的井陉山。每年到了夏秋两季，大雨来临，雨水和山泉一并顺流而下，又汇集了另外几条河水，浊浪翻滚着，一路向东流去。因为水势太凶猛，经常闹水灾，冲垮河堤，淹没河边的村庄，赵县的老百姓遭了殃。

后来，鲁班听说了这个消息，特地从远道赶来。这天夜里，月光皎洁，鲁班将一群洁白的小羊赶到了河边，瞬间，羊群化成了各种各样的石头。鲁班挥舞着锤头开始动工，等到天亮时分，一座壮观的“赵州桥”建成了。这个消息很快轰动四方，老百姓们都高高兴兴前来参观。

消息传到了仙界，八仙之一的张果老听说了这个消息，倒骑着毛驴，带着柴荣，兴冲冲地来凑热闹。他们来到桥头，正巧碰上鲁班，张果老笑眯眯地问道：“你只用了一个晚上就修好了这座桥，这桥结实吗？我们两个人一起走，能禁得住吗？”

鲁班一看这俩人，一个人倒骑着驴背着一个褡裢，另一个人推着个独轮车，根本没多少重量，就说：“这座桥，骡马大车都能过，还经不住你们两个人吗？”

鲁班拍着胸脯打了包票，他没想到，张果老跟柴王爷存心跟他开玩笑，张果老的褡裢里面装的是太阳和月亮，柴荣的独轮车上装的是“五岳名山”。俩神仙一上桥，桥身就被压得摇摇晃晃。

鲁班一见大事不妙，急忙跳进水中，用手使劲撑住大桥东侧，这才让两位仙人带着太阳、月亮和五岳名山顺利通过。张果老回头瞅了瞅大桥，对柴王爷说：“鲁班修的这桥真是天下无双。”柴王爷连连点头称是，并对着才回到桥头上来的鲁班，伸出了大拇指。鲁班瞅着他俩的背影，心里说：“这俩人不简单啊！”

从那儿起，桥上也留下了张果老的驴蹄印、柴王爷的车道沟。另外，因为鲁班使劲儿太大，大桥东拱圈下便留下了他的手印。后来，赵州桥东侧一度塌毁，手印已经不见了，不过，其余的“仙迹”都留存下来，成为人们津津乐道的话题，游客们来到赵州桥也都要凑到跟前看个究竟。

这正是：

三妮山歌唱苦悲，民歌成就《北风吹》。

河北一首小放牛，京剧演唱千百回。

# 第二十九回 鼓吹乐声响 四方流古韵

上一回说到了那一首哀婉动人的《小白菜》，唱起了那一曲朗朗上口的《小放牛》。在咱们河北大地上，除了口口相传的老歌，还有代代相传的器乐，那热热闹闹的锣鼓点，喜气洋洋的唢呐腔，记录着多少燕赵往事，包含着多少传奇故事？

从古到今，器乐不单单是生活的佐料，它已经成了老百姓的小日子当中少不了的一部分，在有着“鼓吹乐之乡”的河北永年、大名这一带，老乡们把唢呐、管子当成了拜把子的好哥们，离不开的好朋友。一个人，一辈子，生娃娃、送老人、娶媳妇、聘闺女这几件大事，都要请出这几种器乐见证一下。在这里的乡亲们看来，红白喜事上的饭菜、礼钱都是小事，只有鼓乐队是顶了天的重头戏，这不是有句老话吗？说的就是：“银钱百两，顶不上唢呐一声！”

在这里，赶上谁家有喜事，少了唢呐一声响，新媳妇不出娘家门；遇上哪家有白事，缺了鼓乐一队人，远亲近邻的都不来给你帮这个忙。小小的器乐在老百姓的生活里担上这么重的纲，它到底承担了多少种角色呢？

明清时期，官老爷的衙门里边都有专属的鼓吹乐队，当官的出门要有乐队开道，离任的时候也得有小曲送行，这就是老百姓说的“官喇叭”。相传，当年乾隆爷下江南，路过永年，那一任上的直隶总督方观承就把周遭这几个县里的吹鼓手聚在了一块，吹吹打打，夹道欢迎。乾隆本来就是个好热闹的人，他一看这场面，心里也是乐开了花，不光赏了吹鼓手大把的银子，对方观承也是青眼有加。这故事道出了古时候民间器乐的头一种用处——迎官接道。

再有一种功能跟老百姓的饭碗息息相关。俗话说：民以食为天。粮食是百姓的命根子，庄稼是百姓的心尖子。

赶上老天爷不下雨，禾苗没水喝，最着急的就是田里的庄稼汉。这时候，他们头一个想到的也是自己的鼓乐班。老少爷们排成队，拿上自家的锣鼓、唢呐，一块到龙王庙里求雨去。大伙到了龙王庙，先把龙王爷的神像抬出来，恭恭敬敬地行过大礼，拉开架势就是一出现场音乐秀。乐手们鼓着劲吹拉弹奏，观众们可着劲鼓掌叫好，那场面，别提多热闹了。

在民间，流传着这么一句话——抬头三尺有神明。百姓们敬神仙，拜神像，都指着各路神明保个平安。不少农村当还有各式各样的神庙，摆着红脸绿脸的神仙。到了初一、十五这一类的大日子，老乡们带着瓜果点心，来为神仙点一炷香。这样的日子里，自然也得有鼓乐齐鸣，唢呐声声，哄着神仙高兴了，没准才能显显灵。这就是民间器乐的第三宗用处——敬神"游庙"。实际上这是老百姓娱神同时自娱自乐的智慧啊。

吹拉弹奏，一曲悠扬送给哪路神佛？

鼓乐齐鸣，一夜欢唱却为哪日佳节？

民间的鼓乐队吹吹打打，总要有个名头，不管是要敬神，还是要祭鬼，对咱们老百姓来说，都是一场赏心乐事。在大山深处，或者是边远的农村，几个老乡，几件乐器，操持起来就是一场好听好看的风情音乐会。尤其是在张家口的坝上地区，老远也见不着几个人影，几里地也没有多少人家，最稀罕的就是热闹。当地的乡亲们最喜欢一种名叫二人台的牌子曲，平时最亲近的老少几位聚在一堆，拿上一支长笛子，抄上一把老胡琴，再加一架子叮叮咚咚的扬琴，一个噼啪作响的四块瓦，就组成了送戏上门的小分队。

这其中的笛子、胡琴和扬琴，一说您就能知道是什么，没准那耳朵边上立马就响起来它的声音。不过，提到这"四块瓦"，估计有很多朋友闹不清这到底是什么物件。要说这东西，它做起来简单，看起来平常，材料用的就是四块一拃来长、一寸来宽的竹片，单看起来就像是房顶屋檐的旧瓦片，谁能想到，它竟然是一件挺有历史的民间乐器呢？

这几位乡间的乐手拿上自己最心爱的家伙事，凑在一块走街串巷，他们往张家的炕头一坐，在李家的院里一蹲，远远近近的几户人家听着乐声就聚了过来，姑娘媳妇、老人小孩都能听得笑开了花。从这一番山村即景当中，就能看得出民间器乐在满足老百姓文化娱乐上的需要。

在河北老乡的心里，好曲好调不单要送给天边的神仙，还可以送给身边的好人。十里八村的有了什么好人好事，大伙说什么也不能让这好人白忙活，一定要办上一场热热闹闹的“感动山村”音乐会。比方说有人出钱修桥铺路，有谁出力整修小学，都有乡亲们组起来一班鼓乐队，吹吹打打绕着村子走上一整圈，最后到了事主的门口，点上一挂红红火火的鞭炮，挂上一块金光闪闪的牌匾，再有十里八村的乡亲们围成了一圈鼓掌叫好。这样的场面里鼓乐齐鸣，真正是一件让人开心又开眼的事。

在村里乡间，婚丧嫁娶都是了不得的大事，赶上了这样的事，那也一准少不了鼓乐队的参与。要说这样的习俗可是有年头了，在永年、大名、巨鹿、抚宁等等这些地方的县志上记着：早在明清时期，民间有了红事、白事，都有鼓乐班或者是民间的“音乐会”来开道。现如今，虽然说结婚的大红花轿改成了油光锃亮的小汽车，不过，车队前面走着的依然是那一支鼓乐队，乐手们演奏的也是那一首首最经典的曲目。

在燕赵大地，逢着正月初一、元宵节、二月二、小寒食节、清明节、端午节、中秋节、大寒食节、年三十儿等等这样的大日子，都有吹拉弹奏的器乐表演。尤其是从除夕夜到龙抬头，地里没什么庄稼活儿，正是热热闹闹弹琴奏乐，乡里乡亲乐和乐和的好时节。

按着民间的说法，早睡早起才是正理，不过，到了大年三十，这个规矩就不作数了，一大家子团团圆圆地聚在一起，热热闹闹地说上一宿的贴心话，这才叫作过年呢。这里面又有着什么样的讲究呢?

俗话说——一夜连双岁，五更分二年。有老辈人说：除夕这天晚上精精神神地不睡觉，就是人寿年丰的好兆头。大伙为了整宿地提着精气神，就请到了有名的鼓乐班，或者干脆自己组成一支乐队，从腊月三十到正月初一，从天黑一直演到天亮。

正月里还有一个大节庆，这就是元宵节，打从头一天，家家户户都是张灯结彩，街头路边都是鼓乐喧天，舞龙灯的、滚狮子的、抬花桌的、踩高跷的、跑竹马的、跑旱船的、放焰火的……能把你看个眼花缭乱。这一队一队的精彩演出，都有锣鼓、唢呐跟着助兴。这一演就是三天三夜，虽然正赶上天寒地冻的大冷天，不过这村里的气氛就像是那冬天里的一把火。

再往后数，就到了不那么热闹的清明节，这样的日子里，大伙都要去祭祖扫墓，焚香烧纸，虽说这是个挺庄严、挺肃穆的时节，不过，鼓乐班也要在这里一展身手。他们演的是悲悲凉凉的曲目，奏的是凄凄婉婉的调子，让人听起着就直想掉眼泪。

早年间，到了草长莺飞的四月初八，河北霸州的锣鼓点可就响起来了。男女老少都打扮得利利索索，三五成群地到了街上。没准得问了，这是要干吗呢？相传，这一天是玉皇大帝他老人家的忌日，大伙就是为了纪念他，才整出来这么一场热闹事。要是您碰巧没赶上这个大场合，等到六月廿六火神爷忌日的时候，也能补上这一段遗憾。

到了建国之后，老乡们就把火神爷的纪念大会改到了正月里，每逢正月初三到初六，正月十三到十六，就把老辈儿的玩意儿全都搬了出来。这一是为了让火神爷在正月里乐呵一回，好保佑平安；二也是因为一年的正月里是大伙最清闲的时间。在这样的日子里，不光能看见练武的、唱戏的、玩杂耍的，也有各式各样的乐器一起上阵。耳边听着唢呐声，脚下踩着锣鼓点，来到了这样的民间狂欢节，保管你所有的烦心事都跟着乐曲一块飞到了九霄云外。

唢呐争鸣，庙会上演何种精彩赛事？

锣鼓争锋，舞台出演哪般激烈比拼？

多少年前，各家各户没有电视，没有电脑，逢年过节也看不着晚会表演，在老百姓的生活当中，最热闹的场合就是赶庙会。那庙会上能看见拉洋片的、卖糖人的，还有民间的艺人们各亮绝活，唱歌跳舞、吹拉弹奏、舞狮子、演杂耍……只有想不到，没有看不到，简直就是一场民间艺术大会演。

赶上有名气的大庙会，出场亮相的鼓乐班可就不止那么一个半个了，几十个职业乐队搭起五彩的棚子，奏响各式的曲目，相互之间就有了那么一点儿“打擂台”的架势。虽说不像是比武擂台上的火药味那么冲，不过，从各家乐班鼓着精神奏响的小调之中也能听出来几分争第一的劲头。这在民间也有个说法，就叫作“打对台”——当面锣，对面鼓，比的是谁的锣鼓热烈，拼的是谁的曲调好听。

在冀东一带，“打对台”的事情当中还有挺多的门道，讲究描曲、要曲、活对等等的形式。就说这“描曲”吧，其实跟小孩写大字的“描红”差不多一个意思，就是你演过的曲目，我也能照样来上一遍。“要曲”呢，就是说我演奏了这么一个曲子，你也得来一首难度系数差不离的作品。再说这“活对”，就是要两方选手一块演奏一首曲目，你一段来我一段，谁也不能出上一星半点儿的差错，谁接不上来就得低头认输，要是两边谁也没出岔子，就得比拼鼓掌叫好的人气指数了。

棚子底下的乐手们鼓着劲亮本事，争的不单是一把人气，要知道，“打对台”实际是在打造各家乐班的品牌价值。要是能在庙会里当上一个人气状元，往后这鼓乐班的生意指定就好做了。你想呀，谁家有了红白喜事，哪村有了大事小情，不都想着能请一个有真本事的鼓乐班吗?

乡间村头的锣鼓点敲出来一年接着一年的好年景，悠扬动听的唢呐声吹出了一件又一件的大喜事。千百年来，民间的器乐融入了老百姓的生活，把乡亲们的小日子唱得是有声有色，有滋有味。

这正是：

唢呐声声锣鼓响，乡间田野乐声亮。

河北民乐留千年，燕赵古韵传四方。

# 第三十回 管子留传奇 笛子鸣山川

上一回我们说到了燕赵大地上热热闹闹的鼓乐班，这鼓乐班里唱主角的两位，一位大家都耳熟，是中气十足的唢呐，另外一位呢，有点儿面生，它的名字叫作管子。管子是一种怎样的乐器，古往今来有哪些高手掌门，又留下了哪些传奇故事呢？

说到管子，在冀中平原上鼎鼎有名，它是一种有哨片的双簧吹管乐器，是冀中吹歌的主奏乐器。

管子在民间器乐的家族里资历很老，《太平御览》中记载：管子是从筚篥演变过来的，最早由波斯经新疆传入中原。隋唐时期的九部乐、十部乐中，有好几部用到管子。唐代诗人李欣在诗中写道："两山截竹为筚篥，此乐本自龟兹出。流传汉地曲转奇，凉州胡人为我吹。"

管子在唐代盛行一时，当时长安城里出了一位演奏高手，谁呢？尉迟青。靠着吹奏管子这门手艺，他竟然被唐德宗封为将军，红极一时。

当时幽州城大概就是现在的涿州一带也有一个特别会吹管子的人，叫王麻奴，因为技艺高超，被誉为"河北管子大王"、"管子第一人"。

王麻奴成了当地的名人，开始飘飘然，架子越来越大，一般人都请不动。即便是朝廷官员想请他吹奏一曲，也得看这位先生高不高兴。这不，本地一位姓卢的官员，因为干得不错，得到提拔，要到京城去做大官了。临走的时候，朋友们给他举行了欢送宴会，想请王麻奴吹奏一曲助助兴。可是，这个"管子大王"却端着架子，一再推辞，最后也不知怎的被催急了，置上了气，说："老子今天不舒服，不想去，你能把我怎么样吧？"

那个邀请他的人气坏了，嘴巴也刻薄起来："就您这点儿本事，也就在这犄角旮旯的地方有点儿名气。在京城的尉迟将军，人家那才叫前无古人后无来者呢，你跟人家比，差得远了！”

王麻奴听了更恼火了。他说：“普天之下，就没有能赶得上我的。我现在就去京城，就跟你说的这个人比试比试，看看谁吹得好！”

王麻奴打心眼里咽不下这口气，当天晚上就快马加鞭动身前往京城，打听到了尉迟青将军的住处，就在将军府的旁边租了一个房间，举着管子从早到晚地吹。可尉迟青就跟没听见一样，该干吗干吗，这可把王麻奴给郁闷坏了。我都找上你门来了，你这装听不见算怎么回事啊。

您还别说，这王麻奴还真是有股子韧劲儿，我到你家吹去，你总不能装听不见了吧。想到这儿，王麻奴还真就去敲人家门了。说明来意后，看门的说：“您看我家主人今天不在家，您请回吧。”

王麻奴吃了个闭门羹，还是不死心，第二天又去了，看门的说的跟昨天一样。一连过去好几天，王先生有点儿明白了，敢情您老这是跟我捉迷藏啊！前门不行就走后门吧，他脑瓜一转，花重金买通了尉迟家的仆人把他给带进府里了。

见了尉迟青的面，主人很有绅士风度，说：“王先生请坐吧。既然您一定要找我比试，那请您吹一首曲子吧。”王麻奴也不谦让，就用高般涉调吹奏了一曲西域名曲，吹完之后累得是汗流浃背。您可以想见，这首曲子有多大难度，他这是想给尉迟青一个下马威，让他知道自己的厉害。

可没想到，尉迟青轻轻拿起管子，说：“不能用这么容易的调吹，换个难点的调吧。”于是转了个调，把这首曲子又吹了一遍，轻松地完成了。凡事都怕一比，显而易见，尉迟青吹得更好听。王麻奴心悦诚服，在尉迟青的面前跪下来，哭着说道：“我们小地方的人，没见过大世面。听了您的演奏才知道我是井底之蛙啊，您收我做徒弟吧。”从那以后，王麻奴拜尉迟青为师，继续学习管子。

到了宋代以后，教坊的十三部中依然有筚篥部存在，它还是领奏的乐器，所以又被称为“头管”，民间百姓习惯把这件乐器称为管子。

天资聪颖，农家子弟为何出家寺院？

才华横溢，民间艺人怎样任教大学？

俗话说“千日管子百日笙”，吹管子不是容易的事情，得下苦功夫。谁要是能将管子吹得出神入化，那情商智商都得高。当时，咱们河北就有一位吹奏管子的高人。

建国初期，民乐圈流行着这么一句话，叫“南有阿炳，北有元亨”。阿炳咱们都知道，他那首《二泉映月》如泣如诉，家喻户晓。那元亨是谁？他就是有着“管子盖京南”之称的杨元亨。

杨元亨是土生土长的河北安平人，1894 年出生。和阿炳一样，也是个苦孩子，小时候家里穷得揭不开锅，没法养活他，所以他 9 岁那年就出家当了道士，开始学习道教音乐、民间音乐。这孩子天资聪慧，不管是管子还是笛子、二胡，都学得有模有样。11 岁的时候，杨元亨就跟师傅一起参加道场活动了。16 岁的时候，他的管子演奏已经在冀中一带小有名气。

好景不长，20 世纪 30 年代，日本侵略军攻占安平，杨元亨所在的道观被毁掉，他没了落脚的地方，只能还俗回家，在民间吹歌班带徒弟传艺。

1951 年，杨元亨遇到了他人生中的重要转折。当时，中央音乐学院音乐研究所开始了民间音乐的采集，听说了杨元亨的大名，又听他吹奏一曲，拍手叫绝，还特地把他请到中央音乐学院去教书。

就这样，年近花甲的杨元亨从田间地头来到了大学校园，干起了教书育人的工作，这一干就是八年。杨元亨的肚子里面有的是乐曲，简直可以称得上是一个音乐库。这么多的曲子打哪儿来呢？

话说当年杨元亨曾经在民间进行各种演出，期间也曾经遭遇到不少高手，常有“打对棚”的情况发生。什么叫“打对棚”呢？也就是两个吹歌班在一起吹，相互较劲，相互比拼，看谁的牌子多，谁的牌子先吹完就只能甘拜下风。所以每个班子必有一个能吹许多曲牌的高手。在那种充满了乡土气息的竞争环境下，杨元亨积攒了不少的曲子。而他身上的那种顽强的艺术表现力、那种原生态的韵味，给音乐学院注入了一股新鲜的血液。

来大学授课之前，杨元亨根本就不懂什么简谱、五线谱，只懂得民间的工尺谱。来到学校后，他不顾自己年纪大、身体不好，还坚持学习简谱，将自己掌握的一些曲目转记成简谱，方便学生学习。

这期间，他也教了不少的学生，著名的管子音乐家胡志厚就是杨元亨老先生最得意的入室弟子和传人。另外，著名笛子演奏家刘管乐也曾经在 1951 年至 1953 年间跟随杨元亨学习管子演奏。

杨元亨的管子演奏具有浓郁的冀中地方风味，偏重于口传心授。他教学的时候，不走寻常路。在学习一首乐曲之前，要先学“唱”谱，学生跟着他一句一句感受那富有河北地方风味的吟唱，然后用管子演奏出来，将原生态的民间演奏艺术传播开来。

要说河北的民间音乐大师，可不止这么一位，还有一位吹奏笛子的名人，他是谁呢？吹破天！

1940 年春节前一天，塞北的一个山窝里空前地热闹，半山坡一个空地上临时修建了一个舞台。十里八乡的男女老少听说这消息，纷纷赶着毛驴、坐着马车奔向这里，为的就是听一听“吹破天”的笛音。

“吹破天”是谁呢？就是中国著名笛子演奏家冯子存。这个绰号是怎么来的？咱们从头说起。

话说 1904 年，张家口原阳县东井集镇西堰头村冯家又添了一个胖小子，他就是冯子存。原阳县的老百姓都喜好音乐，冯子存也喜欢音乐，尤其喜欢吹笛子，从小就跟着二哥学，十几岁的时候小有名气。那时候家里穷，他就跟着哥哥到张北、万县、康保等地卖艺讨生活，住过小店，住过破庙，喝过雪水，吃过冻馍馍。山沟沟里、土坡上、磨坊里……都留下他的足迹。

当时，尚义一带流行“东路二人台”，通常以笛子为伴奏。冯子存不识字，更不识谱，但是他非常聪明，白天听别人吹奏一遍，就能记下来，晚上就躺在炕上把白天记的曲子自己哼唱。有时候看到一些民间演出，听完一遍马上就拿起笛子吹奏，如果吹不成，就不吃饭不睡觉。

张北坝上地区长年风沙迷漫，冯子存经常一个人在荒无人烟的黄沙地里，迎着大风、骑着骆驼吹笛子，练就了顶风吹笛气不散的绝技。正是因为他吹笛子的水平无人能及，大家送了他一个外号——“吹破天”。

1940 年，冯子存给家乡的父老乡亲们吹笛子。大家的掌声不断，小山窝里的气温好像升高了许多。忽然，有人喊道：“来个《小寡妇上坟》。”

冯子存的笛子独奏

乡亲们不知道，冯子存最不愿意吹的就是这首《小寡妇上坟》。为啥呢？这首曲子太凄凉了，曲子里面的主人公命运太惨了，每次吹完之后，他的心情都不好。不过，乡亲们爱听，他只好顺着大家伙的心意。如泣如诉的旋律想起来，底下的一点儿动静都没有，不一会儿，台下不少人哭出了声儿。

冯子存的前半生，身背一支竹笛颠沛流离四处卖艺；他的后半生，却发生了天翻地覆的变化，成为中央歌舞团的笛子演奏家。他所到之处，到处都是鲜花和掌声，从田间地头到高雅殿堂，冯子存到底经历了什么呢？

1950年，年近半百的冯子存被招收到察北文艺宣传队，担任乐队演奏员。1953年，全国第一届民间音乐舞蹈观摩会演举办，冯子存代表河北省参加演出。他演奏的《放风筝》、《喜相逢》两首笛子独奏曲，轰动了北京，倾倒了所有在场听众。一时间，大街、小巷、工厂、学校到处都能听到这两首乐曲，很快流行到全国各地。打从这起，冯子存就被留到中央歌舞团任独奏演员。从此，一个到处流浪的民间艺人，成了人民的笛子演奏家。

笛子演奏在中国已经有几千年的历史，可是在乐曲的演奏过程中一直是伴奏，充当的是绿叶的角色，而冯子存第一次把笛子独奏搬上了舞台，让笛子成为音乐舞台上的红花。在他的影响下，笛子独奏在全国蓬勃发展，曲目也大量丰富起来。

中央歌舞团卧虎藏龙，都是年轻人，冯子存来到这里以后，大家都称呼他“冯老”。不过，跟那些年轻人在一起，他也觉得自己年轻了许多。跟着大家上山下乡去演出，不怕苦不怕累。

1958 年，冯子存跟随演出队去山西昔阳、顺县演出，每天跋山涉水七八十里地。当时，贫困山区每天派饭到老乡家，演员们只能吃两个糠窝窝，一顿一碗酸豆叶汤。一些年轻的同志没吃过这种苦，情绪有些低落。冯子存就在路上给大家讲以前那些老艺人的艰苦生活，还唱起“爬山调”，给大家鼓劲儿。当时冯子存岁数大了，演出队为了照顾他，让他坐道具车，他不坐。后来，又为他备了一头驴，他也总是让给身体弱的同志骑，自己坚持和大家步行，为此大家把“冯老”叫得更亲了。

冯老 70 多岁的时候，在北京参加街道工作，还是笛子不离手。有人发现了一个秘密，不管在哪儿见到冯老，只要他的左胳膊不能弯曲，就一定带着笛子。笛子藏在哪儿呢？就藏在袖子里。只要有人喊“冯老，来一个”，他就马上从袖子里面抽出笛子，给大家吹上一曲。

那些年，冯老也拥有很多的铁杆粉丝，尤其是在 20 世纪五六十年代，冯老每天收到的信不下几十封，有时上百封。上门求教者更是应接不暇，有不少人从此走上了专业道路，可谓“桃李满天下”。

这正是：

古老管子写传奇，元亨大师传技艺。
冯老笛子吹破天，教书育人遍桃李。

# 第三十一回 固安音乐会 余韵永流传

上一回说到奇人奇事留燕赵，管子一曲韵味长。在河北的地面上还有多少传奇的人物，在历史的长河中到底有多少动人的音符？今天咱们要前往廊坊的屈家营，看一看那里的民风民俗，听一听这里的“音乐会”。

多少年来，很少有人注意到在冀中平原上有一个名叫屈家营的小村子，也几乎没有人听过这里的音乐。究竟是什么样的机缘巧合，让这里的音乐会重现光辉；又是哪个热心人，把这里的音乐推荐到世人耳边？

话说是在 1985 年的冬天，京城里来了一位河北老乡，他一路打听着找到了中国艺术研究院，登门到了这里的音乐研究所。工作人员见着有远客来了，赶紧沏上一杯热茶，请人挨着暖气坐下来。这一大群的专家谁也没想到，他们即将听到的是一段音乐界的传奇。这究竟是怎样一段故事呢？

这位河北老乡名叫林中树，来自廊坊固安的屈家营。他听村里的老人说：打从几百年前，这里就兴起了民间的音乐会，那热闹的场面让老人一提起来就乐得像个孩子。林中树一直想着组织大伙恢复老辈儿里的盛况，可是乡亲们的心里总存着那么一个小疙瘩——如今是新中国了，早年间的老玩意还能不能拿出来呢？

林中树先是整理了一份老乐谱，用块包袱皮仔仔细细地包好了，夹在胳膊肘里就去了县城的文化馆，那里的老师们看着那天书一样的工尺谱，一个一个是大眼瞪小眼，谁也给不出一个说法。林中树一看这样，干脆直奔北京，去找全国最好的专家。他这一趟进京城，从北京市的文化局到了群艺馆，走了好几个地方也没遇到懂眼的人。

挺大的京城里，老林东跑西颠没有碰见一个知音。可是，这个河北爷们一点也没泄气，他常常是一口凉水就馒头，一走就是一整天，白天就在好几个单位之间奔走，晚上就在大桥底下将就一宿。自己冻着饿着，老林从来不当事，对他来说，最珍贵的就是贴身装着的那份老乐谱。

得说是功夫不负有心人，林中树终于按着别人的指点找到了对口的专家，这就是前面说过的那一幕。专家们听着老林的讲述，越听越觉得兴奋，越听越觉得惊喜，在他们看来，屈家营的音乐会是中国音乐的活化石，是咱们中华民族的“国之瑰宝”！

一位专家把老林的故事写在一封信里，专门交给了当时顶级的音乐人、中国音乐研究所的副所长乔建中。乔所长一见到这封信，就像是见到了尘封多年的藏宝图,他立刻组织起一队人马,到屈家营里寻宝去。就在 1986 年 3 月 28 日，屈家营人迎来了北京的专家组，这个小村子成了国家级的科研基地，老辈儿人引以为豪的音乐会也拿到了专门的证书。这一天，成了屈家营的大日子，老乡们就把每年的 3 月 28 日定做了当地最为盛大的音乐节。

走村串户，音乐专家拾取几多艺术珍宝？

起早贪黑，爱乐村民奉献几许脉脉真情？

大批顶级专家进驻了廊坊固安的屈家营，他们抄下来一页一页的老乐谱，记下了一个又一个的老故事。

固安音乐会

相传，在康熙皇帝那一朝，屈家营的音乐会接到了一份帖子，要请乐班的艺人到紫禁城，为皇帝的大寿庆典出个节目。那一回，屈家营的老乡们可是挣了大面子，大伙一起调子，一亮绝活，康熙爷的耳朵就支棱起来，等到一曲终了，他老人家高兴地直拍手，还专门赏了笙笛、玉管、黄罗帐和龙凤旗。康熙觉得这屈家营的音乐会实在是好，一大套的封赏还不够，又找来写字最好的皇七子允佑为音乐会题了几个大字——“纳蕴化”。虽说当年皇帝钦赐的宝贝已经失传，不过这段经典的老故事依然是为人津津乐道。

几百年后，屈家营的音乐会名气远不如当年，不过，在当地老乡的心目中，自家的音乐会永远是最珍贵的宝贝。村上有个人名叫屈景成，他虽然不是乐班的成员，却把音乐会的事当成了顶大的事。要知道，音乐会上的笙是个娇贵的乐器，那上面的簧片磨损得最快，一年就得请人修理一回，一回就得花上不少的钱。这不光是个烧钱的事，而且还挺费功夫，就为了整修这样东西，来回就得走上 100 多里地。屈景成为了村上的音乐会，就把出钱出力的事情全包了。

说起这样的人，可不止屈景成这一位；说到这样的事，也不止上面提到的这一桩。村里还有一个名叫胡志旺的农民，赶上动荡的时候，为了保存乐器和乐谱，他半夜三更地挖了个深坑，把这些宝贝全都藏了进去，再往上面压上沉甸甸的石磨盘，保着这些珍贵的老玩意平平安安地到了现在。

再有一个音乐会上的老人，名叫冯月坡，他当年学曲子的时候最是用心，走道的时候一路拍着大腿打拍子，晚上睡在被窝里也拍着肚皮背谱子。有了这样的一番努力，好些人背不下来的谱子他都能倒背如流，好多人记不住的东西他全都能记在心里。

有了这一辈又一辈老乐人的默默奉献，屈家营的音乐会才得以保存到了今天。这其中有多少的坎坷，多少的不易，他们很少跟人提及，只要那曲子一响，锣鼓一敲，所有的辛酸往事就都成了最幸福的回忆。

屈家营的音乐会上有一位技术大拿，说起这位的名号，村里的老老少少没有一个不服气的，他就是村上的冯月池冯老爷子。要提起他跟音乐会的渊源，那就得说到 20 世纪 40 年代。那时候，他还是一个 20 来岁的后生，小伙子拿着一根管子进了音乐会，后来又学了吹笙的技法。冯月池年轻那会儿，就显出来特殊的天分，论起音乐上的事，会上谁也比不过他，可是人家从不拿着本事摆架子，一直都是一副谦虚谨慎的好脾气。正因为这样，他年纪轻轻就得了大伙的敬重。

冯月池有了这么大的能耐，也从来没有忘了学习。老话说了：活到老，学到老。冯月池就是用自己这多半辈子实践了这一句话。现如今，他已经成了屈家营音乐会最核心的人物，老人家不光顾着自己研究，也带出来一大帮乐队好手。名师出高徒，靠的不仅仅是那一手技艺，还有老辈儿立下的规矩。冯老爷子这么说："当初，我们跟师傅学艺，学出来的东西不能有一点改变，我的徒弟们也必须得要按着这个法子来学习。"正是靠着这样的规矩，屈家营的音乐会一代一代地传承下来。

冯月池见证了音乐会几十年的历史，也把这传统的艺术推向了更大的舞台，这舞台就在亮亮堂堂的中央音乐学院。那是冯老头一次进京演出，也是第一次面对这么多的观众，提起当年那码事，他的眼睛立马就亮了，老人家说："眼看着那么亮的灯光，那么好的舞台，那还真是挺紧张，曲子还没起，心里已经咚咚咚地敲起了小鼓。不过，等到一打家伙一开锣，就什么都忘了……"

冯老已经记不清楚台下的观众都有什么样的反应，当时的观众们却对这一场演出记忆犹新。等到晚会结束，演员和观众们都在西餐厅里吃自助，冯老虽然是头一次吃西餐，可是他的注意力全然不在一个吃上，老人家立着耳朵听人说话，就听见大伙都在议论，说刚才那屈家营的节目真是精彩。冯老听了这话，才算是放下心来。

屈家营的音乐会在各地亮了不少回相，得了好些个碰头彩，多少也赚了一点银子，不过这收入要用来抵上会里的花销，吹拉弹唱的老哥儿几个其实没分到多少。有人就着这事去问冯老："几个老人家为了音乐会做了这么多事，自己却没有捞着什么实惠，你们的心里能平衡吗？"冯老笑了笑，说这会是"善会"，演出就是行善，本来也没想着去挣钱。

村上的老人爱自己的老家，也爱老家的音乐会，他们跟那古老的旋律之间还有什么样的故事？

**传承旧业，林中树如何发展本土绝学？**

**再创辉煌，音乐会如何赢得顶级奖项？**

一拨接一拨的音乐专家在屈家营里来来往往，铁打的营盘安在谁家呢？就是咱们前头说过的那位热心推动本地传统艺术发展的林中树家。遇上有仪式庆典一类的大场合，老林就起早贪黑地忙前忙后，台前要主持会议，向嘉宾致辞，台下要给客人们准备一日三餐，自己却从来不上桌吃饭。

林中树家里那一间老屋，住过好几位音乐研究所的专家，每位专家提起屈家营里的老林来，都挑着拇指直夸奖——那可是个好人呐！老林之所以能占下这么好的口碑，到底是因为什么呢？

专家们说了，到了屈家营，从来就没有出差在外的感觉，就觉得是到了自己的老家。这老林呢，就是自己的亲大哥。甭管你有什么事，他都放下自家的活计，跑来给你搭把手；甭管你碰见什么问题，他都不厌其烦地跟你讲解；不管你是需要什么样的资料，老林都想方设法地帮你想辙，说什么也得帮你联系好。

为了屈家营的音乐会，老林还牵头做了这样一件大事——修路。早年间，这一带的交通不太好，进进出出的就是那么一条坑坑洼洼的小土路，万一再遇着下雨下雪，根本就走不了人。老林想着，这么难走的道，乡亲们走起来都费劲，城里的专家到咱屈家营来，那不是更折腾了吗？他打定了主意，一定得把这道修得平平展展、顺顺溜溜。这么大的事情老林一个人实在撑不起来，他琢磨着要找个能人来帮忙，这该找谁才好呢？十多年前，就有这么一位能人到了屈家营，他正是当时中国音乐协会的主席赵沨。赵主席听着老林说出了他的心思，提笔就给政府写了一封修路的提案。

1997 年，屈家营村东边修成了一条四华里长的柏油路，一直通到了刚刚落成的音乐会堂。这条路把屈家营跟外面的世界连在了一起，它为屈家营人打开了一个新的世界，也为屈家营的音乐会开启了一条新的大道。

有了老一辈音乐人的无私奉献，屈家营的音乐会占下了好几个第一——这是新中国成立之后，第一个由农民自发求鉴定的乡村乐社；第一个受到国内外各界瞩目的乐社。在千里之外的英国举行的中国音乐研讨会上，屈家营音乐会被列为重点研究项目。舆论界把它称为全国保存最完好的古老音响，河北古村里传承下来的音乐会跟西安唐乐、湖北编钟乐舞并称为我国最完整的三大古乐。

2012年，北京城里发生了一件大事，第一届“太极传统音乐奖”颁奖盛典隆重举行，站在舞台上的获奖人一共有三位，一位是印度著名西塔尔琴大师拉维·香卡，一位是青春版昆曲《牡丹亭》的制作人白先勇，再有一位就是廊坊固安屈家营村的林中树。

老林代表屈家营的音乐会领到了这个音乐界的大奖，也领到了5万美金的奖金。老林在现场表示，要把这笔钱全都捐出来，成立保护屈家营古乐基金会。就在这一天，老林还悄悄地透露了一个计划，他打算成立冀中音乐会联系会，下一步，他要跟乡亲们一起把自家的宝贝推向更高的台阶，将音乐会申报成为世界级非物质文化遗产。

这正是：

固安乡村音乐会，正宗古乐传百辈。

华夏古韵惊英伦，文化遗产声誉斐。

第三十二回

# 古乐南高洛　名声传世间

上一回说到，廊坊固安屈家营一个勤劳朴实的庄稼人林中树，把一场原汁原味的家乡音乐会从古代搬到了现在，成就了音乐史上的一段传奇。无独有偶，在离屈家营70多公里的保定涞水县南高洛村,也有一种古老的音乐会，不仅让当地人世代为之痴狂，还引来国内外音乐界的各路大腕儿。南高洛音乐会到底有多么好听，怎样好看？

1989年，保定涞水的南高洛村，来了一个风尘仆仆的黄头发蓝眼睛的老外！打这起，他每年都来这住上一段时间，一连来了十年。十年后，这个老外要回国了，村里不少大老爷们竟然抱头痛哭！这可是一件稀罕事。老外来这个偏僻的小山村干啥？咱们从头说起。

这个黄头发的老外是个英国人，他还有一个身份，那就是英国伦敦大学亚非学院音乐系的研究员。由于精通汉语，他把自己的原名StephenJones直接翻译成钟思第。他本着不怕苦不怕累的精神，走遍了我国的大江南北，考察各地的传统音乐，后来辗转来到了南高洛。当他听完村里音乐会曲目的演奏后，激动不已地说：“不枉我多年来东跑西颠，今个儿终于听到了中国真正的、原汁原味的音乐啦！”

之后的十年里，钟思第每年都要来到南高洛村，跟老乡们同吃同住，记录和整理他们的古乐谱，从没有间断。甚至有两个春节，他都是在老乡家的土炕上度过的。

天下没有不散的筵席。1998年，钟思第结束了对南高洛音乐会的考察，要回国了。乡亲们恋恋不舍，有些大老爷们甚至掉下了眼泪。临上飞机前，钟思第对来送行的演奏队员们幽默地说道：“多年以后，如果你们的古乐谱失传了，不要紧，再想学，可以到英国来找我，我会教你们的。”

钟思第回到了英国，便出版了他在中国忙活了十几年的科研成果《中国民间乐社》。这本书在英国一出版，立刻赢得了国际上的声望，南高洛音乐会也因此在海外蹿红。与此同时，国内的、海外的，搞音乐的、玩民俗的，一大批专家、学者、媒体，大家都来到了南高洛村。沉寂多年的小村庄，一下子火了！

南高洛音乐会世代相传，当地人年年见、日日听，也没觉得有多么稀奇，谁也没想到它能闹出这么大动静。它到底有什么魔力让大家如此着迷呢？咱们追根溯源，先从南高洛村的历史说起。

南高洛村，在涞水县城东南，是位于涞水、定兴、高碑店三县交界的一个较偏僻的村庄。这个村的名字是怎么来的呢？

村里流行着一个传说，当年高渐离击筑刺秦王不成，被诛灭九族。高渐离的侄子高乐也是一位音乐高手，逃到这里避祸，靠教授音乐养家糊口。秦朝灭亡后，人们为了纪念高乐，把村名改为“高乐”，沿用至今。后来因为人口繁多，分为南、北高乐两个村庄，逐渐将“乐”改换成“洛”字。

别看村内600多户人家，可是由于这里交通不太便利，也没有搞起什么像样的产业，乡亲们只能靠种地为生。虽然经济上不太富裕，但是这里民风淳朴，邻里之间相处得非常融洽。

这里自古就有闹花会庆丰收的习俗，至今还保留着音乐会、南乐会、少林会、狮子会、秧歌队、西洋乐队和一个梆子剧团，几乎家家都有人参与到其中一个会社中去。南高洛音乐会指的就是音乐会社。音乐会社的会旗是蓝色的，上面写着“涞水县南高洛村蓝旗大圣会”，俗称“音乐会”。他们演奏的音乐是祖祖辈辈传下来的，被称作“古乐”。

*追根溯源，古老乐谱牵扯哪般传奇？*

*渐行渐远，乡土乐手留下几多传人？*

说起音乐会里的“古乐”，它年代太过久远，没有史料可查。不过，关于它的传奇故事，却被当地老百姓代代相传。

话说上古时期，黄帝利用夔牛鼓打败了蚩尤部落。打了胜仗以后，所有的战利品都收归国库。黄帝就带着自己的臣民来到了蚩尤的地盘，在太行山安营扎寨。

大局已定，天下也太平了。黄帝找到自己的大护法伶伦，说："你看，咱们现在基本上能解决温饱啦，可是除了耕田种地，老百姓也得有点文化生活，唱唱歌什么的，你来琢磨琢磨。"

伶伦说："想唱歌咱得有调啊。"

黄帝说："那你就找找调。"

黄帝下了命令，伶伦就开始忙活了。他从山上砍来竹子做成竹管。一开始，吹出来的音调没有阴阳之分，根本不成音律。人们纷纷嘲笑他说："你吹的那竹管，太难听了，能把野兽都吓跑了。"伶伦沮丧不已。

有一次黄帝刚跨上马背，忽然传来伶伦吹竹管发出的怪声。那匹马吓得四蹄腾空，仰头嘶叫，把黄帝从马背上摔下来。伶伦吓坏了，赶快跑过去把黄帝扶起来，没想到，黄帝却拍拍他的肩膀说："你制的这个小竹管可不简单，竟然能把我的马吓惊，将来一定能吹出好听的音律来。"

受到黄帝的鼓励，伶伦重新点燃了斗志。有一天，他来到凤岭，躺在一块石头上冥思苦想，不知不觉睡着了。睡得正香时，忽然被树上一阵美妙的鸟声唤醒。伶伦睁大双眼，竖着耳朵听，还情不自禁地拿起竹管，模仿鸟的叫声吹了起来。正在吹得起劲时，两只鸟突然停止了鸣叫，展翅飞走了。伶伦回去后把这事报告黄帝，又把他学来的鸟叫声，断断续续地给黄帝吹了一遍。黄帝听后高兴地说："这种鸟叫凤凰，是鸟中之王。这正是吉祥之兆。"伶伦模仿凤凰的叫声，发明了十二律。凤唱的六个音是阳律，凰唱的六个音是阴律。

唱歌的调调找到了，黄帝又对伶伦说："你再制作一批乐器吧！"

功夫不负有心人，后来伶伦又铸造了十二座钟，用来伴奏。涞水县北侧釜山有座相连的山，叫伶山。山上有个伶伦洞，相传那就是伶伦铸钟试乐的地方。而且，在伶山西南不远处有个洛平村，以前叫"乐坪"，相传就是伶伦调试乐器的地方。所以说，伶伦是中华音乐的始祖，那是有道理的。

为了纪念先祖，后人在易县洪崖山修起了黄帝庙，每年都要举行盛大的祭祀活动。参加祭祀的各种民间花会中，音乐会的地位最高，为各会之首。为什么呢？因为他们都是伶伦“后山祭祖音乐”的“传人”。

届时，音乐会全体会员着装整齐，四人身穿黄马褂抬轿，轿上有后土娘娘木偶神像，前后仪仗执事齐全，音乐队随后护送，举架上山。沿途每过村庄，村中善男信女叩首迎拜。后山脚下专为南高洛村留下一亩三分地的活动场地，由此可见南高洛村音乐会在当地的重要地位。音乐会最常规的活动是在村里乡亲过世需要发丧时，它要去超度亡灵平安上路，还要演奏《上古坟》一类的悲凉乐曲。

音乐会有个流传了很多年的老规矩，那就是只参与丧事，不参与婚事。这是为什么呢？

因为它跟寺院有关。南高洛最早曾有十多座寺庙，较大的有福岩寺、文普寺等，香火旺盛，佛事祭祀活动很忙碌。据村里人的口传和一些记载的推断，南高洛村音乐会的直接源头，可能是来自当地的佛教寺院福岩寺（俗称高洛大寺，现已不存）。福岩寺始建于明朝洪武元年（1368 年），因为宗教仪式的需要，这里就有了演奏佛乐的乐僧。可是，这座寺庙的佛事活动太多，那些乐僧忙不过来，怎么办呢？于是，村子里的俗家弟子就带发来到寺院学艺。这些俗家弟子就是最早的音乐会成员，他们代替寺院进行民间的超度亡灵等部分仪式活动。

音乐会的全部活动都是义务性质的，不收取任何酬劳，因此受到乡亲们的尊重，音乐会的地位也很高。可是没有经济支撑，音乐会怎么维持下去呢？靠的是乡亲们的自愿捐献。大家根据自家经济情况，有钱的多捐点儿，没钱的少捐点，音乐会要把乡亲们捐献钱财的情况在碑文上公布出来。

就这样，音乐会靠着乡亲们的捐献保存下来，又一代一代地往下传。在几百年的沧桑岁月中，音乐会是怎样保持着原汁原味，又是怎样代代相传的呢？

每年入冬后的农闲时节，音乐会就要开始排练活动，同时收徒传艺。想进入音乐会可不是件容易的事儿，得一关一关地闯。

这第一关就是念唱工尺谱。通过了这一关的筛选，音乐会就请新人吃顿酒饭，他们就算会里的正式成员了。老乐手对新乐手的音乐传承讲究原汁原味，一点儿都不能改变。经过三五年的学习之后，要闯第二关了。师傅们会根据徒弟的天赋和成绩，优胜劣汰。这是大浪淘金的过程，剩下的人才有资格正式参加演出。

南高洛村音乐会经常在村中三间破旧的官房子中演奏，场地很简陋，可是演奏者们从来都不嫌弃，他们围圈坐下，相互点头示意就可以演奏了。一阵节奏紧快的锣鼓过后，一声清脆优雅的管声出现，随之笙、笛、云锣群起，那古老的旋律，时而低沉铿锵，时而欢快奔腾，让人感觉激情澎湃，久久不能自已。

音乐虽美，但不流行。音乐会的负责人蔡玉润说：“这种音乐曲牌，属于古代佛教祭祀时的专用曲谱，一年中只在几个特定的佛事活动场合中演奏。我们的演奏活动纯属公益性，很少在社会上流行。”有人不解地问：“你们坚持演奏，既不为名，又不为利，那你们图个什么？”蔡玉润痛快地说：“尊祖训，为的是将这古老的曲谱继承下来，再传承下去。”

一句直爽的回答，道出了肺腑之言。南高洛村音乐会的乐手们世世代代用一颗虔诚的心，矢志不渝地通过口传心记将50多首古老的乐谱延传至今。这是一个了不起的奇迹，应该由衷地感谢他们。

**遵循古训，百年乐谱如何传给后世子孙？**

**抢救古乐，普通农民怎样走上大学讲堂？**

南高洛村的古乐之所以出名，是因为它朴实无华，没有半点修饰，将古谱原封地传承下来；之所以引起国际学者的关注，是因为它纯属华夏特有的传统文化，没有半点洋东西掺和近来。

在日常生活中，我们丢掉一件东西，很可能不以为然。但是，一项发明或者一曲动听的音乐从世界上消失，再想复得就不那么容易了。古老的中国有很多的优秀发明，可是在漫长的历史长河中都已经失传，给我们留下了永久的遗憾。诸葛亮发明了木牛流马，但至今没有人破译成功；湖北随州出土了完整的编钟，但跟它相应的古乐大多失传；古都西安现在奏起的唐乐，只能说是仿唐乐。因此说，南高洛村古乐的发现，为中国的音乐史填补了光辉的一页。

中国艺术研究院音乐研究所所长、民族音乐学家张振涛说：“中国的音乐史是哑巴音乐，是没有音乐的音乐史，南高洛村填补了这项空白。”还有不少专家认为：南高洛村的古乐是中国古代音乐的“活化石”，要抓紧整理和抢救。

该如何抢救这种古乐呢?

有人说：音乐会的曲谱是用古代的工尺谱记录下来的，只要加以整理，换成简谱或五线谱不就可以了吗?

但专家们可不这样看，他们说：古谱是唱出来的，不是写出来的，如果用现在记谱法记录下来加以演奏，听起来有这个声，可是就没这个味。

为了保存这些古谱，不少音乐专家认为：工尺记谱法必须保留，它是传承中国古老文明的重要工具。于是，中国艺术研究院音乐研究所和香港大学音乐系决定每年都要带研究生来南高洛村学习“工尺谱”，还明文规定，完不成这一学科不能算毕业。就这样，一群土生土长的农民竟然当上了教授，给研究生们上起了课，这是他们做梦都没有想到的。

这正是：

神奇古乐南高洛，音乐始祖留传说。

千古寺院传古韵，工尺曲谱传奇多。

第三十三回

# 张角太平道　道乐逾千年

上一回我们来到了保定涞水县，在南高洛村听了一场上古时期传下来的古典音乐会。今天，咱们继续行走河北大地，跟随1800年前一场轰轰烈烈的农民起义，去感受道教音乐的魅力。这带兵打仗和音乐欣赏，一动一静，究竟有什么相干，又有哪些剪不断的故事呢？

说起道教，大家会想到哪些大名鼎鼎的人物呢？

很多人首先想到的是武当的张三丰。他的名气大啊，在《倚天屠龙记》、《太极张三丰》等武侠小说和同名影视剧里，经常见到这位白发飘飘、仙风道骨的老爷子。可武侠迷们都知道，他老人家籍贯湖北，跟咱河北没啥关系。

咱们把月份牌往前倒，倒回唐朝。有人说了，李唐王朝推崇道教，唐太宗李世民还往自己的脸上贴金，自称是道教祖师爷老子的后代。虽说他们老李家的祖陵在河北，可是他们的主要活动范围却不在这儿。

咱们继续往前倒，倒回1800多年前的东汉末年。那个时候，燕赵大地上曾经发生过一件轰轰烈烈的大事，那就是黄巾军起义。他们跟道教有什么关系呢？咱们慢慢说来。

东汉末年，在巨鹿郡，也就是河北省南部邢台市的平乡县一带，出了一个了不起的人物，他就是张角。世道乱啊，人总得谋生吧，张角会一些医术，又从道士于吉那里得到一本《太平清领书》，也就是《太平经》。他一手捧着经书，一手拿着九节杖，将自己包装成一位道教的大贤良师，利用民间传统医术，再用一些符水啦、咒语啦什么的，给人看病。

那个时候行医也不用什么执业资格、营业执照，张角就这样当上土郎中。也可能当时没太多疑难杂症，张大夫利用咒语和符水，神乎其神地就把病给老百姓看好了。可是，他又怎么从土郎中转了行，带着几十万农民起义军造反了？

要知道，当大夫、给人看病只不过是张角的副业，他打着给人看病的幌子，主营的是宣传《太平经》的业务。张角一边给人看病，一边宣传《太平经》里面反对剥削、主张平等的学说。他这些话全都说到老百姓的心坎里去了，大家佩服得五体投地，纷纷跟随他。就这样，张角创立了太平道。

在老家站稳了脚跟，张角又派出八个得意弟子，到外地去宣传教义，发展徒众。仅仅十年的时间，太平道的势力就遍布大江南北。除了甘肃、内蒙古、四川、广西这些偏远地区，其余的地方全部都有他的信徒，多达几十万人。放在今天，那可是粉丝众多的超级大咖。很多粉丝为了投奔张角，不惜变卖家产，千里迢迢来到河北，把来河北的路挤得是水泄不通，据说半途被踩死的就有一万多人。

这些粉丝大多都是穷苦的农民、城镇手工业者，不仅如此，很多有钱人、当官的、甚至宫里的宦官也很崇拜他，所以一开始汉朝的皇帝也没理他这茬。粉丝越来越多，就得成立粉丝协会呀，张角将教徒划分为36方，也就是三十六个粉丝协会，广宗就是太平道的大本营。

东汉末年，皇帝荒淫无道、宦官专权，老百姓的日子苦不堪言。张角一看机会来了，自称为“天公将军”，发动手下的信徒举行了大规模的农民起义，还喊出了一个响亮的口号——“苍天已死，黄天当立，岁在甲子，天下大吉”。起义军全部头裹黄巾，所以史称“黄巾起义”。

**改头换面，江湖郎中如何变身道教首领？**

**随机应变，天公将军怎样创造太平道乐？**

张角不是信奉《太平经》嘛，在太平道的初创阶段，他经常设坛打醮，做法事，还让信徒们诵读经文。经文里面说的是什么？那就是揭露社会黑暗，主张人人平等，更深一层就是推翻汉王朝的统治。

一开始的时候，宣传这些思想是光靠着念经文，人们是听不进去的，不信您听我念念啊：“所谓太平道，即行太平之前之义，因为太平道，其文约，其国富，天之命，身之宝……”巴拉巴拉地就这么念，人们一会儿就开始打瞌睡了，谁

太平道乐

还记得你说过什么。

张角一琢磨，这哪儿行啊，大伙都睡着了，谁还听我讲经呢？于是，他充分发挥自己的音乐才能，给这些经文配上乐器，加点打击乐。手鼓、铛铛不错，在手里拿着，也不占地方，一边念一边敲，节奏感不错哦；镲也很好使啊，看你念经困了的时候，“哐”来一声，保准就精神了；佛教念经的时候用的碰钟和木鱼也可以借鉴嘛。这样，人们在诵经的时候有了轻重缓急的拍节，于是太平道乐的打击乐器新鲜出炉啦！

张角觉得这还不够完美，如果能把经文唱出来，那该多好啊。于是，太平道乐又有了管子、笛子、笙、箫和云锣等管乐器。太平道乐的曲谱打哪儿来呢？张角很聪明，他吸收融合了比太平道早三四十年的“天师道”道乐，还特别加入了一些地方戏曲和民间音乐素材，就这样，太平道乐圆满地形成了。

后来，张角带领着他的信徒们发动了轰轰烈烈的黄巾起义，打得汉灵帝找不着北。可是张角还没来得及品尝胜利的果实，就得了重病死了。他的死，给黄巾军带来了很大的打击。汉灵帝的军队反扑过来，把黄巾起义镇压下去。

黄巾军起义只持续了十个月左右就失败了，太平道乐有没有随之灭亡呢？当然没有。

太平道乐一般都是在打醮的时候演奏。黄巾起义失败以后，打醮还有了新的责任，那就是悼念和祭祀死难黄巾军英灵。

说到这，有人要问了，什么是打醮呢？简单说来，打醮就是道教设坛念经为人做法事，有时候是为人祈福谢恩、消灾祛病、祝寿庆典，为期三到五天；有时候是在灵棚周围设神坛，为死去的人赦招亡魂，使他们脱离苦海、驾鹤西去，一般为期一到两天。

话说公元 184 年 10 月，东汉大将皇甫嵩率领官军偷袭黄巾军营，张角的弟弟“人公将军”张梁不幸阵亡，三万多黄巾军惨遭杀害，五万多人投河而死。张角这位“天公将军”虽然已经死了，也被人从坟墓里挖出来剖棺戮尸。不久之后，张角的另一个弟弟“地公将军”张宝，在下曲阳兵败阵亡，十多万黄巾军被杀害。

这一场农民起义死了将近 20 万人！尸骨遍地，哀鸿遍野，那叫一个凄凉！黄巾军为了超度这些亡灵，便以广宗为中心，设下当时全国最大的醮场，叫“阖天大醮”。

打醮需要设坛，广宗成为总坛，以总坛为中心，呈“米”字形向“四面八方”辐射，设分坛，各分坛距总坛 20~25 公里。他们手持法器，用七七四十九天来举行超度仪式。在广宗周围 1800 多平方公里的土地上，太平道乐的笙、管、笛、锣、鼓、钟声响彻天地，九州震动。

黄巾起义虽然失败了，但是也激起了群雄争霸之心。袁绍、曹操、刘备三足鼎立，十六国你争我夺，打得不可开交。最终，隋唐英雄群起，逐鹿中原。世道乱糟糟，那太平道乐在这乱世之中又该如何生存呢？

因为太平道乐流传广泛、深入民心，所以在黄巾起义失败以后，太平道徒隐入民间，将太平道乐传承下来。到了唐朝，老李家的皇帝尊奉道教，把道教音乐引为宫廷音乐。据《广宗县志》记载：唐高宗李治在位时，听说有很多道乐名曲出自广宗道人潘师正之手，就在洛阳亲自召见他。潘师正就把太平道的《太常新曲》献给唐高宗。皇帝听后龙心大悦，亲自御笔更名为《祈仙》、《望仙》、《翘仙》“三仙曲”。现在分别称为《朝天子》、《经堂乐》、《玉芙蓉》，多用于祝贺、庆典等场合。

到了元代，全真道在北方发展起来，全真道的邱处机被成吉思汗封为“国师”，当时入全真道的人还能免纳皇粮。因此，太平道徒便加入了全真道，分别归依了全真道“邱祖派”和“孙祖派”，并按这两派的辈次排序。不过，他们演奏的依然是太平道乐。现如今，白事超度亡灵演奏的太平道乐乐曲，就是从超度黄巾军亡灵沿袭传承下来的。

**源远流长，广宗音乐为何牵扯殷商纣王？**
**年深日久，太平道乐怎样传遍田间地头？**

太平道乐虽然受欢迎，可学起来没那么简单。广宗、平乡当地有歌谣说，“三年管子、两年笙、横笛起个大五更”。这首歌谣说的只是入门，要想出徒，达到炉火纯青的程度就更难了。初学者常常到田野、河边、树林里练习，要下很大功夫的，更得冬练三九、夏练三伏。

广宗、平乡这一带的老百姓什么时候吃上音乐这碗饭的？咱们还得从殷商时候说起。

话说当年商纣王荒淫无道，还在邢台修建了沙丘宫，并从全国各地搜刮来数不尽的奇珍异宝，堆满宫苑的各个角落。他在这里修建了“酒池肉林”，整天在这里尽情地吃喝玩乐，经常把要办理国家大事的大臣们堵在门外。这还不够，他还召集全国各地的艺人到这里为他吹拉弹唱、表演歌舞。那些乐师们也都是贫苦百姓出身，面对这么一位残忍冷酷又缺德的主儿，他们恨得牙痒痒，却敢怒不敢言。

后来，周武王带着军队杀了过来，纣王一看大势已去，就点了一把火自焚了。宫里头的那些艺人们就在邢台的广宗、平乡一带安家落户，靠着吹拉弹唱的本事养家糊口，将音乐一代代传承下去。现如今，这里的道乐艺人也是如此，学艺非常刻苦，要是没有真本事，是吃不上这碗饭的。

道教音乐是咱们老祖宗留下的古老珍宝，而太平道乐却是独一份的珍贵品种。为什么这么说？

现如今，北方以全真派道乐为主，南方以正一派道乐为主。这两种道乐都是为了伴经修道，韵律清静超然。唯独邢台的太平道乐形成于武装起义，透着一股子粗犷、雄浑的韵律。现如今，太平道乐还保持着原有古朴的韵律，被称为我国古典音乐的“活化石”。

太平道乐之所以原汁原味地保留下来，有三方面的原因。

一来，广宗、平乡一带过去交通不太便利，里面的人不经常出去，外面的人也经常进不来，所以很少受到外界文化的影响。二来，它是用传统的工尺谱记载，只记写了旋律的音高关系，没有时值和强弱拍的划分标记，只能靠师父口传心授。所以，徒弟对师父特别敬重。三来，因为师祖爷的曲谱在后人的心目中非常神圣，不能随随便便更改，虽然经过后人无数次口授传抄，可至今仍保留着古老的遗风流韵。

太平道乐依据教义的内容，曲调有的明亮、高亢、激昂，有的深沉、悲切、凄楚，旋律起伏跌宕，幽雅婉转。比方说，曲牌《朝天子》多用于庆曲、朝拜等大型场合，曲调欢快，呈现出热烈欢腾的气氛；《大开门》庄严肃穆，听后有在悠悠白云中飘飘然的感觉。

现如今，太平道乐已经从道教转向民间。打醮和超度亡灵是老百姓的传统习俗，太平道乐囊括了庆典、祝寿、祭祀、庙观等活动的各种韵律，跟老百姓的生活息息相关，所以逐渐变成了打醮和超度亡灵的科仪音乐。在邢台广大农村，太平道乐很多村民都乐意听。

这正是：

太平道乐起黄巾，张角传道留乐音。

鼓角相闻传千古，沙丘宫苑遗古韵。

# 第三十四回

# 皇家宫廷乐　山庄绕梁椽

上一回我们说到黄巾起义的时候的太平道乐，这些曲子或者在市井街巷回响，或者在乡野田间吟唱，都是咱老百姓爱听的调调。那么，在红墙碧瓦、礼制森严的皇宫里，高高在上的皇上和养尊处优的娘娘们，耳边萦绕的又是怎样的曲调呢？

在咱们河北东北部的燕山腹地，坐落着全国最大的皇家园林，那就是承德的避暑山庄。作为清朝的陪都，皇帝每年都会在这里处理朝政，接见外国使节。大大小小的仪式、场合，少不了音乐来助阵，皇家的乐手那可得是万里挑一，既要上得了台面——能在庄严的典礼上演奏严肃音乐，也得进得了后宫——为皇帝和后妃们提供休闲小调。

就拿十全老人乾隆皇帝来说，上岁数以后，每年有一半的时间住在避暑山庄，工作休闲两不耽误。乾隆皇帝好热闹，尤其看重一年一次的生日，在这场盛大的宴会上，除了戏曲歌舞，还少不了一个保留曲目，那就是皇家音乐会。这皇家的音乐会究竟有怎样的讲究和排场呢？

咱们在古装影视剧里都看过，皇上高高地坐在龙椅上，身后站着伶俐的宫女，身边围坐一溜漂亮的嫔妃，各色鲜果美食，各种谈笑风生，就在这时，鼓乐齐鸣，皇家管弦乐队出场了……这感觉，您自己琢磨去吧。

皇上听的这种音乐会，有一个雅致的名字，叫作“清音十番”。“清音十番”是怎么来的，又是怎样传入宫廷之中的？

避暑山庄的音乐会，也叫“十番丝竹”，发源于江浙一带，原来叫“细十番”，是一种雅集型丝竹乐。这雅集又是什么意思呢？从字面上我们不难理解，意思就是文人雅士吟咏诗文、议论学问的集会。说白了就是一些个知识分子坐在一起，品茶，喝酒，写诗，作画，听音乐K歌，玩高雅。

作为一国之君的皇帝，当然自认为是天字第一号雅士。康熙皇帝就很喜欢民间的这种“雅集”，把它移植到宫廷里，让南府的演员们表演。南府就是清代内廷演戏和演乐的专门机构，汇集了国内一流的艺人。南府人才济济，演奏起江南的音乐，格外清雅动听。到了乾隆一朝，又特别增设了乐部，还经常选派有音乐天赋的太监到南府学习充电，随时随地给皇帝表演，承德避暑山庄音乐的保留曲目“清音十番”就在这个过程中诞生了。“清音十番”里绝大多数乐曲来自元、明北曲及明代宫廷宴乐，这又是为什么呢?

时来运转，落魄乐工如何传艺清宫?

清音缭绕，十番丝竹怎样落户山庄?

明朝末年，有一个叫韦兰谷的乐工，在宫廷里学习了很多乐曲，专攻皇家宴会音乐。明朝灭亡以后，皇帝下了台，他也失了业。为了谋生，韦兰谷在京城开了个艺术特长班，传艺带学生。要说这韦老师，毕竟是搞艺术的，没有什么经济头脑，这一行，其实并不好干。因为在封建社会，用乐制度是很严格的，皇帝用的是九九八十一人的歌舞乐队，王爷和宰相也就只能用六十四人的乐队，音乐是贵族专享，根本就进不了寻常老百姓家。不像现在，KTV、演唱会，咱们想听就听，想唱就唱。就业形势不好，谁家的孩子也不愿意冒险学这行。韦兰谷招不来学生，在京城混不下去了，就跑回苏州老家，有的时候给王孙贵族表演，偶尔也给小乐手们上上示范课。

要说也是无心插柳柳成荫，有那么一天，一个到江南采风的南府太监巧遇了韦兰谷，听了他的演奏，惊为天籁，把他举荐到清廷的乐府当教员，韦兰谷就这么着成了北京城里的公务员。有了铁饭碗，衣食不愁，韦老师把全部心血都用在教学传艺上，就这样，当年明代皇帝吃饭享乐的伴乐，就这么着走进了清朝的皇宫。

后来，乾隆皇帝还派人专门在南府开设了“十番学”科目，逐渐演变为由宫中太监代代相传的“北十番”。经过逐步完善，最终形成康乾年间备受青睐的曲目“清音十番”。那么，“清音十番”是怎样传入避暑山庄的，都演奏些什么样的曲子？后世的皇帝们是不是像他们的老祖宗们一样喜爱“清音十番”？

据老艺人白雪樵讲，乾隆时期，一个曾在内务府“十番学”学过音乐的宦官“陈九宫”（也有人说叫“唐九宫”），把“清音”带入避暑山庄，有了演奏“清音”的“清音班”，承德的“清音十番”已有300年的历史了，迄今七代传人。

清音班都演奏哪些曲目呢？现存的乐谱只有两本，分别是杨连成收藏的1941年的手抄本乐谱和1937年编印的《承德清音会奉奏乐谱》油印册子，一共16首。乐谱是传统的工尺谱记谱法，通过口传心授的方法才可流传。清音班的乐器多为宫中的御用之物，无论从材质、设计、雕刻，还是音质、音量方面，都是乐器中的精品。有些是我国制造的，有些是其他国家送给清朝皇帝的礼品。这些乐器几经辗转，绝大部分已经损毁。留存到现在的就只有一把匙琴、一把双琴，现在藏在坝上，还有老艺人白雪樵的一把三弦，其中匙琴和双琴都是乾隆五十七年制造的，十分珍贵。

时过境迁，我们已经无法让皇家音乐会上“清音十番”原音再现，但是根据一些文献记载，还可以依稀找到它流散在各种音乐形式中的踪迹。比如《水龙吟》与京剧《水龙吟》（又名《大开门》），实为同名异曲，这个曲子源于明代初年浙江道士冷谦编定的明宫宴乐曲《水龙吟》。又比如《姑嫂拜月》，源于元末明初四大南戏之一的《拜月亭》中的曲牌音乐。再如《月下海棠》，是源于北曲曲牌[双调月上海棠]，或南曲[仙吕入双调月上海棠]。至于《玉芙蓉》，则是于琨《曲律》“正宫过曲”之首。

“清音十番”由康熙皇帝引入宫廷，到乾隆皇帝的时候，成为皇家轻音乐会的首席。那么，康乾盛世之后，它还能继续走红吗？

绵延百年，宫廷乐如何见证王朝变迁？

起承转合，清音会怎样奏响古今传奇？

咱们接着乾隆皇帝往下说，嘉庆皇帝登基后，还是十分厚待十番乐的。他把大贪官和珅给办了之后，查抄了他在承德的府邸，抄出来的乐器都留在避暑

承德清音十番音乐会

山庄，让演奏“清音十番”的太监使用。后来，嘉庆帝还特意拨了一部分外国进贡的乐器到避暑山庄。嘉庆皇帝死后，他的儿子道光皇帝不怎么喜欢“清音十番”，更不愿意花钱养那么多乐手，把演艺机构南府改为升平署，十番学自然也就裁撤掉了。

皇上虽然不听了，可挡不住太监们喜欢，宫中内务府的官宦子弟中也有不少音乐爱好者，他们成立了“升平清音班”，从当年南府乐师手中索取曲谱，学习演练，十番乐仍在宫中传播。光绪年间，“清音班”由宫廷音乐领军人物陈延龄接手，“清音十番”一直传到了清末。

清朝亡了以后，作为宫廷音乐的“清音十番”彻底没了用武之地，它又将走向何方呢?

清朝政权结束后，避暑山庄的乐师流落在民间。宫中演奏的二十几首清音十番的曲谱、演奏技巧及乐器传出宫外。此后不久，1920 年，承德民间清音会便成立起来，成为一支专门演奏宫廷音乐的民间业余乐社，由原来内务府的王子仲任会长，原来南府乐手唐锡福任指挥。

关于承德清音会名称的由来，有几种说法：一是他们演奏的全是清朝的音乐，所以叫清音会；二是有别于“浊音”，清音会对寺庙音乐、民间音乐非常排斥，他们认为那都是混浊的，不清楚的音乐；三是当年乐手们在避暑山庄的清音阁为皇帝演奏音乐。清音阁是避暑山庄里最大的戏楼，高三层，有三间房子那么宽，是乾隆时期皇宫里的四大戏楼之一。清音阁的造型设计也是十分独特，天井和地井巧妙配合，形成一个天然的大音箱。朝鲜的使臣朴趾源曾经跟乾隆皇帝说：“在清音阁听到的音乐，歌词最清楚，音调最响亮，是我听到的最好听的音乐啊。”

清音会成立之初就是为了自娱自乐，参加者大多数是内务府子弟和当地士绅，演奏的乐曲十分清雅。到1930年，清音会在册人员32人，加上经常参加活动的外围成员，共有40多人。“清音会”虽属民间业余音乐团体，却拿宫廷乐队的规矩来要求自己，成为热河一带水平最高的音乐组织。

民国初年是清音会最为活跃的时期，逐渐从自我娱乐发展到为民众奏乐，庭院，庙会，逢年过节，处处能看到它的身影。清音会也会应一些大户人家红白喜事的邀请为其助兴，但参加的次数非常有限。1940年前后清音会曾在热河电台演播，也曾前往新京就是现在的长春等地演出，灌制唱片。新中国成立以后，他们多次参加省地市的会演。1979年到1980年，河北省文化厅、河北省电台、中央文化部、中央广播电台两次来承德，挖掘、整理清音会的曲目，但是当时传人已经很少，只有八人参加录音，所录的曲子也存在一些错误。清音会的老会员从此开始整理残缺的曲谱，培养青年会员，传承技艺。

2000年，承德民族师专的一些老教授成立了一个业余音乐研究团体——宫廷音乐社。宫廷音乐社吸收了原承德清音会的16首宫廷乐曲和演奏技巧，保留和展现承德清音会的原有精华部分，还对避暑山庄宫廷音乐进行全面深入地挖掘、整理、保护。2006年6月，承德清音会成功申报河北省第一批非物质文化遗产。

如今，清音会表演已经成为展示避暑山庄皇家文化的一个组成部分，如果您有机会来到避暑山庄，在皇家园林湖光山色间，闻着淡淡荷香，远处湖面上丝竹细乐渺渺传来，不知道是否会想起这里曾经的繁华万千、穿行过往……

这正是：

清朝夏都建山庄，清音十番音绕梁。

神奇音乐传民间，文化遗产绽芬芳。

## 第三十五回 元曲久渊源 声韵震人寰

前面咱们说过了河北之地的古曲小调，说到了皇宫内院的宫廷音乐，下面出场的就是一韵千年的燕赵戏曲。早在先秦时期，戏曲就在华夏九州萌芽生根。到了金元之际，生长在河北的杂曲已经集齐了唱、念、做、打几个要点，形成了好听好看的成熟戏剧。这一段故事就从元杂曲说起，讲讲它跟河北的不解之缘。

话说在几百年前，南宋跟金、元两国结结实实地打了好几年仗，这乱世里面杀出了各路英雄，这战乱之中成就了一处“河朔重镇”，这正是河北真定，也就是如今的正定。早年间，这里是少数民族进攻中原的战略大本营，也是它们的物资储备库，金戈铁马的日子久了，这一带就成了“天下之巨郡，四方之都会”。

想当年，咱河北的真定名声在外，就连马可·波罗的游记里也留下一段“夸真定”。真定之地，人杰地灵，就连守着这里带兵打仗的史天泽也是个正经的文化人。他自己是一个业余散曲爱好者，家里有个儿子也是个杂剧写手。这一对父子都爱文艺，喜欢跟文人墨客做朋友，日子长了，真定就聚下了一大批风雅之士，出了好些个名人大作。这其中打头阵的人物到底是谁呢？

那时候，河北有个戏曲界的大牌，被后人称作是“中国的莎士比亚”。提到他的大名，不光地球人都知道，就连水星上也有一座环形山就是以他的名字来命名的。这位大腕到底是谁？他就是咱们河北老乡关汉卿。

说起来，关汉卿家传的学问本来是行医治病，他自小耳濡目染，也成了这方面的专家。不过，他到底有着一颗文艺青年的心，虽说干着医生的活，可是却一直向往着那个充满了悲欢离合的小舞台。因为对艺术的爱好，对戏剧

关汉卿

的坚持，就在金朝灭亡之前，关汉卿已经成了一位小有名气的戏剧作家。

但凡是文艺圈的人物，大多都有点不同寻常的个性，咱们说的这位他也不例外。关汉卿平生最愿意做的事情只有两样，一是写剧本，二是交朋友，交朋友也乐意选择自己这个圈子里的男男女女。他的朋友都知道，要是想找关汉卿，他不是在行院勾栏，就是在去往行院勾栏的路上。这其中提到的“行院”和“勾栏”又是什么地方？这就是当年的戏班子和大戏院。从这里也能看出来，关汉卿绝对是个百分之百的戏剧发烧友。

这样的日子一天天地过，关汉卿在台前幕后染了一身风流倜傥的个性，成就一副狂放不羁的脾气。那些年里，他看过了草根群体的喜怒哀乐，尝遍了市井人家的苦辣酸甜，这样的滋味浸透他的笔尖，成就了一出出、一幕幕感人的戏。

有时候，关汉卿的兴头来了，他放下手中的笔，扮上一身的妆，披挂上阵亲自亮上一嗓。他的唱词说的全是自己的心声，在那一段最有名的套曲［南吕·一枝花］《不伏老》之中有着这样的表白："我是个蒸不烂煮不熟捶不扁炒不爆响当当一粒铜豌豆……我也会围棋，会蹴踘，会打围，会插科，会歌舞，会吹弹，会咽作，会吟诗，会双陆。你便是落了我牙，歪了我口，瘸了我腿，折了我手，天赐与我这几般儿歹症候，尚兀自不肯休。"自导、自演、自唱，这么看来，关汉卿简直就是这戏剧行里的全能选手，因为有这样的生活体验，他的剧本更合演员的心思，演出来，唱起来，也就更是那个味。比方说关汉卿的大作《望江亭》、《救风尘》，讲的就是这一行里的故事，那其中的主角也正是唱戏的艺人。

提到关汉卿的大作，不得不说说那部入选世界十大悲剧的《窦娥冤》。这故事的脚本来自于古代传说"东海孝妇"，说的是这名叫窦娥的女子一生苦命，小时候就卖到人家家里做了童养媳，长大以后死了丈夫，又遭了恶人的欺负，临了被人陷害，死在一桩不明不白的冤案里。窦娥心里恨得慌，冤得慌，那一滴滴的苦水实在咽不下去，就成了那三桩震天动地的宏愿——要一腔热血不沾地下，飞上那丈二白练；要三伏天里降下瑞雪，埋了自己的尸身；要这片地方亢旱三年。

这段戏里，窦娥的誓愿成了真事；千百年中，关汉卿的作品成了丰碑。

**生逢乱世，官家少年为何不求功名？**

**笔写悲情，酒中神仙为何万古留名？**

早年间，曲坛之中有四大才子，除了刚才说到的关汉卿，还有一位就是白朴。相比之下，白家的条件很是不错，白朴的老爸在金朝的枢密院里任职，一国的军机大事他都知道，工资待遇那自然是错不了。生在这样的家里，白朴本来应该能在蜜罐里过上一生，安安稳稳地做学问，顺顺当当地考功名，可是这人间的事情，你往往是猜得中开头，却猜不着结尾。就在白朴还没成年的时候，金朝就遭了大变故，蒙古大军围住了都城，金朝上下人心惶惶。

那一年里，白朴的父亲跟着皇帝逃命去了，留下这一家子孤儿寡母，当妈的死在战乱之中，只有白朴跟姐姐相依为命。多亏了城里还有一位白家的知心人，他就是当朝的大诗人元好问。元好问人好心肠热，念着跟白朴他爹的旧交情，救了这一对姐弟的性命，又把一肚子的学问传给了机灵好学的小白朴。

好不容易等到太平日子，白朴的父亲又在南宋的朝廷里谋了个官位，没过几天，又跳槽到了元朝。就在白朴十多岁上，这父子俩终于在河北的真定见了面，从此以后，就在这里定居下来。白家的老爸瞧着自己的儿子就心疼，心想着一定要把这些年欠了孩子的全都补回来，他教着白朴写诗作赋，希望他长大以后能凭着一根笔杆子找上一个好工作。

白朴在文字上面挺有天分，不管是诗赋还是文章，做得都是有模有样。不过，因为小时候经历过的那些悲剧，白朴对父亲规划的前途并不是那么上心，他眼瞧着蒙古大军杀人放火，眼见着亲妈死在跟前，打心眼儿里就不愿意在元朝的官府里做什么官。

有一回，白朴参加了一场宴会，那宴会上的场面生生地戳疼了他的心。当时，在元朝官员的府上，他见着了从前的皇室御用歌舞班，那唱歌的、跳舞的、拉琴的艺人强打着欢笑，元朝的蒙古贵族看得心里乐开了花。血气方刚的白朴坐在边上，只觉得心里就像针扎似的那么疼，脸上就像烤火似的那么热。也许就是在那天，他做出了一个艰难的决定——再不踏进官场，再不追逐功名，就用那一首词曲、一声高唱来托付终身。

白朴这块金子虽然没有用在考场上，到了戏院之中也是闪闪发光。他花了一辈子的时间写成了 16 种剧本：一出悲剧《唐明皇秋夜梧桐雨》，把一段老故事写得荡气回肠。一出喜剧《裴少俊墙头马上》，讲的是一段民间的传说，那里面有个年轻姑娘名叫李千金，她的想法挺新潮，打算要追求自由恋爱。她天天这么想着，结果就在墙头上瞧见了一个好后生，这就是名叫裴少俊的男一号。这一男一女你有情，我有意，说什么也要在一起，他们不管别人的眼光，不顾外人的闲话，因为这股子了不起的勇气，终于得了一个皆大欢喜的结局。

白朴这一生里见证了人生的悲欢，也把这些动人的情节留作了戏剧当中的经典。

河北的历史上还有一位元曲大家，一首“枯藤老树昏鸦，小桥流水人家，古道西风瘦马，夕阳西下，断肠人在天涯”，让他成为“秋思之祖”，也正是因为这篇《天净沙·秋思》，他成了当年的文坛红人“曲状元”。他正是生在沧州东光县里的马致远。现如今，他的老家建立了元曲博物馆、元曲公园，这就是后人对他的纪念。

老话说“春女思，秋士悲”，在秋天里发发牢骚吐吐槽，感叹一番人生苦短，这好像已经成了历代文人的保留节目。不过，咱们提到的这位马致远却用一首《秋思》说尽了人生万古愁。到底是什么样的命运坎坷,什么样的人生经历，让他生出这样的感慨呢?

马致远生活的时代，正赶上汉族知识分子最憋屈的年月。那时候，蒙古统治者发了两道文件，一是说遵从汉法，二就是任用汉人。这话说得挺漂亮，可实际上那就是一个看得见、摸不着的肥皂泡。这事让很多汉族的文化人做起了当官发财的白日梦，可是日子一长，大伙没有一个不失望的。

马致远年轻的时候，也把这棒槌当了针，结果也没摸着什么好结果，他老大不小了，职场上也没见到什么转机，渐渐地就觉得心灰意冷，攒下了一肚子的牢骚。未来的日子怎么过呢？马致远干脆放下了名利场上的心思，一个心眼地想在道教之中求解脱。他拜在全真教的门下，做了一个“万花丛里马神仙”，岁数大了，他就过起了“酒中仙、尘外客、林间友”的生活。

马致远一心想要做神仙，不问世间的事，不操凡人的心。不过，他给世人留下了这样一部作品，那里面的故事却说尽了世道人心，这就是当年戏台上最红的宫廷爱情剧《汉宫秋》。

在这段故事当中，宫廷画师毛延寿收黑心钱，办缺德事，他坑了纯洁善良的王昭君，又坑了自己的祖国。最后引来了匈奴大军压境，逼着皇帝把昭君交出来。那皇帝的心里舍不得王昭君，又惹不起兵临城下的敌人，最后只好是忍痛割爱，把自己的女人拱手让人。可怜王昭君一位弱女子，可叹她身上一把硬骨头，最后就在一条大河里了结性命，宁可自杀，也不去受匈奴的欺辱。

这故事里的故事到底是不是真的？其实，事实并不是这样，王昭君不过是个普普通通的宫女，跟皇帝之间也没有那么一段刻骨铭心的爱情。《汉宫秋》里面的情节之所以这么深入人心，这其中的女一号之所以这么光芒四射，正是因为戏里点点滴滴都是马致远的满腹悲情，一字一句都是现实中映射的人生。

花间美人，名曲传世留取几许芬芳？
燕赵剧坛，好戏连台绽放几世光芒？

有这么一部戏，在当年，红遍了大江南北，现如今，依然有很高的人气。说起那里面的故事情节，估计没几个会不知道；提到其中的男女主角，那也一样是家喻户晓。这故事的名字就是《西厢记》，它的作者就是河北定兴的王实甫。

在今天，这《西厢记》的故事谁都听过，谁都会讲；不过，在元明清这三代之中，几百年里，这部剧本却被列为禁书之首。在《红楼梦》当中，林黛玉那可是一代美女加才女，从小到大读了不少的好文章，可是这姑娘拿到了《西厢记》，只觉得这辈子就没见过这么妙的书，不到一顿饭的工夫，就把一本全都读完了。书本已经放下了，还觉得回味悠长。

让林妹妹念念不忘的《西厢记》，最动人的就是"花间美人"的情调，王实甫的情致悠然，笔墨生香，正跟关汉卿横扫千军的气势互相辉映。百年之前的燕赵大地，剧坛上这两位才子就像诗坛上的李白、杜甫，是一前一后出现的双子星座。

当年，不单是前面说到的元曲界四大才子，另外有 30 多位叱咤剧坛的风云人物都是咱们河北人。那时候，没天理的世道把文化人逼进了墙角，却让元曲绽放出夺目的光芒，那大胆的唱词，泼辣的唱腔，开辟了中国戏剧的新天地，创造了当时世界戏剧文化的最高峰。燕赵大地，就是培育元曲的一方沃土。

这正是：

关汉卿笔扫千军，《西厢记》花间美人。
开辟戏剧新天地，燕赵沃土育曲魂。

# 第三十六回 此域最古老 长幼迷丝弦

上一回我们说到，燕赵大地出了“元曲四大家”——关汉卿、王实甫、白朴、马致远，他们用一支支妙笔写尽了世间的悲欢离合，有感天动地《窦娥冤》，有汉宫情深雨连绵，有墙头马上定终身，有“花间美人”传百年。舞台上一出出大戏流传百年，田间地头一首首小曲也是有滋有味。这一回我们就说说滹沱河流域老百姓最爱的“丝弦”，这个古老的剧种走过了多少年头，河北丝弦又走出了哪些顶呱呱的红角呢？

丝弦是咱们河北的一个古老剧种，也是全国稀有的地方剧种，它起源于明朝末年，到现在已有500多年历史。丝弦还有很多别名：弦索腔、河西调、弦子腔、小鼓腔、女儿腔、罗罗腔等等。滹沱河流域的老百姓们特别喜欢丝弦，纺纱织布的时候唱，耕田种地的时候唱，唱着丝弦，累也不觉得累，苦也不觉得苦，寻常的日子有了滋味，有了盼头。

丝弦就像那田野里的禾苗，迎风就长，慢慢从田间地头走进了城里的戏园子，成了大气候。可到了清朝嘉庆年间，皇帝一道禁令，停了民间一切娱乐活动。戏园子的戏不能演了，丝弦也受了连累。

可是架不住老百姓喜欢，到了民国时期，丝弦又热热闹闹地发展起来，涌现出一大批有影响的班社。像保定一带的韩大仓班、小莲花班、周福才班、白长久班；石家庄一带的玉顺班、高盛班、许家班；邢台一带的永盛班、田顺班等。

丝弦的唱腔有自己的特色，那就是真声唱字，然后旋律向上大跳翻高，再用假声拖腔，旋律顺级下行，一会儿像是怒涛旋转翻滚，一会儿又像瀑布急泻直下，听来激越悠扬、慷慨奔放。

过去梨园行里讲的是真功夫，老艺术家们台上一分钟，台下十年功，练就了很多绝技，甩发、抖水袖、耍髯、耍手帕、耍牙、耍鞭、耍碗以及耍帽翅，有的把烟火、杂技柔功都揉进戏里了，这些个绝技，让丝弦有了更强的生命力。

在燕赵大地，丝弦独领风骚几十载，甚至形成了“无丝弦戏不开台，丝弦戏不到不开台”的局面。河南豫剧班等外地剧社铆着劲儿想进石门，占市场，和丝弦艺人一比高下，可都取代不了这家乡戏在当地人心里的位置。红透半边天的丝弦捧红了一批艺人，最有名的又是哪几位？

这其中就有驰名太行山麓的“四红”:“正定红”刘魁显,“赵州红”何凤祥,“获鹿红”王振全,“平山红”封广亭。另外,花脸朱永米,须生张永甲和王永春,青衣花旦杜雷有等，也都有自己强大的粉丝团。这些人，人人都有一手绝活。

就拿“平山红”封广亭来说吧，他最拿手的戏是《下河东》。他在戏中饰演呼延寿廷，以大趟马功夫绝活出名，左趟右趟，前趟后趟及十字趟和朝天凳等活儿综合使用。他还能一边踢腿一边耍枪，一边舞蹈一边上下翻飞，各路套活一齐使用，底下观众掌声不断。

另外，“正定红”刘魁显的声音最洪亮，最具穿透力，“炸”音最过瘾，最具传奇色彩。那时候没有扩音器，可是刘魁显在南花园唱戏，人们坐在中山路的马路边上都能听得真真切切。

每当人们提起他，话里话外总是透出一股子由衷的敬慕爱戴之情，还把他奉为丝弦界的“一代宗师”。这个响当当的名号又是怎么来的呢？

**磕头烧香，丝弦名角为何结为拜把兄弟？**

**德艺双馨，农家娃娃怎样成为一代宗师？**

刘魁显也是苦孩子出身，他出生在正定县的白佛村，如今属于石家庄市长安区了。他九岁就跟着老艺人老邱（艺名“对眼红”）学习丝弦，专攻武生和架子花脸。这孩子聪明伶俐，一学就会，十几岁的时候就小有名气，30 多岁时改演文武老生，一路飘红，被称为“铜嗓金喉”、“丝弦大王”。刘魁显戏路很宽，

丝弦大王刘魁显

是个文武全才，还是个万金油，乐队的文武场缺人，他也能顶上去。《调寇》、《纪阳关》、《临潼关》、《打棍出箱》等剧目，都是他的拿手戏，只要他一登台，老百姓们纷纷叫好，还编了好多顺口溜："三天三夜不合眼，也要看够刘魁显"，"舍了喝酒吃肉，也要看刘魁显的《调寇》。"

刘魁显为什么被称为丝弦界的一代宗师呢？那是因为，他把丝弦从田间地头的草台班子带到了城市的大雅剧场。

以前丝弦没有固定的班社，演出都是在农闲的时候，艺人们聚在一起唱红白喜事儿，演完之后各回各家。1938 年，刘魁显把各地的"好角"召集在一起，组成了丝弦历史上第一个固定班社"玉顺班"。为了办好玉顺班，这些艺人烧香磕头拜把子。除了"四红"，还有著名琴师奚德义等人。一个戏班要四梁八柱缺一不可，只有形成强大的阵容才能把玉顺班唱红。后来，"玉顺班"挤进了石家庄进行演出，丝弦戏在城里有了自己的大本营。

可是，戏班子刚刚起步，日本侵略军就来了，兵荒马乱老百姓的日子不好过，也没心思上戏园子里听戏。丝弦艺人唱一天戏挣不上二斤棒子面钱，连口饱饭也吃不上。为了养家糊口，有的艺人不得不在卸妆后，出去打小工，当小贩，拉排子车，连冻带饿命都保不住，再加上汉奸、特务、警察的敲诈勒索，丝弦班几乎快要解散了。

就在这时候，刘魁显做出了一个令人震惊的举动：他卖掉了自己家的田地，换来的钱给大家开支。他拼着命保住了戏班子，这才有了日后的石家庄丝弦剧团。可以说，刘魁显是石家庄丝弦剧团的奠基人，也是丝弦界的一代宗师。

刘魁显做人讲义气，艺德也没得说。长期以来，在梨园行一直存在着"抢戏"的坏毛病，演员们都愿意演主要角色，不愿意演小角色。可刘魁显却能做到主动让戏，提携后生。

有一次演出丝弦《白玉杯》，他主动提出让王永春演海瑞，他演嘉靖皇帝。当时是在剧场演出，得靠票房说话，王永春担心票卖不出去，那丢人就丢大了。王永春心里敲着小鼓，对刘魁显说："大伯，我行吗？"刘魁显拍拍他的肩膀，笑着说："没事，你尽管上，我给你兜着。"有了他的鼓励，王永春这才大胆上台。都说"同行是冤家"，可是刘魁显却没有一点点旧戏班的习气，用现在的话说，做人那就一个高端大气上档次。

1948 年，著名戏剧评论家马彦祥来石家庄看了刘魁显的《打棍出箱》。舞台上，刘魁显嗓音洪亮、身段潇洒、演技精湛，特别是他的甩发功堪称一绝，把范仲禹都演活了。马彦祥拍手称赞："刘魁显同志的《打棍出箱》可以和京剧一代宗师谭鑫培媲美。"

建国初期，京剧大师梅兰芳来石家庄演出，演出地点在大众剧院（就是现在中山路路南、东购商城对面）。梅兰芳惊叹丝弦在石家庄的强大号召力，主动送票给时任丝弦剧团团长的刘魁显，请他去大众剧院看戏。当时，石家庄别的剧团还没有人受到梅兰芳大师的盛情邀请。

1953 年，丝弦界的一代宗师刘魁显因患食道癌不幸逝世，享年 62 岁。当时，石家庄文艺界停演三天，石家庄文化部门第一次为文艺界大师的逝世开追悼会。

丝弦界人才辈出，和刘魁显先生齐名的"获鹿红"王振全，嗓音圆润，唱腔苍劲有力，表演认真细腻，讲究分寸，不温不火恰到好处，深受观众欢迎。由于他的身材矮小，动作机灵敏捷，身段规范扎实，观众给了他一个昵称"二尺半"，又叫他"萝卜大生"，当地曾流传过"宁可晚吃饭，也看二尺半"的说法。

后来，王振全的儿子王永春也吃上了丝弦这碗饭。王永春打小就跟着父亲学习丝弦戏，后来拜刘魁显为师，学习须生、老生。他勤奋好学，天资聪慧，常常在幕侧观看别人表演，以汲取他人所长，为己所用；每逢外地剧团名角来本地演出，就算再忙，他也要挤时间前去观摩学习。

功夫不负有心人，通过多年的勤学苦练，王永春自成一派，也成了一位远近闻名的丝弦大家。王永春的拿手绝活是什么呢？

王永春在《金铃记》中饰演寇准，他暗地跟踪柴郡主时，奔跑中先将靴子甩向空中来个"吊猫"，身体腾空前扑，头部向下翻转以背着地，快速起身后用手接住落下的靴子，然后背上靴子再跑圆场。这一气呵成的动作，把寇准在黑暗中步履踉跄、失足落靴摔倒的情形展现得活灵活现。

在《白罗衫》中王永春饰演姚达，当他发现公案上有18年前被老太爷徐能打落江中而死的苏云妻的状纸，心中感慨不已，该如何表现他那种复杂的心情呢?

王永春就运用了“耍茶碗”，用腕力颠起茶碗，使碗口向外倒落在茶盘上，用双手控制，顺时针方向倾斜旋转茶盘，使茶碗沿着托盘内缘反向滚动。通过茶碗的旋转，把姚达那种恐惧的心情淋漓尽致地表现出来。他那声情并茂的表演，转杯的绝技，一段18年前的道白，谁听了谁掉泪，看了这场想着下场。

王永春的表演震撼了很多人，京剧大师程砚秋也通过丝弦跟王永春结下不解之缘，更促成了周总理“五次观看丝弦，四次接见丝弦演员，亲笔为石家庄丝弦剧团题词”的传奇佳话。这其中又有哪些故事呢?

**机缘巧合，周总理看丝弦留下何等佳话?**

**一见如故，王永春软翅功折服哪位大师?**

1957年，程砚秋在石家庄观看了丝弦戏《金铃记》后，被丝弦的魅力深深折服，他力邀丝弦剧团进京演出，还把丝弦剧团推荐给了周恩来总理。

11月21日，周总理在中国文联礼堂第一次观看了丝弦戏《空印盒》、《赶女婿》、《小二姐做梦》，王永春演的是明朝“八府巡案”何光秀。演出结束以后，周总理接见了演职员，还为丝弦剧团亲笔题词。

接下来的几天，石家庄丝弦剧团先后在中合剧场、中南海怀仁堂演出，周总理又来观看，还带来了朱德、邓小平、陈毅、贺龙等领导人，演出结束后，领导人跟演员们合影留念。当时，毛泽东出国到苏联，刘少奇在开全国总工会，周恩来对演职员开玩笑说：“能来的领导，我都给你们叫来了。”

石家庄丝弦在北京的演出很快引起了轰动，程砚秋等文艺家纷纷在报纸上写文章夸赞，石家庄丝弦剧团名声大噪。后来，周总理又观看了丝弦表演，还嘱咐大家要多多培养徒弟，做到后继有人。

不光是京剧大师程砚秋先生推崇丝弦，王永春的“软翅功”还曾折服过著名京剧武生厉慧良。石家庄丝弦名动北京后，王永春到天津演出，厉慧良看完后直奔后台，对王永春说:“师兄，能不能给我讲讲，你的软翅功是怎么回事？”厉慧良是戏曲界前辈，管当时正当壮年的王永春叫“师兄”，可谓非常谦虚。

当年，石家庄南长街一带叫“南花园”，是三教九流聚集之地，类似老北京的天桥。那时候南花园有十来个剧场演丝弦，演出剧目都是连本戏。每个剧场几乎天天爆满，观众们都是排着队买票，每场1000多人，还有许多人站着看戏依然兴致不减。

2006年5月20日，石家庄丝弦被列为第一批国家级非物质文化遗产。现如今，慷慨激越的丝弦穿越百年，依旧在燕赵大地上回响，古老的丝弦，依然散发着动人的魅力。

这正是：

百年风雨历沧桑，丝弦激越鼓铿锵。

总理题词留佳话，德艺双馨美名扬。

## 第三十七回

# 保定多古风 老调脉流远

上一回咱们听过了慷慨激昂的河北丝弦，结识了侠肝义胆的梨园豪杰，一曲丝弦犹绕梁，几多传奇梨园情。在咱们河北，还有一些起源于田间地头、深受群众喜爱的民间小戏，今天我们要说的就是从白洋淀的芦苇荡一直唱到京城大舞台的保定老调。

在保定白洋淀一带有句老话，“做饭离不开锅灶，听戏离不开老调”，这老调究竟有多老呢？

咱们把时间表上翻到元朝、明朝那会儿，每到过大年的时候，白洋淀周边村村都办花会，花会上少不了“小车会”、“跑旱船”这几样热热闹闹的节目，但是跟别的地儿不一样，演员们一边演，还一边唱，唱的什么呢？句式为三句、三句、二句的“三三二”段体，八句一段，学名“河西调”，当地人叫“娃娃”、“耍孩儿”。

到了清朝道光、咸丰年间，这种花会哼唱小曲已经有了戏曲雏形，因为是用枣木梆子击节打拍子，所以叫老调梆子。开始的时候，老调梆子一直与丝弦合班演出，艺人又唱丝弦又唱梆子，在过去叫“两下锅”或“三下锅”。

花了几百年的功夫，这老调才算是登上了台，但一直和别的剧种当团结户，搭伙儿过日子，如此又过了大几十年，清末民初的时候，老调开始兴旺，不仅自成一脉，还唱出河北，唱进了京城，那带着老调一路向前的老调艺人又是哪一位呢？

“霸州红”韩大仓就是其中最有名的一位。韩大仓是河北霸州北高各庄村人，他打小学戏攻老生，跟着草台班子四处演出。那会儿的戏班子，都是农忙的时候在地里干农活，农闲的时候搭班子串村演戏，小小年纪，韩大仓就在当地的老调班里“跑大棚”。清光绪初年，在京南霸州、固安、永清、新城、雄县等地，韩大仓唱出了名，他的嗓音宽厚洪亮，吐字清晰，声若铜钟，被誉为老调中的假高庆奎。

20 多岁，韩大仓挑头组了老调班，这个戏班子可不得了，他把咱们河北乡间的小戏一直唱到了北京的天桥广兴园剧场，这可是给老调立门户、扬名气的一件大事。

民国七年 (1918 年 ) 韩大仓带着老调班进醇亲王府演出堂会，艺惊四座，经过京城名流那么一传播，韩大仓可就火透了京城，当时在京城戏迷眼里，韩大仓和京剧名须生高庆奎、刘洪生齐名，那都属于开先河的一代宗师。韩大仓之后，周福才、小莲花等老调艺人也相继走红。

**痴迷老调，村里穷娃怎样走进戏坊拜师学艺？**

**博采众家，乡下农夫如何辉耀舞台成为泰斗？**

周福才，光绪二年（1876 年）出生，白洋淀边上安新县南冯村人，大家都叫他福子。小时候家里穷，不到十岁便给送到村里的富户家中当“小做活的”。

南冯村是老调剧种的发祥地，人们居家干活、下地劳动都爱哼唱几句。当时村里有一个叫邵国琪的盐商，是个有钱的文艺男，特别喜欢老调，他专门腾出几间房在村里立起了戏坊。这个村级的业余剧团从娃娃抓起，招了一班小孩，请本村的艺人高凤春、高云龙教戏。每天晚上戏坊里咿咿呀呀地教学，这屋外还趴着一个小脑袋听得入迷，是谁呢？“小做活的”小福子。

小福子着了魔似的，天天晚上跑到戏坊看排戏，时候长了，戏坊的老师被他打动了，正式收了他学戏，这孩子该着是吃这碗饭，学了两年，14 岁就进了当地最有名的韩大仓戏班，跟着师傅走江湖唱戏。

常言说吃得苦中苦，方为人上人，为了唱出名堂唱成角儿，小福子下了狠劲儿。白天跟着戏班子走村串街地演出，一天三场戏，晚上顶着星星才回来，睡不了几个钟点，又早早从炕上爬起来，借着星光深一脚浅一脚来到村外一口井旁边，干吗呀？喊嗓。只见小福子把身子趴在井沿上，头伸到井口里啊啊地喊，就这样一年四季，从春练到冬，寒冬腊月大雪天也照练不误，喊完嗓子爬起来，身下的雪化了一片……

为了练嗓，小福子别出心裁，想出了个好办法，他把一个罐子带在身边，只要有空儿，就用嘴对着罐子喊，回到家里，那更不能歇，他在墙上挖了个洞，把一个罐子口对外放在墙洞上，没事就用嘴对着罐子口喊……

功夫下到这个地步，您说，能不出活儿能不成角儿吗？

1894 年，韩大仓率领戏班在北京天桥的广兴园戏院演出，18 岁的周福子也随着去了。当时，北京的戏曲舞台盛行“两下锅”——两个剧种同台演出，唱京剧的刘鸿声是当时的名角，这位刘鸿声走路有点跛，不善做功，唱功、念功却很是了得，他的嗓音高亢、挺拔，自成一派，世称“刘派”。刘鸿声见周福子憨厚老实嗓子亮，有意提携这孩子，邀他同台演出，周福子头一回进京城，就和名家搭档，心里甭提多美啦。

眼见着前途一片大好，少年周福子却遇到了一个大麻烦，什么呢？从北京回来以后，他的嗓子倒仓了。倒仓什么意思呢，就是说演员青春发育，变嗓，声音喑哑，唱不了了。戏班子不养闲人，周福子只好卷起铺盖卷，回了家，种二亩地，当了瓜农。

周福子人在瓜田里，脑子转的却是唱戏的那点事儿，到京城见过了大世面，他开始觉得老调戏中有些唱词不讲究，很多都是土语，到了外边别人都听不懂，这声腔、韵律怎么才能更好呢？

当时，村里有两位读书人，一个拔贡。这拔贡不得了，差不多相当于科举考试中州县的状元，名叫高伯从。还有一位秀才叫王祝熙。周福子见天追着人家俩，他把精心挑选的又沙又甜的西瓜摆在瓜棚里，把俩书生恭恭敬敬地请到瓜棚下，说：“我唱段老调，您二位给正正音韵，纠正一个字，给一个西瓜。”高伯从和王祝熙很感动，不冲西瓜就冲着人家这份好学的心，只要有空，就到瓜棚，跟周福子探讨唱戏的学问。

要说周福子真是有心人，当时 40 里外的安州出了个翰林叫潘龄泉，潘龄泉学识渊博，为人正直，周福子一打听到人家回家探亲，就跑到人家家里拜访，不为攀权附贵，为的就是请人家说说戏。说来也怪，这博士后遇上种瓜的却有说不完的话，这戏里的典故是怎么回事，戏中的人物该怎么理解，潘龄泉给周福子掰开揉碎说得清清楚楚，周周详祥，还把五音六律的学识也都教给了周福子……

周福子一边种瓜，一边学习，每天坚持练声，没多久，这倒仓的嗓子逐渐恢复过来了，又能唱了。周福子没有慌着回戏班，他觉得自己差得还太远，还得拜师，找谁呢？放眼保定当时最火的演员是西河大鼓艺人朱大官，是西河大鼓“朱派”的创始人。周福子想跟人家学，可压根不认识人家，怎么办呢？

当时保定最大的商业兼娱乐场所马号里有一家茶园，朱大官常在这里演出，当时，能听上一段朱大官的西河大鼓，那也是很值得炫耀的事儿。

打听到朱大官的行迹，周福子来到茶园，应聘茶房，并且跟老板说一分钱工资也不要，白干，为的什么呀？随时听朱大官的演唱。就这么着，周福子每天提着水壶一边给客人沏茶续水，一边偷艺。这事儿后来被朱大官知道了，不但没生气，还非常感动，他把周福子叫来，“得嘞，你也别偷摸的了，想学啥，我都教给你。”周福子从朱大官这里学到了咬字清晰和唱白间用的技法，功力大增。

民国七年（1918 年）秋，周福子再次到北京演出，距离 18 岁头回进京，已经过去 24 年，这 20 多年，他从一个青涩的乡村少年变成了老调艺坛的领军人物。

舞台上，周福子唱念做打，魅力十足，舞台下，举手投足，气定神闲，他先后在大栅栏的同乐园、三庆园戏院演出，一出《调寇》惊艳京城，当时醇亲王载沣看了周福子的戏后，非常震惊，叫来这位主演：“你叫什么名字？”周福子回答：“我没学名，姓周，小时候叫福子，就叫周福子。”醇亲王载沣想了想说：“你这么有才，我看你就叫周福才吧！”从此，周福子改名周福才。

民国十八年（1929 年）4 月，周福才到保定地区的安国县城演出。一贴演出戏报，人们就相互传“周福才演戏来啦”！正巧，这时安国县城驻扎一支刚从外地开拔来的军阀队伍。他们看这阵势挺好奇，“这周福才到底什么人呢？我们倒要看一看，把他给叫过来，给军爷们演一场。”

这天演的是周福才的拿手戏《临潼山》。戏中有一场叫《劝军》，是李渊面对杨广派来拦杀他的军兵，劝说他们不要再为隋炀帝卖命当兵。唱词是这样的：“众好汉你们慢慢地动手，李渊我有话对你们言。战死在两军阵不如鸡犬，把一个热身子扔在了阵前。有亲戚和朋友捎书带信，你举家老小哭皇天。爹也想，娘也盼，那妻子房中守孤单。劝尔等退了伍回家去孝母，落一个庄稼人苦种庄田。春种秋收打几石，咱们纳了皇粮不怕官。到夜晚你把那柴门紧闭，怀抱子足蹬妻自在安然……”

周福才这番唱声情并茂，一字一句清清楚楚、直戳人心，台下鸦雀无声，军阀部队的军兵一个个都愣在那里，只觉得这字字句句都说到了自己的心头，当天夜里，不少军兵丢下枪，开了小差跑回家。军政当局对此大为恼火，说周福才涣散军心，要逮捕他。幸亏事先有人给送了信儿，周福才连夜步行 80 公里赶到定县火车站，逃到太原，躲了半年才躲过这场祸端。

1954 年京剧“四大名旦”之一的荀慧生到保定演出，河北省文联专门组织了荀慧生和周福才的观摩演出。荀慧生演《红娘》，周福才演《调寇》。周福才的表演，获得了荀慧生的交口称赞。

周福才广学博采而又融会贯通，为老调树立了新的风格特点，把老调艺术引到了一个新的发展阶段，成就了老调泰斗的地位。

作为保定老调的泰斗，周福才不仅用一己之力，为这门艺术开创了全新的局面，而且还慧眼识珠，挖掘了一批优秀的人才。周福才之后，老调舞台上又涌现出那些优秀的艺术家呢？

**老调不老，崔澄田台上台下如何掀起老调旋风？**

**戏比天大，王冠英戏里戏外怎样唱响慷慨悲歌？**

咱们先说说老调艺术家崔澄田先生。崔澄田是保定蠡县崔庄村人，10 岁时参加了本县南宗村老调戏班，学白脸末(即白脸奸净)。13 岁登台首演，先后在“杠子红”肖宽玉和“平山红”冯广亭戏班搭过戏。后来，崔澄田又兼学红黑花脸。他好学好问好琢磨，演得每个角色都给人留下深刻印象。

1948 年，在安平县城内有五个花脸同台演出，崔澄田最后一个演，他一出场，满场叫好！演完一场，观众还不依不饶，只得续戏两天，让把其他四位花脸演过的角色挨个再演一遍。

1959年，他调到保定地区老调剧团，在《潘杨讼》中饰演潘洪。他边练边改，在表演上，加进了慢台步、小动作和含蓄、微笑、藐视等面部表情，把既老奸巨猾又行止威严，既威严肃穆又跋扈骄狂的潘洪刻画得丝丝入扣。

1960年，保定地区老调剧团带着《潘杨讼》进京演出，中央领导人亲切接见了他，周总理称他是“活潘洪”，邓小平还与他合影留念，人民艺术家老舍先生夸他演的潘洪“能得一百分”，并在《人民日报》上撰文要京剧界同行向他学习。后来，《潘杨讼》被拍成电影在全国播映。在这次演出中，主演寇准的王贯英，也表现不凡，被邓小平赞扬说“保定有宝，老调不老”。

王贯英，1938年出生在安新县北冯村，是老调艺术诞生以来的首批女学员，原来唱女腔，在周福才的建议下，改唱生行，周福才还为这个女弟子亲授了《荐诸葛》的徐元直、《坐路》的李渊等戏，使王贯英后来成了老调舞台的中坚。

王贯英嗓音雄浑圆润，身段阳刚大度。先天条件好，又肯吃苦，为了演好剧中的“骆驼跪”（就是跪在舞台上来回移动并演唱），她双脚离地，只用双膝着地，在砖地上反复练习。那时候没有专用护膝，用棉絮包裹的膝盖都磨破了，新伤结茧，结茧后又成新伤。她在60多个剧目中饰演主要角色，反串过红脸、须生、刀马、老旦、彩旦、小旦等行当，塑造出多种多样的人物形象，著名艺术大师梅兰芳、马连良称赞王贯英的表演“具有独特的艺术风格”。

王贯英不仅唱得好，艺德也高。1963年，王贯英身怀六甲，依然选择随团到涞源县演出。她说：“山区的老百姓看场戏不容易，戏报早已贴出，如果我回了戏，观众会多失望啊！”当天演出的剧目是《潘杨讼》，“寇准”的“骆驼跪”动作幅度很大，王贯英一丝不苟地完成了整套动作。当晚，她赶回保定，第二天生下大女儿。

“天大地大都不如戏大。”保定老调，几百年来唱不尽忠肠烈骨、慷慨悲歌，唱不尽人生如戏、戏如人生。

这正是：

霸州红带队进京，周福子痛下苦功。

保定老调多激昂，燕赵慷慨代代唱。

# 第三十八回 不凡成兆才 评剧百花艳

上一回我们说到，霸州红唱着保定老调闯进了北京天桥的演出市场，周福才稳扎稳打苦练功夫成了当红名角。保定老调是名角辈出，光彩灿烂。梨园春意浓，百花齐争艳，燕赵大地上还有一个剧种，影响力也很大，大家随口能说出不少名角和经典剧目，那就是评剧。评剧出身很低，原本是乞丐要饭时唱的曲子，根本上不了台面，后来又怎样登上了大雅之堂呢？这个行当里，又走出了哪些当红名角呢？

评剧是河北省主要地方剧种之一，也是我国五大戏曲剧种之一，曾经被封为全国第二大戏曲剧种，仅次于京剧。评剧的前身，曾是登不得大雅之堂的“莲花落”。莲花落也叫莲花乐、落子，宋朝时就很流行。最早是乞丐行乞的时候演唱，后来发展为一旦一丑，插科打诨，为了吸引听众，有些内容粗俗不堪，甚至有淫词滥调和色情表演，屡次遭到官府禁演。

可是后来，有一个人却让这种上不了台面的莲花落改头换面，登上大雅之堂；更创造出了《杨三姐告状》这样的著名评剧，唱红了大江南北。这个人是谁呢？就是成兆才。

1874 年，唐山市滦南县绳各庄村老成家添了一个小子，他就是成兆才。老成家穷啊，只有四亩沙地、三间草房，爷爷、爸爸都是长工，成兆才从小就帮着家里干活，12 岁给大户人家放猪、打杂。不过，苦日子却盖不住成兆才的天赋。他从小爱唱爱跳，横笛、板胡、唢呐这些乐器他都无师自通。庄里过年、过节、扭秧歌、撂场子，他都要跟大人们一块上场，15 岁就成为当地有名的秧歌角。

村里请来一个秀才到私塾教书，成兆才没钱上学，就经常在教室外面，从窗户眼儿里偷偷学识字，很快学会了《三字经》、《百家姓》、《千字文》，还了解了《今古奇观》、《聊斋志异》中的故事。没钱买纸和笔，他就以树枝为笔，沙滩为纸，练习写字，由此粗通文墨。17 岁那年，父母给成兆才娶了一房媳妇。为了养家糊口，成兆才就拜“莲花落”艺人金开福（金长腿）为师，加入戏班演唱莲花落，很快就独当一面，得到个响当当的艺名“东来顺”。

成兆才在家乡唱红了半边天，就琢磨着到大城市去闯一闯。1901 年，他踌躇满志地来到天津，却遭遇到了人生中的重大打击，差一点结束演艺生涯。他究竟遭遇了什么呢？

成兆才跟着莲花落班子刚刚来到天津，演了没几天，就被直隶总督杨子骧以“有伤风化、永干力禁”的禁令驱逐出天津。事业上遭受了沉重的打击还不算，屋漏偏逢连夜雨——没过多久，他的继室张氏与幼子接连死去，就像是一个个霹雳打在他的心头。

成兆才心情极度苦闷，一连好几年他都不进城演出，只在三乡五里断断续续地演出。这期间，他当过酿酒工人、扛活、打短工，也卖过香料“荷包”，饱尝人间辛酸，也为他的剧本创作提供了丰富的素材。

1908 年，成兆才重整旗鼓，又一次来到天津。可天有不测风云，正赶上光绪皇帝和慈禧太后去世，清政府禁止一切戏曲演出活动。就这样，莲花落班纷纷解散，艺人们连饭都吃不上了，成兆才急得满嘴火燎泡。这个时候，又一个人出现了。谁呢？任连会。

任连会原本生在小康家庭，上过私塾，肚子里有不少墨水。他不但懂音律，而且也爱好戏曲，有一副好嗓子，十几岁的时候就成了胡家坡一带有名的秧歌名角。后来家中遭遇不幸，任连会只能带着孩子们卖艺讨生活，在搭班卖艺的时候，任连会跟成兆才相遇了，两个人一见如故，志趣相投。

当莲花落陷入绝境的时候，任连会帮着成兆才出主意，说：“莲花落要活下去，那就得改头换面！得大换血！”

有这样一位军师出谋划策，成兆才开始对莲花落进行大胆改革，重新包装。他的改革会不会成功呢？

**改头换面，莲花落怎样惊艳亮相？**

**珠联璧合，庆春班如何誉满津门？**

成兆才将原来那些粗俗的剧本和表演全都丢掉，创作了《六月雪》、《马寡妇开店》、《花为媒》、《刘伶醉酒》等新的剧本，对小生、小旦、老生各种行当进行了创新，还吸收了秦腔、乐亭大鼓的板调。演员阵容也从几人小班扩大到几十人的大班。

经过一番修剪、包装之后，1909 年正月，莲花落以新的姿态出现在冀东农村。他们第一次登台演出就获得了巨大成功，演了五天五夜，台前人山人海，叫好声不断。1912 年，成兆才组织了“庆春”班，到各地巡回演出。可是官府多次下令禁止莲花落演出，所以成兆才给莲花落取了一个新名字，叫“平腔梆子戏”。

1915 年，成兆才率领着庆春班杀回了天津，准备一雪前耻。当时戏班里的当红旦角是谁呢？就是任连会的次子任善丰，艺名叫作“月明珠”。

庆春班在天津租界的晏乐茶园演出，一时间，晏乐茶园门前车水马龙，天天客满，“看月明珠去”已经成了天津百姓的一句口头禅。人们还把月明珠主演的《开嗙》、《马寡妇开店》、《花为媒》、《占花魁》与京剧名师刘鸿声的“三斩一碰”相媲美。庆春班一下子火了，门票也从三个铜板涨到了十个铜板。兆才的剧本，月明珠的演唱，可谓珠联璧合，誉满津门。

莲花落这么火爆，惊动了当时正在天津演出的京剧大师梅兰芳。这莲花落究竟有什么好，能让大家这般痴迷呢？带着心中的疑问，梅兰芳跟刘鸿声一起去看月明珠的演出。

当天上演的是月明珠的拿手好戏《杜十娘》。观众都落座了，茶园里面来了两个身穿长衫、戴着墨镜、气度不凡的客人，那就是梅兰芳和刘鸿声。他们刚把眼镜摘下来，就被眼尖的观众认了出来，顿时引起一片骚动。

后台的月明珠听说梅兰芳先生来看他演出，紧张的手心都冒汗了。成兆才上前安慰他说：“别怕，梅先生来看戏是瞧得起咱们，正好请他指教指教。”

月明珠定了定神，不慌不忙的登台，将看家本领全都使出来，散席之后，梅兰芳、刘鸿声被请进了后台。梅兰芳握着月明珠的手连连赞赏，“落子大有前途，月明珠是个大有前途的演员。”

打那以后，评剧在天津更火了，逐渐向各地发展开去，从走街卖唱走向舞台，登上大雅之堂。

评剧能够取得惊人的成就，成兆才先生功不可没。他写的剧本没有什么花哨的言语，却有着震撼人心的力量，特别是对于人物的肖像描写，更加细腻生动、准确传神。成兆才走红的时候，正是军阀混战时期，老百姓过着水深火热的日子。他同情老百姓的疾苦，写出了《杨三姐告状》、《黑猫告状》等剧本，赢得了人们的赞誉。成兆才为民间艺术奋斗了一辈子，留下了100多部剧本。梅兰芳评价说："我们今天看到评剧这朵花开得如此茂盛，是和成先生的辛勤劳动分不开的。”

江山代有才人出，各领风骚数百年。河北的评剧红红火火地发展起来，又出了不少红角，还出了一位“评剧皇后”白玉霜。

白玉霜也是苦孩子出身，1907出生在河北滦县，是莲花落艺人李景春的女儿。她打小跟着父亲走江湖卖艺，在北京、天津一带演出，凭着俊俏的长相、清亮亮的嗓子，唱出了名堂。

都说树大招风，白玉霜唱戏唱红了，这麻烦事儿就一桩接着一桩。1934年的一天，白玉霜正在台上演出《贫女泪》，正唱得带劲，忽然来了几名背枪的警察，说她的戏演得“有伤风化”，市长不让他在北平演戏了，不容分说就把白玉霜等人押上火车，赶出京城。这事儿轰动了北平，后来知情人透露，原来是北平市一位政界要人请白玉霜吃饭，想打她的主意，结果被白玉霜婉言谢绝。这位要人觉得没面子，借口白玉霜的戏内容不健康，把她驱逐出境。

离开北京之后，白玉霜来到了上海。也算是因祸得福，她在这里找到了施展自己才华的空间，她表演的评剧让上海的观众深深折服，还登上了电影屏幕，成为大红大紫的电影明星。那么，白玉霜的演艺生涯能一帆风顺吗？

她在上海演出时，连续演出40天，场场爆满，嗓子累坏了才不得不由别人顶替。尽管身体不舒服，她也不放过学习的机会，追着看程砚秋和尚小云等京剧大师的表演，回到家后就细心揣摩，对镜演练，如醉如痴。由于她博采众长、大胆创新，走出了一条属于她自己的新路子，当时评剧界的演员很少有人能赶上她。著名戏剧家欧阳予倩、洪深、田汉也写文章称赞她为“评剧皇后”，甚至还有报纸称她为“评剧坤角泰斗”。

1936年，明星公司推出了白玉霜主演的电影《海棠红》，轰动了大江南北，不仅提高了白玉霜的知名度，也让评剧在全国传播开来。

只可惜，那顶皇后加明星的桂冠，给她带来的却是更多的灾难。白玉霜在台上风光无限，在台下却饱尝生活的磨难。她把自己多年来学到的东西，全都传给了养女小白玉霜，最后带着遗憾离开了人世。

严于律己，名旦角剃掉双眉传下何等佳话？

高风亮节，新凤霞带病收徒留下哪般美谈？

小白玉霜出生在一个贫苦的家庭，五岁跟着父亲从天津逃荒到北京，父母亲养不起她，就把她卖给了白玉霜做养女。她14岁登台演戏，16岁那年接替母亲担任主演，挂出“小白玉霜”的牌子。几年后白玉霜在北京病故，小白玉霜正式挑起了母亲的班子，在京津一带享有盛名。

别看她名气大，可是在同龄演员中却从不摆架子，一直关照着比她小七岁的后起之秀新凤霞。当时的戏班不为女演员准备行头，都是自己准备。可是新凤霞家里穷买不起，小白玉霜就主动把自己的行头借给她用。在新凤霞演出时，还专程赶去给她把场，处处提携这位小妹妹。这在人情淡漠、同行是冤家的旧时代，非常不容易。

小白玉霜非常敬业，对自己的要求也非常严格。她参加电影《秦香莲》的拍摄时，因为剧情需要，毫不犹豫地剃掉了自己的眉毛，等到卸妆以后，只好蒙着头纱回家。这件事儿成为戏剧界的佳话。

除了这些老辈儿艺术家，还有很多后起之秀，其中一个就是刘秀荣。在河北戏曲界有这样一种说法：“梆子有裴艳玲，评剧有刘秀荣。”刘秀荣1957年生于河北省阜城县，打小喜欢评剧，14岁考入县剧团，17岁登台挑大梁，她演的《花为媒》、《刘巧儿》、《吕布与貂蝉》深受家乡父老喜爱。

1982年，秀荣想要拜师，没人替她穿针引线，她把自己的唱段录音寄给在家养病的新凤霞，可心中还是七上八下。没想到八天后，她接到了新凤霞的丈夫、著名剧作家吴祖光代写的回信，欢迎她进京学艺。新凤霞不愧为梨园伯乐，她不顾自己正在生病，收下了这个没见过面的弟子。秀荣背着小米、绿豆兴冲冲地去了北京，一进门就磕头，结果小米、绿豆洒了一地。新凤霞被她的真诚和朴实深深地打动。第二天，就在北京的一家大饭店为她举行了拜师仪式。

刘秀荣悟性好，人勤快，肯吃苦。新凤霞像母亲一样，对她疼爱有加，可是要求也很严格。有时为练习一句唱词，要反复唱数十遍、上百遍。老师让她抓一把豆子，唱一遍捡一粒丢进碗里，豆子没有捡完不准停。在新凤霞的指导下，刘秀荣很快成长为新派评剧艺术第一传人，享誉国内外，还被欧洲观众称为“中国评剧公主”。

这正是：

莲花落子传千年，一代宗师不平凡，

评剧皇后白玉霜，代有新秀天下传。

第三十九回

# 冀东名鼓曲　乐亭大鼓殊

上一回说到评剧里面的老故事，讲到流传在冀东的老调。在这片地方盛开着民间艺术的三朵花，一是昨天提到的评剧，二是以后要讲的皮影，再有就是今天登场的乐亭大鼓。这韵味儿十足的大鼓书里边有着什么样的门道？

去过唐山乐亭的朋友，您肯定会发现这里的方言很有意思，每个字都带着细长的尾音，不管是男女老少，说起话来就像是唱歌一样。老话说了：什么人讲什么话。唱着歌说话的乐亭人爱说爱唱，逢年过节都得办上一场接一场的歌舞和说唱。这样的活动中最有人气的节目之一就是乐亭大鼓。其实，您仔细听听就能发现，乐亭大鼓之所以有这么好的人缘，原因就在于它来自于老百姓的生活，只要把乐亭话的语音稍微拉长一点点，再加上鼓板齐鸣，就成了乡情乡韵的乐亭大鼓。

话虽然是这么说，不过，乐亭大鼓从产生到发展也不是那么容易的事，上百年的时间，几代人的心血，终于成就了这项民间艺术。要从根儿上说起，这一行里的祖师爷究竟是谁呢？

道光年里，乐亭出了个名叫温荣的小伙子，他跟着师父学着老木板大鼓，后来许是觉得这行不好干，就转行到东北去做买卖。得说这是命里注定的缘分，温荣的买卖做了有几年，又回到老家，唱起了大鼓。他做什么事情都爱琢磨，愿意往这事里加上自己的心思。温荣把老木板大鼓跟民间小曲合二为一，唱出了“四大口”的新调；他还把传统大鼓的“光唱不说”改成了“连说带唱”。温荣这回重操旧业，一唱就红了，他的唱腔还被老乡们亲切地称为“乐亭腔”。

当时，温荣入了当地最有名的崔家戏班，跟着当家的老板崔佑文。崔佑文也是当地的一位奇人，祖上在战场上立过不少军功，到了他这一辈儿，正经是财大气粗，家大业大，成了当地最大牌儿的人家。这个崔佑文在哥们弟兄中间排行老八，因为脾气秉性挺各色，就落下了一个“崔八断”的诨名。

这位的个性到底有多怪呢？其实，倒也不是别的，只不过这位不爱功名不爱财，甚至连女人都不喜欢，唯一的爱好就是各式各样的民间艺术。崔佑文的旗下有皮影班社、梆子班社、莲花落班社，当然还有一班大鼓艺人。

温荣就在崔家唱着大鼓，也琢磨着自己这门艺术，天天就想着怎么能改良大鼓的唱法，终于，他想出来一个挺绝的点子，就是把伴奏用的木板改成铁板，他这个灵感到底是从哪儿来的呢？

*灵光一现，温铁板如何名震江湖？*

*痴情一世，韩香圃如何传承大鼓？*

话说有这么一回，温荣正在地头上溜达，他瞧见有什么东西在太阳光下面闪闪发光，捡起来一看是两块碎铧片，不定是哪个老乡犁地的时候弄坏的东西。他拿着这两块铁片随手一敲，没想到这出来的声音还真不错，比平常唱戏用的木板声好听多了。温荣脑瓜一转，就把铧片磨成了两片月牙形的铁板，替下了伴奏的木板。从他这儿起，开创了铁板伴唱大鼓的先河，温荣也在行里得了一个“温铁板儿”的绰号。现如今，这两片月牙形的铁板也有个专业的名词，叫作“梨花板”，这个名字听着很是婉约，其实它就是犁地使的“犁铧板”的谐音。

温荣的大鼓唱得越来越好，老板崔佑文也把他当成了一块宝。崔家的戏班每年都要进京城，到恭亲王府去进贡，这一年，崔佑文就把温荣带进了王府。温荣到了王爷跟前，他开口那么一唱，恭亲王就立起了耳朵，一曲终了，王爷就把温荣叫到了跟前，问他唱的是什么。温荣恭恭敬敬地回答说：“这是乐亭腔。”王爷摇着头说：“曲子好听，名字却不怎么样，不如就叫乐亭大鼓吧！”从这儿以后，乐亭大鼓有了正名，这个名字也就一直沿用到了今天。

有了这一回故事，乐亭大鼓得了名号，唱大鼓的温荣也有了名气，有不少人到他这来拜师门，温荣也就收了很多的徒弟，还建立了乐亭大鼓的宗谱，这宗谱叫作“清门”，门下的弟子就称作“清音弟子”。俗话说：名师出高徒。温荣的弟子中间又出了哪位高人呢?

其中有这么一位，他的名头挺古怪，被人叫作“陈活埋”，这个大号里面又有什么样的典故？这还得从他拜师学艺的事情说起。陈活埋，本名陈际昌，是一个识文断字的文化人。他空有一肚子墨水，可惜没几分运气，考了好几回的秀才，从来都是竹篮子打水一场空。一来二去地他就断了考取功名的念头，去跟温荣学起了大鼓。在那时候，大鼓艺人根本没什么社会地位，跟读书人可是没法比，所以，好多人听说陈际昌弃文从艺，都觉得实在是可惜了，说他“真该被活埋”，说来说去，就有了“陈活埋”这个名号。

陈活埋虽然转行唱大鼓，可是他读过的那些书到底也没白读。当年，有好些个八旗子弟都是听书爱好者，他们爱听大鼓那个味儿，却不喜欢民间艺人写的大鼓词，总嫌那句子太白，字眼不深。于是呢，八旗子弟就自己当起了大鼓词的写手，他们的作品叫作“子弟书”，里面用上了好多的文辞，这样的唱词一般的艺人也唱不来，只有读过书的陈际昌才能唱好。

陈际昌的名号在圈子里面越传越广，渐渐地就成了“子弟书”的专业户。他把“子弟书”的唱词搬到了乐亭大鼓中，还编了好多的新曲词，在大鼓书里添了几分文化的韵味。陈际昌不愧是温荣的得意门生，他不光唱得好，而且爱学习，好研究，他吸收了冀东皮影戏的悲调唱腔，创造了乐亭大鼓的[大悲调]牌子，又在老辈儿人的基础上发展出紧打慢唱的唱法。

陈活埋的师兄弟有不少奇人，比方说这“齐老尊”，就有一手独门绝活，他不光有嘴上的功夫，一双眼睛更是精妙。他那眼神一撇，观众都得跟着看，他的眼角一挑，就是一阵接着一阵的叫好声。齐老尊跟陈活埋不一样，专门走草根路线，凭着活灵活现的表演，地道讲究的身段，“扣子”拎得紧，“包袱”抖得响，在民间乡村拥有大批的粉丝，还创造了“八大句”、“上字流水”、“小口”等等老百姓喜闻乐见的腔调。

乐亭大鼓世代传承，齐老尊也带出了一个顶门立户的弟子，这就是土生土长的乐亭人韩香圃。韩香圃的家里是当地的富户，到了韩香圃这儿，老韩家的路子拐了个弯，这小子从小就喜欢乐亭大鼓，经常背着老父亲到处去听书学唱，对于做生意赚钱的事情却是一点也不上心。

乡亲们议论说："这韩家的大少爷真是个败家子，好好家业他不管，偏要做个说书的。"韩香圃听到人家嚼舌根，干脆直截了当地去跟父亲提，要正式拜师学艺去唱大鼓。老父亲气得不行，连打带骂地要断了他的念想，可是，这韩香圃认准了的事那是非干不可。父子俩斗了几个回合，当爹的败下阵来，说是再也不管这个倒霉孩子，你爱干吗干吗去吧，可有一样，你的吃穿用度再别找我要了！

韩香圃可不怕这个，他一门心思地想要唱大鼓，就带上老婆孩子搬出家门，拜在了齐老尊的门下，天天早起晚睡地练鼓板、背书词、学唱腔，那劲头简直就是入了痴。有一年，滦河发了大水，十里八乡的人们都赶着逃命，只有韩香圃还站在房顶上练唱，压根儿没瞧见发水的事。后来，还是热心的老乡把他从房顶上拽了下来，这才算捡回了一条性命。

齐老尊看着韩香圃一心学艺，就把一身的本事传给了他，韩香圃也没辜负师父的心意，花了好几年的时候，系统地整理出乐亭大鼓的"九腔十八调"。

转眼到了1937年，日本兵打到了华北，中国人受尽了欺负，有一拨日伪军警特务没事找事地就上韩香圃家里找茬，他受不了这个气，干脆放下了鼓板，回家去种地。经了好些年的动乱，韩香圃整理的资料差不多全给丢了，他心疼得整天整宿地哭，把一双眼睛都给哭瞎了。

等到眼泪干了，韩香圃鼓起精神，要保住乐亭大鼓的老底儿，他在病床上一字一句地口述，让儿子把这些珍贵的资料记了下来。

多亏了老韩家爷俩这一番努力，乐亭大鼓的家当总算是捞回了不少。从这往后数，这一行里还有哪位担纲挑梁的人物？又出了哪些个耐人寻味的故事呢？

1912年，唐山滦南的老靳家得了一个男娃娃，起名叫靳文然。这娃子生得挺机灵，只可惜家里日子不好过，老靳家想着法子开了个鞋铺，十来岁的靳文然在铺子里帮忙学手艺。

虽然家里没什么钱，靳文然的父亲却是个挺开朗的人，他爱好音乐，又喜欢交朋友，家里这个鞋铺就成了来往艺人的根据地，其中有这么两位名叫戚用武、丁运清的大鼓艺人是靳家的常客。靳文然没事就跟这些叔伯大哥在一块聊天，日子久了，就爱上了大鼓，一个心眼儿地要做个专业的大鼓艺人。

他把自己的想法告诉父亲，老靳却当场拒绝了小靳的要求。老百姓爱听大鼓，却打心底里把艺人看作是“下九流”，谁也不乐意让自家的孩子去干这个。可是，靳文然也是个倔脾气，家里不同意，他就偷偷地跟着大鼓艺人丁运清学说学唱，没用多少工夫，就学成了十几个小段，逮住机会就去当上一回票友。

没过几年，老靳家的鞋铺关了张，靳文然正式拜在丁运清的门下。跟着丁师傅学得差不多了，他又找到另一位乐亭大鼓的当家人物戚用武。当时，圈子里面有个说法——“《骂城》许老焕,《单刀赴会》戚用武,《十问十答》赵文汉，瞎吹牛腿赵志福”。其中这位凭着《单刀赴会》出名的戚用武，也成了靳文然的师傅。

靳文然学好了本事，唱出了名气，在老家滦南成了名角儿，他总觉着得出去见见世面才能长进，就打算到乐亭去闯荡闯荡。亲朋好友听说了这事，都劝他说：“乐亭的名角儿可是太多了，那里有大鼓祖师爷温铁板，齐老尊也是那儿的人，你有几个胆子敢在关公面前耍大刀？要是在乐亭吃了亏，还有什么脸面回来见家乡父老？”

人家这话说得也挺有道理，可是靳文然却不这么想，他说了：“下棋得找高手，唱大鼓也要让高人指点，我这一趟去就是为了让齐老尊齐先生给挑挑毛病，就怕人家不给挑呢！”

靳文然打定主意出了门，这一回他究竟遇到了什么样的故事呢？

精诚所至，靳家后生如何获得名师真传？

口吐莲花，乐亭大鼓如何演绎百味人间？

靳文然到了目的地，摆开场子就来了一段。台下有人跑到齐老尊家里去送信，说是有个滦南的毛头小伙到咱这说书来了。齐老爷子听说了这事，拄着拐杖到了书场，他在边上听了一会儿，说这孩子还真不错，那嘴皮子挺利索，只是卖相差点劲儿，要是有人给他好好说说，一定能有大出息。

这话传到了靳文然的耳朵里，可是把他乐坏了，隔天就提着点心、白酒上了齐老尊的门，当下就要磕头拜师求指正。齐老爷子是个开明的人，他一点也没有门户之见，瞧着靳文然挺真诚，就一招一式地教，一字一句地讲，恨不得把自己一辈子练就的本事全都说给他。

靳文然得了大师的真传，高高兴兴地回了老家。20 年后，靳文然再说起这事，还是感慨万千——“没有高山不显平地，齐老先生那才是真玩意儿，没有他老人家当年的指点，就没有我靳文然的今天。”

靳文然把自己的见识化进了大鼓，他说了：“吸收新腔，就如同化在水里的盐，用眼睛看是看不见的，只有用嘴吧嗒吧嗒才有味。”他说的味儿到底是什么呢？那雄壮处好似万马奔腾，凄切处有如雨打芭蕉，委婉处如同喁喁私语，缠绵处像烛影摇红，紧急处如珠玉落盘，钻天处有如鹤鸣云端般清脆嘹亮，入地处好似虎啸渊底样深厚低沉。声音中有情，有景，有的是真本事、真功夫。

乐亭大鼓代代都有人才出，他们爱家乡，爱艺术，成就了乐亭大鼓的美名。因为乐亭大鼓的艺人凭着本事得过皇恩，这一行的艺人也被尊称为“说书先生”。据说，其他的大鼓艺人演出的时候必须得站着，只有乐亭大鼓的艺人可以坐着表演。

说书的一张嘴演绎人间百态、万种风情，风雨雷电、虎豹狼虫。大鼓书好听不好唱，那真是：世上生意好做，唯有说书难习，装文扮武就像一台大戏。乐亭大鼓发于原野，雅于乡土。一板一弦说古今沧桑，一人一口演百面人生。

这正是：

乐亭大鼓一枝花，唱响冀东贫富家。

温荣拾起犁铧片，叮当一声说天下。

第四十回

# 西河唱大鼓 代有才人出

上一回我们说到，乐亭大鼓艺人凭着一张巧嘴，唱千古悲欢离合，说世间喜怒哀乐，带给我们几多感慨、几许苍凉。除了乐亭大鼓，大鼓家族还有一脉不能不提，那就是西河大鼓。西河大鼓在哪里发端，又是怎么样入天津、进北京，一路走红？一代又一代的艺人留下了哪些精彩的故事呢？

今天我们来说一说西河大鼓。它产生在清朝道光年间，距今已经有100多年的历史。起根儿就是白洋淀一代流传的“弦子书”和“木板大鼓”，后来民间艺人马三峰对它们进行了加工改造，吸取了民歌、戏曲音调，用大三弦伴奏，还把木板击节改为铁板，让这种曲调变得更好听。

过去流行着这么一句话，“外地学艺，天津唱红，全国赚钱”。无论什么曲种，要想唱红必须闯天津这一关。到民国初年的时候，有很多大鼓艺人来到天津表演，表演也没个统一的称谓，什么河间大鼓、梅花调、弦子书、西河调等等，叫啥的都有。民国九年（1920年），河北易县的王振山、王凤咏来天津四海升平戏园演出，演出需要打海报，大家犯了嘀咕，海报上该怎么写呢？因为表演这个曲种的艺人都是沿着大清河来到天津，大清河俗称西河，干脆就叫“西河大鼓”吧。打从那时候起，西河大鼓正式定名。

西河大鼓名角辈出，对西河大鼓贡献最大的莫过于创始人马三峰，他是最早打入天津、北京的说书艺人。现如今，在河北、北京、天津的曲艺界还流传着一种说法，“唱大鼓最好的，南有何老凤，北有马三峰”。咱们单说这来自河北的大鼓王——马三峰，他究竟是什么来历？

马三峰，小名马大河，大约1820年生于河北省高阳县教台村一户农民家庭。十多岁的时候，马大河的父亲去世了，母亲一个人养不了家，带着孩子改嫁到安新县端村。家里穷，供不了马大河上学，不过他从小就喜欢看人唱戏、说书，一听就学，一学就会。村里发生了什么新鲜事儿，他都能现编现唱，村里人觉得他是个说书的材料，就建议他母亲送他去学说书。他母亲也觉得这是个手艺，就让他拜当地有名的说书艺人田东文为师，学习木板大鼓，师傅给他改了名字，叫马瑞河。学成之后，他就跟师兄马瑞林一起做搭档说书。

马瑞河的表演风格泼辣、奔放，人们送了他一个绰号叫“马三疯子”。他的师兄马瑞林恰恰相反，稳重、深沉，人送绰号“马大傻子”。就这样，一个“疯子”、一个“傻子”，组成了一对黄金搭档，他们联袂演出妙趣横生，轰动了当地的书坛。

马三疯子舞台上疯癫，私底下却是个好琢磨的人。他觉得传统的中三弦伴奏效果不好，不适合在农村街头广场演出，就改用音域宽广的大三弦伴奏，还把木板击节改为铁板击节，将木板大鼓的单一板式改为头板、二板、三板多种形式，又吸收了戏曲、民歌的唱调。很多木板大鼓说书艺人争相效仿，由此形成了西河大鼓书的雏形。所以后辈西河大鼓书艺人普遍认为，马三疯子是西河大鼓的创始人。时间长了，大家把他的本名都淡忘了，都管他叫“马三疯”，疯子的疯不雅，写的时候改成山峰的峰。

马三峰的名气越来越大，前来拜师学艺的人也不在少数，他的弟子朱大官算得上青出于蓝而胜于蓝。他打小就跟着马三峰学艺，最擅长拉二胡，曾为河北梆子须生大吉高伴奏多年。另外，朱大官在承袭师傅技艺的同时，进一步对西河大鼓进行改革，使西河大鼓的唱腔更加丰富多彩。他还带了不少徒弟，形成了著名的“朱派”体系。

小有名气，小说书为何一路卖艺到京城？

窗外偷师，赵玉峰怎样潜心求学惊天桥？

西河大鼓还有一个著名的流派，那就是“赵派”。创始人名叫赵玉峰，艺名赵双合，1894 年出生在河北省河间县。

穷人的孩子早当家，赵玉峰十来岁就跟着堂兄赵双印学唱小北口西河大鼓，第二年就跟着堂兄四处卖艺。十六七岁时，在家乡已经小有名气。当时，河间一带西河大鼓名家辈出，一个年轻人能在这个行当有一席之地已经是很不简单了。然而，好学上进的赵玉峰，没有满足，他想到大城市北京闯一闯，见见世面。

1912 年，年仅 18 岁的赵玉峰，跟另外两个朋友胡占甲和王树海一起从河间出发，经保定赶往北京。出门在外需要盘缠，可是他们说书挣的那点钱，刚够吃饭、住店，没钱坐车，只好走着去北京，一路走还得一路卖艺筹钱。

这一路艰难自不必提，来到北京，他们赶忙来到天桥卖艺。鼓板一响，人们便渐渐地围拢过来，赵玉峰唱得很起劲。可小伙子们太实诚，不会卖“关子”，等到打钱的时候，人们都走光了。赵玉峰一直唱到傍晚，挣来几个钱还不够买馒头的。几天下来，他们根本挣不到几个钱。三个小伙子就像霜打的茄子一样，蔫了。

一天晚上，赵玉峰来到天桥茶社门前，见海报上写的是说评书《施公案》。赵玉峰往屋里探头一看，见里边灯火通明，还没开书呢，已经高朋满座了。同样是说书的，自己连饭钱都挣不出来，这是为什么？他就想弄个究竟，可一日三餐都成问题，哪有钱进去听书？那就站外面听吧。

不听不知道，一听就听出了差距。人家说书的时候，口齿伶俐，吐字清晰，满口京音，书中的人物和故事交代得明明白白，清清楚楚。而自己呢，一口乡间土话，一个劲地傻唱，难怪大家听不懂是啥玩意儿。再看人家的形体动作，不温不火，恰到好处，而自己呢，随心所欲，没个章法，这差得不止二里地啊。

赵玉峰下决心从头学起，每天来窗外“偷”书，从不间断。整整一个冬天，赵玉峰囫囵半片地把这部书记下来，把它改编成了西河大鼓，然后拿到天桥去演，一下就轰动了。从此，西河大鼓在北京城里站住了脚。

赵玉峰的西河大鼓在北京砸出了不小的动静，又乘胜转战到了天津，在这里也大受欢迎。赵玉峰还想把市场拓展到关外去。九一八事变前的一个夏天，赵玉峰到抚顺聚和轩茶社演出《双镖记》。海报贴出之后，观众上座率很高，不论刮风下雨，只要开书，便座无虚席。

有一天刚刚散场，书客还没走完，只见一个陌生人走上书台，对赵玉峰一拱手，说："赵老板，辛苦辛苦，我是久仰大名啊！"赵玉峰抬头一看，来人50多岁，慈眉善目，穿一件白绸子大褂，说话彬彬有礼，便急忙迎上前去。这时候，茶社掌柜的赶过来介绍说："这位就是北京城鼎鼎大名的梁先生，梁殿元。"

梁殿元是谁？当时评书界的名家！赵玉峰久闻大名，十分惊喜，连忙帮着他搬行李，还请他到自己家住。一向爱才的梁殿元，见赵玉峰如此虚心，便说："我有两部书，一部是《大隋唐》，一部是《铁冠图》，如果你愿意学，我把两部书都给你。"

赵玉峰一听更是喜出望外。《大隋唐》是部好书，扣子紧，热闹，自己早就想学，怎奈投师无门。今天，梁先生竟然主动上门，慷慨传授，这实在是踏破铁鞋无觅处，得来全不费工夫。

打那开始，梁殿元说评书《大隋唐》，赵玉峰每场必到，梁殿元的《大隋唐》整整说了半年多，赵玉峰一场没落。梁殿元见赵玉峰好学上进，又把全部《三侠五义》传授给了他。赵玉峰把他们全都改成了西河大鼓，很受欢迎。

师傅领进门，修行靠个人。名师的点拨，再加上个人努力，赵玉峰的西河大鼓越唱越好。两年之后，赵玉峰离开东北返回天津，那人气是水涨船高，粉丝数量也不断飙升，成了曲艺界的炙手可热的新秀。各种演出应接不暇，正在这个时候，一封东北来信，却让他不顾一切返回沈阳。这封信是梁殿元写的，信上说他在沈阳说评书《大隋唐》，让赵玉峰去听。

要知道，赵玉峰现在在天津，差不多也成了印钞机，每天一开场，大把的票子哗啦哗啦进了口袋。现如今要是放下演出去东北，那太不划算了。

可赵玉峰二话没说，立刻停止说书，奔赴沈阳。白天听梁殿元的《大隋唐》，晚上听另一位评书演员潘成立的《三侠五义》。这一次，他着重记了《大隋唐》中的诗词赞赋，又从《三侠五义》中学到了许多短打书的长处，都揉进了西河大鼓。

整整四个月，赵玉峰口袋里的钱只出不进，不但把几年来的积蓄都花光了，还把一些衣服也当出去了。可赵玉峰心里有数，干这行，不能吃老本，学无止境，这次他学到的，价值无法估量。后来，这两部书果然成了他的"看家书"，走到哪里演到哪里，在哪里演出都受欢迎。

赵玉峰出了名，成了角儿，可他从不沾沾自喜，不拿架子。他在天津玉霖春茶社说《大隋唐》，鼓板一响，座无虚席。在众多书客中，有两名常客，每天都来听书，一开始赵玉峰并没在意。这一天，赵玉峰刚刚说完书，这两个人径直来到书台前，其中一个上前作了个揖说："我是唱京戏的，叫高福安，请你明晚去看我们的京戏《伐子都》。"赵玉峰连忙点头称谢，第二天应约前往，看后惊叹不已，心想：看人家一举一动，一招一式，把人物心理活动表现得入木三分！西河大鼓的表演，为什么不可以加进一些戏曲的身段呢？

从那以后，他有时间就去观摩高福安的京戏，虚心向他求教。高福安每天教他戏曲知识，一边说戏，一边示范。整整学习了一年多，赵玉峰的身段表演大有长进。著名的京韵大鼓演员白凤鸣，看了赵玉峰的西河大鼓之后，感慨地说："赵老兄的身段，可以与鼓王刘宝全并驾齐驱！"

**才高八斗，田荫亭一副金嗓如何红遍天津？**

**余音绕梁，马增芬一段贯口为何遐迩闻名？**

赵玉峰一生收过的徒弟无数，其中田荫亭得了他的真传。

田荫亭也是河间人，他从小跟着父亲田士杰学西河大鼓，18 岁拜赵玉峰先生为师。田荫亭天生一副金嗓子，到了中年时期，西河大鼓说得已经是炉火纯青，红遍天津。他在谦德庄书馆说书，三年来天天客满，座无虚席。从 1950 年开始，天津人民广播电台先后录制他的《养鸡婆》等几十个小段，使他的名字风靡一时。

1957 年，天津第一届曲艺杂技会演，制定了许多奖项，高于一等奖者定为优秀奖，当时马三立为相声优秀奖，骆玉笙为京韵大鼓优秀奖，石慧儒为单弦优秀奖，田荫亭为西河大鼓优秀奖。

20 世纪 70 年代末，在同行们当中已经有了"田派西河大鼓"之称。可是田荫亭执意反对，再三推辞说："余叔岩至死不称余派，杨宝森至死不称杨派。我有何德何能敢妄称田派？"评书大师袁阔成赞叹说："田先生是曲艺界的秀才，舞台上满身书卷气，那是因为人家肚子里真有学问。"

20 世纪 50 年代以后，西河大鼓还出了一位顶呱呱的女艺人，她就是马增芬。

她演唱的《绣鞋帮》、《游湖借伞》等很受大家欢迎，尤其是她演唱的《玲珑塔》堪称一绝。《玲珑塔》是描写一座高 13 层的玲珑宝塔的景致，唱词像北京的绕口令，以活泼、伶俐的贯口引人入胜。马增芬唱得如同小溪流水，湍急而清澈，吐字干净利落，旋律起伏有致。

曲艺界不少艺术家，都和西河大鼓有着不解之缘：单田芳老先生那独特的声音，我们早就很熟悉了。您知道吗，单田芳的母亲王香桂是西河大鼓的知名艺人，父亲单永魁是她的弦师，夫妻俩曾经在东北三省红极一时。

另外，著名的相声演员郭德纲，七岁时跟随天津评书艺人高祥凯学习评书，九岁开始正式学习相声。十二岁时，还跟盲艺人王田雨学过西河大鼓。现如今，老郭在说相声的时候，也时不时来上一段西河大鼓。

这正是：

西河大鼓初定型，轰动书坛马三峰。

几代艺人凝心血，一张巧嘴唱真情。

# 第四十一回 鼓曲原生态 沧州木板书

上一回听过了余音绕梁的西河大鼓，那真叫一个韵味十足。今天出场的主角也不寻常，要把北方的曲艺比成一座金字塔，它就是最顶尖的一块砖；要把著名的京韵大鼓比作一棵树，它就是入地千尺的树根。这就是在咱河北土生土长的木板大鼓，它到底经历过什么样的传奇故事？

说起这木板大鼓，您可着全国找一找，唯有河北沧州这独一份。要往根儿上追溯，那就得说到3000年前，打从周朝开始，一直到今天，它一直是咱老百姓最喜欢的民间曲艺之一。从书上翻一翻，《沧县志》上就记着这么一段话："江湖大鼓风行一时，其声韵顿挫淋漓，足表燕赵慷慨悲歌之声。"这里的江湖大鼓指的就是木板书。

抑扬顿挫的木板大鼓，慷慨悲壮的燕赵之声。这一场好戏上台，需要的只是两个人，一个唱曲，一个伴奏，一个大鼓，一副木板，一段流水的曲调，就是一回好听的故事。这两位艺人轻装上阵，正是曲艺行里的一对轻骑兵，他们走到哪儿，唱到哪儿，唱出来怎样一段古老的传说呢？

话说是在清朝的乾隆年间，沧州的木板大鼓就已经有了名气，这名气有多大呢？就连紫禁城里的乾隆爷都听说了，他专门召了一位名叫李朝臣的艺人，到宫里唱了一回木板大鼓《西厢记》。再有那个才高气傲的纪晓岚，他也是沧州木板大鼓的粉丝，一有机会就把专唱木板大鼓的名家刘君瑞请到自己的家里。

这路曲艺人人爱听，代代流传，一直传到了咸丰年里，这一行出了一位扛旗的人物庞凤城。他生在沧州，长在沧州，一辈子最爱本地的曲艺，除了那木板大鼓唱得绝，落子、吹歌，也都是行家，因为打小在武术之乡成长起来，那一身的武术也很了得。庞凤城不光是多才多艺，而且样样精通，他集合了众家之长，吸收了戏曲、民歌的优点，把木板大鼓唱得更好，也把这一路艺术发展起来。

彩云遮月，一声悠扬如何打动西洋观众？

世事纷飞，一腔古曲如何传承百年时光？

沧州城里有不少木板大鼓的名家，也分出了好几个门派，除了以庞凤城为代表的庞派，还有以穆汉青为代表的穆派，“沧州红”王福祯为代表的王派。就说这王派的掌门人王福祯吧，他本来是西河大鼓的门生，后来又学了木板大鼓，他那一张嘴皮子，简直是没人能比，一副“云遮月”的好嗓子，更是动听。他最拿手的《大小五义》在沧州城里每年都要来上一场，每一回都是座无虚席。

从王福祯往后数，还有朱恩波、朱德恒和张德成，这几位都能自成一派。到了 20 世纪，这行里又出了一位里程碑式的人物刘银在，他本名刘凤喜，入行以后，按着辈分取了“银在”这个艺名。他头一个把沧州的木板大鼓搬上了艺术舞台，还把大鼓书唱到了中央人民广播电台。

刘银在还对老辈儿传下来的艺术做了改良，这一出出的功劳都让大伙听在耳朵眼里，记在心窝子里。他的大照片登上了《河北日报》，登上了《人民日报》，他的作品拿下了好几个大奖，他那一口唱腔人人爱，老一代的革命家陈云同志听了他的戏，也成了沧州木板大鼓的铁杆粉丝，还专门存了一份演唱的磁带。

要说这好东西那就是人人爱，沧州的木板大鼓不光是咱本地人的心头好，就连大鼻子的洋人也喜欢。就在 2010 年的夏天，中国的传统曲艺头一回集体出了国门，在塞纳河边的巴黎中国文化中心举办了一场“巴黎中国曲艺节”，来自沧州的木板艺人王银杰和刘凤鸣演绎了一场《贾宝玉夜探潇湘馆》。

宝玉和黛玉缠缠绵绵，柔肠百转，最后却是“一段好姻缘没能成”。感人的故事，动人的韵味，让外国的朋友们看的是如痴如醉。王银杰、刘凤鸣这两位老先生也凭着这一曲高唱拿下了卢浮金奖。节目结束之后，一位法国文化部专员红着眼圈对人说：“表演这个节目的两位老艺术家虽然年事已高，但仍然细心、准确地将故事娓娓道来，评委们对此深表感动，不仅为单纯的艺术，更

沧州木板大鼓

为中国的传承精神感动。”

王银杰和刘凤鸣两位老前辈，一曲红巴黎，舞台上的十几分钟，来自于台下几十年的用功，这其中又有着怎样的故事呢？

刘凤鸣 20 来岁的时候，就入了木板大鼓这一行，现如今，在沧州的木板大鼓艺人里面，他会的曲段最多，拿的大奖也不少，凭着这样的好成绩，成为河北省级非物质文化遗产的传承人。

早先，他拜在木板名角儿温贵全的门下做徒弟，起初为的就是安身立命，填饱肚子，跟着师傅学了两个月，就和同门的师兄弟们一块走街串巷给人说书。那小哥几个的日子过得挺辛苦，说一晚上的小戏只能挣到 1 块 5 毛钱。不过，这时间是一天一天地过，哥几个的本事也是噌噌见涨，两三年的工夫过去了，他们说书的行情也是水涨船高，一晚上就能挣上 8 块钱，这个价位是身份的标签，说明他们已经是那个年头里一等一的说书人了。

转眼就到了 1971 年，刘凤鸣进了县里的文工团，到处去表演，尤其到了东北，一上场就得了个碰头彩，文工团在那说了半个月，场场都是爆满，天天都有观众排着大队抢戏票。可是，这花无百日红，人无百日好。日子一久，传统的老戏码就不那么吃香了，县里的文工团熬不住了，刘凤鸣也只好带着家当回故乡，单枪匹马地说书讨生活，甚至一度离开了自己的老本行。那些年里，刘凤鸣的心里别提多难受了。

到了最近几年，老树又遇到了春风，刘老先生的手艺活儿又成了香饽饽，他拿起熟悉的家伙事儿，唱起久违的老调子，逢年过节地就到处去巡演，到哪儿都能遇见知心的知音老乡。

人红不单是靠运气，主要还得说人家老刘的本事过得硬，不论是说还是唱，他样样都在行，尤其是他弹的曲子，保准人人都叫绝。刘凤鸣说了，琴随的是人的性子，你是什么样的人性，就能弹出什么样的调。

刘凤鸣的说法挺有道理，不管是在哪一行里，讲的都是艺和德，要是谁的人性好，艺术一准也错不了。再比方说这刘凤鸣的老哥们王银杰，那也是行里响当当的人物，老人家这一辈子经历了什么样的故事呢?

如今年过花甲的王银杰，性子里最突出的就是两个字——执着。他 16 岁当学徒，17 岁抱三弦，18 岁登舞台，这四五十年的时间里面从没有一天放下手里的木板，停下嘴边的唱词。王银杰一肚子曲段，样样精通，一屋子挂满了大镜子，没事就要对着影子练眼神，练身段，就连下地干活的时候，也少不了要在庄稼地里来一段大鼓书。

下了这么大的功夫，王银杰成了十里八乡出名的角儿。他的木板大鼓走到哪儿,父老乡亲们就能跟到哪儿。当地的老乡说了,只要听见那木板“梆”的一声，心里就开始挠痒痒，真是茶不思，饭不想，非得听上一段大鼓才解馋。

**行走四方，沧州艺人如何唱响大鼓声腔?**

**声传百里，古老技艺如何述说离合悲欢?**

在沧州木板大鼓的圈子当中，还有一个人物名叫刘银河，他那副嗓子特别得高，还真是没有辜负自己这个名，那可是高过了银河，震响了九霄。

刘银河本是沧县旧州镇后漕村人，就在他 16 岁那年，偶然听了一耳朵木板大鼓，这一下就入了迷，缠着自己的父亲，说什么也要学会这门本事。父亲看着孩子实在是爱大鼓，就费着心思给他寻了一位好师傅，这就是当时的红角儿温源书。这一回,总算是了了刘银河的心愿,他拜在师门下学了整整一个冬天，就把好几套的曲目装进了自己的肚子。隔年开了春，刘银河就跟着几个哥们一起出去闯荡，他们到了黄骅，进了天津，把那一腔慷慨激昂的燕赵悲歌唱响了四方。

提起沧州的木板大鼓，当地人个个都有说不完的话，有个沧州老乡回忆说：记得在60年代初，他不过是个七八岁的孩子，每到了麦收之后，全村的老老少少出了力、流了汗，把自家的收成装进了仓库，处处都透着一股子喜庆劲儿，这时候，大伙都盼着这么一件又乐呵又解乏的事——听大鼓。

等着天空擦了黑，各家各户都吃过了晚饭，全村上下聚到了一起，听一位“王二先生”上场献艺。这先生个头不高，身板瘦条，走起路来慢慢悠悠，浑身的打扮利利索索。王二先生平时不爱说话，轻易不跟别人开口，不过等到这鼓弦一响，他立马就换了个人——手里那一把折扇左右指点，一会儿是长枪，一会儿又成了短剑；两片嘴唇上下翻飞，一会儿是说，一会儿又唱，那悠远的唱腔回忆起来好像就在耳边……

一条老运河，流过古沧州，千百年的历史在这里留下了多种多样的民间艺术，木板大鼓就是这片土地上的奇葩。那喑哑迟涩的行腔，拙朴苍劲的鼓板，原汁、原味、原生态的木板大鼓，叙说着亘古不变的人生。

木板一响，鼓声一起，木板艺人唱起“丁香割肉”的故事，说起“老来难”的苦衷，讲述着“杨家将”精忠报国的往事，回味着“小五义”热血沸腾的传说。一声声情真意切的木板，一句句苍凉悲壮的唱腔，一段段离合悲欢的情节，能让人哭，让人笑，让人品出酸甜苦辣的味道。

这正是：

木板大鼓起沧州，一声悠扬去烦忧。

唱尽悲欢与离合，走出国门美名留。

第四十二回

# 冀南梨花鼓 名角无其数

上一回听过了沧州大地的故事，感受了木板大鼓的魅力。在河北的最南边还有一个传奇的剧种，要问它到底怎么个好法，当地的老乡说了——“到苏州不能不听苏州评弹，到咱这儿不能不听梨花大鼓”。这不能不听的经典曲调包含着多少老故事？

说起这不能不听的梨花大鼓，它的历史可不短，在清末文人刘鹗的大作《老残游记》当中，就有一段关于梨花大鼓的描写：“黑妞左手取了梨花简，夹在指头缝里，便叮叮铛铛地敲，与那弦子声音相应；右手持了鼓槌子，凝神听那弦子的节奏。忽羯鼓一声，歌喉遽发，字字清脆，声声宛转，如新莺出谷，乳燕归巢……”

又说白妞：“启朱唇，发皓齿，唱了几句书儿。声音初不甚大，只觉入耳有说不出来的妙境：五脏六腑里，像熨斗熨过，无一处不服贴；三万六千个毛孔，像吃了人参果，无一个毛孔不畅快。唱了十数句后，渐渐的越唱越高，忽然拔了一个尖儿，像一线钢丝抛入天际……”

那一线钢丝说的就是梨花大鼓的声腔，这字里行间都是梨花大鼓的韵味。

故事里的黑妞和白妞本事真不小，可是，历史上是不是真有这样的人呢？是不是真有这么妙的曲？其实，小说里的人物原型正是梨花大鼓的名角儿——刘小玉姊妹俩。这样出神入化的唱腔，这么好听耐听的大鼓，又有着什么样的前世今生呢？

早年间，梨花大鼓的名字可不像现在这么诗情画意，开头的“梨花”二字并不是梨树上开的梨花，而是庄稼汉犁地用的“犁铧片”。这名字说着说着，就成了洁白好看的梨花，梨花大鼓也就成了这门艺术的正名。

在清朝的嘉庆年间，邢台出了五位大名鼎鼎的梨花大鼓艺人，因为他们的名字里面都带着一个大山的“山”字，所以就成了响当当的“五大山”。这老几位把梨花大鼓唱得越来越精，发展出腔多字少、九腔十八调、七十二哼哼等等不少的讲究。他们还收了好些个徒子徒孙，把这门艺术传了下来。

后来，这一派梨花大鼓就像那千树万树梨花开，冒出来很多出名的艺人。其中数得着的一位就是生在邢台威县的郭老彬。他自小脑袋瓜就好使，跟着先生读了好几年的书，一举考上了秀才。在他 18 岁的那一年上，郭老彬进京去考官办的铁路学堂，最后名落孙山。

要说这也是冥冥中注定的缘分，郭老彬在京城里面溜达了几天散散心，就在天桥书馆听了一段大鼓书。这一听就不得了了，郭老彬就觉得这大鼓词可比从前看过的经史子集给力多了，他下定决心要当上专业的大鼓艺人。

郭老彬下着心思留着意，终于拜进了专唱梨花大鼓的艺人郭老艺的门下。因为他肚子里有墨水，对付这背词的事情更是不在话下，没用多少时间，就记下了师傅教的段子，也掌握了各种的板式和唱腔。再加上那一副天生天成的好嗓子，按照他师傅的话，这后生不唱大鼓就白瞎了！

郭老彬在师门下学了几年，当学生的时候就已经出了名，等到学满三年，正式出师。郭老彬请了巨鹿县的岳振邦来做三弦琴师，这一对拍档一出马就唱红了河北南边的一大块地方。

这老哥俩一合作就是几十年，为着让观众“听得懂”，他们琢磨出来不少的新招式，让人越听越爱听。他们俩想着这好东西不能在自己这断了篇，必须得把它传给后人，于是，就开班招了很多好苗子，带出一大批出色的曲艺演员。

前头咱们说过了，这郭老彬有文化，文化人做起事来跟别的艺人就是不一样，为什么呢？因为他最明白“文化”二字的价值。郭老彬这一辈子学大鼓，唱大鼓，教大鼓，还把这些老辈儿里传下来的东西整理成书，借鉴着史书的写法，创作了不少的“赞”和“赋”，在大鼓书这样的草根艺术里融入了“春秋大义”，这一切全都是郭老彬老先生留给后人的文化遗产。

**金兰姊妹，一腔梨花大鼓唱出几许情缘？**

**世代传承，一脉民间曲艺生出几多变迁？**

邢台威县是梨花大鼓的粉丝根据地，也是这一行的红角儿大本营，除了上面提到的郭老彬，这里还出了一对亲姐妹，两位名艺人，这是“五大山”之一李明山的传人孙金兰、孙金枝。

先说这年长一点的孙金兰，这姑娘在家排行老三，人称三姑娘。这闺女生来没享什么福，因为家里人口多，土地少，一年忙忙活活到了头，打下的粮食还不够这一家子的口粮。日子难过也得过，三姑娘在十来岁上就出了家门讨生活，跟人学着唱大鼓。之前谁也没想到，三姑娘在这一行里还挺有天分，只用了几年的工夫就唱出了名。等到出师以后，她年纪轻轻就当上领班，带着一队的人马到处巡回演出。

就在 20 世纪的 40 年代，曾经的三姑娘已经成了有名的“大金兰”，她走到哪儿都有一大帮的发烧友，唱到哪儿都有好多乡亲来捧场。那时候，当地流传着这么一句话——“有钱没钱，不能不看大金兰！”

大金兰到底有多火，听了这段故事您就知道了。话说有这么一回，大金兰到了衡水枣强，在庙会上搭台子演出，这样的演出没有明码标价的门票，只要大伙听着好，愿意给多少那就是多少。大金兰唱完这一场，跟班的伙计们上来收钱，拿到的银圆、铜钱根本就拎不动，最后，只好用上搭棚的木杆子，才算是抬走了。

在大金兰的艺术人生当中，不光是她一个人风光，也把浑身的本事教给了自己的亲妹妹——孙金枝。这么说来，老孙家这俩姑娘不光是亲姐妹，还有一层师徒的关系。虽说这姐妹是亲的，大金兰却从来都不惯着这个比自己小了 13 岁的妹妹，到了学艺的事上，真比那私塾的先生还厉害，不管是背段子，还是练唱腔，要求的就是一个“严”字。

都说严师出高徒，这老话儿一点也没错，正因为大金兰这一套“严”字当头的教法，小不点儿的孙金枝早早地就学成了好几段大鼓书。那一出经典的《许仙游湖》，就是她跟着姐姐演出的时候在马车上面练出来的。

孙金枝表演梨花大鼓

姐姐教得好，妹妹学得勤，就在孙金枝九岁的时候，已经开始登台演出，成了梨花大鼓行里的“神童”。又经了三四年的历练，孙金枝就成了曲艺班里压轴的主演。

要说这老孙家的两个丫头，那真是一个顶一个地出色。有一年，这姐俩回到邢台威县的老家给乡亲们演出，就在当地的雪塔古会上，孙金枝的风头简直比当年的“大金兰”还要胜出一筹。当时，庙会上一共有六个说书唱戏的棚子，其他那五处都让她拉得开不了书，这是为啥呢？还不是因为乡亲们全都跑到孙金枝这来了。

多少年如一日地用心琢磨，孙金枝终于有了自成一家的风格，她委婉细腻，气质潇洒大方，只要一登台亮相，那就是一片热烈的掌声，只要一开口演唱，就是一场精彩的好戏。

这好戏不光演在戏台上，在抗日救国的战场上也有梨花大鼓的风采。当年，大鼓艺人加入了抗日的队伍，用那铿锵有力的鼓点为前线的战士鼓着劲，用悠扬好听的唱腔为战士解了乏。可以这么说，胜利的军功章上绝对也有梨花大鼓艺人的一份。

解放以后，经历过旧时代的大鼓艺人终于翻了身，过上了自己当家做主的好日子。这一行里的名角儿孙金枝还在1958年里参加了全国第一次曲艺会演，跟周恩来总理握了手。孙金枝记得很清楚，当时，周总理是这么说的：“梨花大鼓是个很好的曲艺剧种，需要由你们这些优秀的演员把它传承、发展下去。”

多少年以后，孙金枝一直记得周总理的嘱托，手把手地把自己的本事教给学生，一字一句地把唱腔传了下去。现如今，孙金枝已经是桃李满天下，有一位学生回忆起当年跟着孙老师学艺的情景，还是感慨万分，他说：“那会儿我们做学生的嗓子总是拐不过弯来，就觉得这大鼓书实在是太难学了，就说《大西厢》开头的那一句吧——一到八月秋风凉，一场白露一场霜。就这么十多个字，一共学了半个多月。尤其是我，总也过不了孙先生那一关，老师一遍一遍地教我唱，不厌其烦地给我开小灶，什么时候练到字正腔圆，什么时候才算完。”

孙金枝常说的有这样一句话：“咬字不清，就像是拿着钝刀子杀人。”老人家话糙理不糙，老一辈儿的艺人就是有着这样的执着，这样的坚持，正是这样一股劲儿让他们摸着了艺术的魂。

**一弦一鼓，一曲悠扬如何感人肺腑？**

**一人一口，一线钢丝如何抛向天际？**

在 20 世纪里，还有一位著名的梨花大鼓艺人名叫魏金凤。她的老家在邢台威县，从小也是个穷人家的闺女。小金凤十来岁上赶上了大灾荒，这姑娘就跟亲娘到巨鹿那一带去讨饭糊口。这样的活法毕竟不是长事，她家里的妈妈为了让闺女学点本事好活命，同时也想着有点钱花，狠着心把孩子卖给了专唱梨花大鼓的艺人刘太昌。

到了人家家里，哪还能有好日子过呢？刘太昌的媳妇儿心眼儿毒，没事就拿着金凤来出气，这孩子可算是受尽了委屈。过了没多少日子，刘太昌一转手就把金凤卖了第二家，这回，小金凤到了盲人张老香的家中。张老香也是梨花大鼓的艺人，他的心地还不错，看这孩子心眼灵，嗓子亮，就把金凤收做了徒弟。

小金凤年纪不大，却经历了这么多的坎坷，她暗暗地下了决心，一定要好好学，认真练，将来凭着自己的本事出人头地。因为有了这样的心思，魏金凤学艺不用人敲打，天天起早贪黑地学唱腔，背书段，到了 13 岁就能上台演出，一亮相就红遍了十里八乡。当地的老乡听了这孩子的大鼓书，都说是“白日灌满堂，夜晚听三里”，那真是字正腔圆，一句句都送到了耳朵边上，一个十多岁的小丫头，倒比好些老艺人唱得还地道。魏金凤的书棚搭到哪儿，都是一顶一的人气旺，粉丝们送了她一个美名，这就是霸气十足的“盖京南”。

威县的梨花大鼓传了一代又一代，一张桌子，一把三弦，一面小鼓，一对铜板,吊一盏灯泡,放一碗白水,书一开场,登时鸦雀无声。那样的景,那样的韵,实在让人神往。

现如今，梨花大鼓已经成为国家级非物质文化遗产，它的传承人正是“大金兰”的儿媳妇、孙金枝的好学生——张君丽。在今天，余音绕梁的梨花大鼓正迎着寒霜开放，正在新时代中传唱。

这正是：

一线钢丝抛天际，梨花大鼓展魅力。

艺坛代有名人出，鼓书艺术出奇迹。

## 第四十三回

# 梨园姊妹花　太行并蒂莲

上一回我们听了冀南的梨花大鼓，一张桌子，一把三弦，一面小鼓，一对月牙铜板，艺人们优雅地开唱了！告别了跌宕起伏的长书，咱们到武安听听地道的家乡小戏——武安平调和落子。一个小地方竟然出了两个剧种，这一对双生的梨园姐妹花是怎样长成的？几百年的流传，老艺人又留下了怎样的故事呢？

河北武安文化源远流长，有着深厚的古老积淀，有“小北京”之称，当地有著名的文化三宝。哪三宝？“磁山文化”、“固义傩戏”和武安“平调落子”。

今天咱们就说说其中的一宝——武安的平调落子。武安平调和武安落子其实是两个剧种，风格也有不小的差异：平调唱腔优美，表演奔放，善演古装大戏；落子戏诙谐幽默，乡土味浓，善演家长里短的小戏。它们经常在一起演出，习惯上合称武安平调落子。翻开中国戏剧史，一个县市能有两个剧种并能同时演出，在全国实属罕见。

武安平调起源于什么时候呢？历史上没有准确的文字记载，却留下了两个传说。一说，明代时武安有两个兄弟，都是落魄文人，分别创立了武安平调和开州平调。还有一种说法，在清末时，武安和村的白某，西湖村的曹某，在河南演唱怀调很有名气，后来回乡创办了曹白两科班。他们在怀调的基础上，吸收武安方言和民间歌曲，逐步形成了武安平调。这个传说比较可信，因为曹先生和白先生收的徒弟都是按班次排辈儿，解放后还在一些老艺人中流传。另外，艺人中还有“平、越、怀”不分家的说法，也就是说，平调、越调、怀调艺人在一起唱戏，吃喝不分家。从剧种本身看，平调与怀调不仅剧目、表演基本相同，而且唱腔、曲牌也有许多相同之处，黑脸唱腔几乎完全一样。所以，这个说法是比较可信的。

那武安落子又是怎么来的呢？明朝一个叫胡赛的人写了本《武安史话》，说武安在明朝的时候就有戏楼了，落子戏是演出剧种之一。最初叫“硬歌”，没有乐器，坐着硬唱，后来逐渐发展为一人脚踏小鼓，手持竹板，顺口编唱。到了明末清初，有的地方又出现了“打霸王鞭”、“翠月檀香”的舞蹈形式。随着时间的推移，“硬歌”的曲调与“翠月檀香”的舞蹈形式相结合，就这样形成了武安落子。

武安的老百姓爱听戏，甚至有一天演好几台戏的。过去的年月，绅士商人喜欢皮黄梆子，农民们喜欢本地土戏平调落子，可是戏文中有些内容被认为有伤风化，还常常被官府禁演。不过，这也挡不住老百姓对平调落子的喜爱。

大家还记得豫剧《朝阳沟》吧，作者是谁呢？就是杨兰春。1920 年秋天，杨兰春出生在武安管陶的列江村（现已改名为朝阳沟村）。家里穷得叮当响，没钱供他念书，所以杨兰春只读了三年小学就辍学了。

为了给家里减轻一点儿负担，也为了自己能混上一顿饱饭，13 岁起，杨兰春就开始外出讨生活。他当过和尚，给寺院捡捡柴火，喂喂牲口，寺院的僧人为人家举行葬礼和祭奠亡灵时，帮着敲敲木鱼。后来，他又去做补锅匠，先是给师傅拉风箱烧火，接着替师傅挑担子。

可这也不是个长远之计。杨兰春天生一副好嗓子，也能唱上那么几句，就琢磨着加入戏班子讨生活。当时武安有一个杜更会落子班名气很大，杨兰春就拜在了杜更会的门下。拜师要签下一纸契约，14 岁的杨兰春一看上面的字据，小脸都吓白了。契约上面写的什么呢？

“立嘱徒弟杨有根（杨兰春），甘愿在杜更会名下为徒。三年满，四年圆，悬梁服毒，投河奔井，死不见骨头，活不见肉，与师傅一概无干。”

这样的契约太苛刻了，这不等于把命卖给人家了吗？后来，父亲去找他，父子俩见了面哭成一团。父亲说：“孩子，咱死死在一块儿，要活一块儿活。咱回去吧，你娘还在家哭呢！”杨兰春一想，家里连吃的都没了，自己总得养活自己、养活家吧！哭过之后，杨兰春反而劝慰父亲放心。最后，父亲揣着师傅硬塞给他的两个馍，两步三回头地走了。

**不疾不徐，杨兰春一段快板如何金榜题名？**

**不破不立，房志彬一曲悠扬怎样载入春联？**

尽管契约上规定的苛刻，可实际上，师傅杜更会对这个聪明伶俐的徒弟格外照顾。四年时间，杨兰春光是戏词就记下100多本。到他80来岁，还能把许多戏词倒背如流。

少年时的戏班经历奠定了杨兰春深厚的武安落子功底，1950年秋天，杨兰春被推荐到中央戏剧学院学习。按当时校方的规定，入学前还要经过考试，学员一个一个地“过堂”。杨兰春不慌不忙，说了个快板书。他找来四块瓦片，叮当叮当敲打起来，哼着武安落子声腔说唱起中原突围的故事，一气说完，全场鼓掌。第二天学院张榜公布，杨兰春榜上有名，正式被中央戏剧学院录取。

在中戏学习的时候，他还改编了歌剧《小二黑结婚》，大量地运用了武安平调的旋律，还有当时武安平调的主要演奏乐器——轧琴。赵树理看了剧本后，高兴地说：“这些唱词很有味儿，农民一定喜欢听。”

“清凌凌的水来蓝圪莹莹的天，小芹我洗衣到河边……”那清脆的歌声唱起来，也让《小二黑结婚》一炮打响，成为继《白毛女》后又一部影响较大的歌剧，还成了中国歌舞剧院郭兰英的保留剧目。

后来，杨兰春又创作出了《朝阳沟》的剧本，里面的唱词大量运用了武安落子的声腔和白话。剧中亲家母的对唱，多处引用了武安语言，用了不少武安落子的旋律。如“棉花白，白生生，萝卜青啊，青格凌凌凌，麦子个个是饱硬硬，白菜长得磁钉钉”等。

杨兰春老先生80多岁的时候，说到许多人与事，有的已经记不清了，但说到平调落子，他却异常兴奋！他能大段大段地背诵落子戏里的原词，并且连连称赞说：“落子真是好东西，可千万不能丢呀！”

杨兰春能够取得这样的成就，跟师傅杜更会的悉心教导是分不开的。杜更会生于1911年，1980年去世，也是武安落子戏的著名演员。这位老艺人一辈子培养了200多名弟子，杨兰春是一个代表。杜更会的儿子杜艮芳也是优秀的落子演员，现在是国家非物质遗产武安落子的传承人。

武安平调的演员中，还有一位倍受欢迎，甚至被老百姓写进了过年的对联中。您听听：

平调落子家乡戏　听听过瘾

跑城背靴志彬演　一饱眼福

甚至有的村还在墙上写下这样的标语——热烈欢迎房志彬来我村演出。这位被乡亲们追捧的武安平调演员，就是房志彬。1945年，房志彬在邯郸北牛叫村出生，稍大一点，就开始学习唱戏。他的拿手好戏是什么呢？就是《徐策跑城》、《寇准背靴》。房志彬所演过的戏中，《跑城》是他的代表作，几十年来演出场次已经达到2000多场，也是平调这一地方剧种演出场次最多、争光最多的一出戏。

一个平调演员，竟然拥有那么多的粉丝，还被老百姓写进春联里，在那个年月里，实在是稀罕事儿。房志彬为什么能受到老百姓的喜爱？

因为他心里有观众。有一次，房志彬在武安市南丛井村演《跑城》，突然下大雨，台下没看棚，观众到处躲雨看戏，不少人爬到舞台口。正在演《跑城》的房志彬喊道："不要乱跑了，都到舞台上来看吧！"他叫剧团的同志把舞台两边的幕条撩起来，顿时，舞台前后左右都站满了人。前边人围着地毡边坐下看，后边人站着看。紧接着《跑城》开演了，演出过程中他的情绪倍增，前后左右观众掌声不断，演完后不少观众还舍不得离去。

武安的峭河村、涉县的马布村、上清凉等村都有个看戏风俗，戏唱好了往台上扔香烟糖果，唱不好往舞台上扔石头。房志彬在涉县张二庄演《跑城》时，舞台上空像天女散花一样，扔满了香烟糖果，成条香烟都扔到了台上，台上台下人们的情绪高涨，欢呼一片。

不过，房志彬对已有的成就并不满足，他肯钻研、爱琢磨，想把一切都做到最好。《跑城》演得最好的要数麒派艺术大师周信芳，他就跑到电影院，把周信芳的《跑城》一连看了六遍，找到了自己的差距，从基本功开始练。剧团整年在农村演出，经常是一天两三场戏，房志彬场场都有戏。演完戏，别人都去休息，他不休息，卸了装不洗脸就去跑圆场。一跑就是几十圈、几百圈，一直跑得浑身是汗，筋疲力尽为止。

为了把舞台上的人物演活，为了演出个性，他一改“为唱而唱”的弊端，用自己的技艺展现人物心灵。当徐策因为薛家军的到来高兴不已时，他用了老生的“髯口上展”技巧，只轻轻地一弹，一缕银须飘上展翅，让人感觉轻松而潇洒。别人多用“帽翅功”来表现角色的忧思，房志彬做了突破，用于表现喜悦，当唱到“只觉得身轻步健如腾空”时，微微一笑，转身提腿，头上的帽翅单展颤动，脚下单腿平衡地蹉步，在台上左右飘动。每次演到这个地方，观众不由自主地报以热烈的掌声。

在唱到“今日上朝快如风”时，他又创作了一系列的舞蹈动作——右手缠袖，左腿踢蟒，左手顺势抓住，然后用左脚踢前蟒角、右脚踢倒蟒角，侧身从舞台右侧走向左侧，动作既漂亮又利索，很符合徐策内心欢喜、急切上朝的心情。在唱“三步并作两步走，两步并作一步行”时，他先是老态龙钟，吹须慢行，而后是双腿交替急跑，两脚套步快行，既别致，又生动。这一连串难度大、变化多的动作，既要体力更要技巧的优美表演，为《跑城》增添了艺术光彩，“跑”出了自己的特点。

风雨无阻，老戏骨不辞辛苦谱写哪般传奇？

义无反顾，艺术家带病演出留下何等美誉？

房志彬不仅演戏演得好，人品更是没得挑。无论严寒酷暑他都常年在太行山的农村、工矿演出，与群众同甘共苦，丝毫不讲特殊。练帽翅功的时候没有展簧，他就想办法买自行车上的坐簧试着做。试验好了，不光自己用，还送给本团的须生演员一人一对。他戴的髯口，黑三、白三、白满，全是他用旧髯口自己一个一个打的。

尽管他已经有了名气，依然和大家一起装车卸车，不骄傲、不自满、不摆架子。一次剧团往武安南丛井村赶场，天刚下雨，道路泥泞，房志彬和大家一齐跳入泥水中推汽车。还有一次在涉县演出，天寒地冻的，房志彬因为连日劳累，牙疼、偏头痛，连嘴都张不开，饭都不能吃，嗓子也哑了。可村上的观众点名要看他的戏，他咬咬牙，找医生打了两针，就登台扮戏。

另外，1990年在原东风剧场演出、2000年在邯郸东边农村演出《跑城》，天太热，房志彬曾两次晕倒在舞台上。

1985年，已经成为中国剧协副主席的杨兰春，在家乡邯郸看了房志彬演出的《跑城》，一定要见一见演员。见面后，他连连夸赞说："想不到咱们平调落子还有这么好的须生演员！这就叫小剧种大演员。不错，不错，很有功夫！"后来，房志彬被誉为"河北第一跑"。

为了继承和弘扬武安平调落子，当地主管部门也积极采取措施，创办戏曲班，不断地扩大招生和办学规模，使武安平调落子后继有人。可近些年来，传统戏剧曲艺普遍衰落，平调、落子两朵姊妹花也出现了衰退现象，走进低谷。2006年5月20日，武安平调、落子，被国务院批准列入第一批"国家级非物质文化遗产名录"，我们也衷心祝愿这两朵姐妹之花，能长久地绽放在燕赵文化的百花园，散发芬芳。

这正是：

太行花开并蒂莲，平调落子唱百年。

武安乡土是养料，文化遗产代代传。

# 第四十四回　唱腔音奇特　皮影舞幕前

上一回我们行至太行山下，去武安欣赏了花开两朵的平调和落子，今天我们来到渤海边上，到唐山瞧瞧那里独一份的皮影戏。说到唐山皮影，不少人会想起央视春晚走红的舞蹈《俏夕阳》和那几位精灵古怪的唐山大妈，这一回咱们就来到俏夕阳的家乡，去看看这原汁原味的唐山皮影到底是哪般模样。

在河北，有一个古老的谜语："远看灯火照，近看像个庙，里头人马喊，外边哈哈笑。"这个谜语说的是什么呢？皮影戏！

皮影，又称"灯影戏"，是我国民间艺苑中的奇葩。表演的时候，艺人们在白色幕布后面，一边操纵戏曲人物，一边用当地流行的曲调来演绎故事，再配上打击乐器和弦乐，又乡土又热闹，又好看又好听。

皮影是怎么来的呢，有两个美丽的传说。

《汉书》里面说：汉武帝的爱妃李夫人是河北定州人，她生病去世后，汉武帝日思夜想精神恍惚，整天无心处理朝政，大臣们对此非常担心。这一天，方士李少翁出门，看到有小孩儿手拿着布娃娃玩耍，影子倒映在地上，活灵活现的，特别生动。李少翁受到启发，就用丝帛裁剪成李夫人的影像，涂上颜色，并在手脚处装上木杆。到了晚上，围上帷幕，点起蜡烛。一切都准备妥当，李少翁把汉武帝请来。烛光下，李夫人身姿窈窕，举手投足，宛如活了过来，汉武帝看了以后，一解相思之苦，就此对这个道具爱不释手。这个美丽的爱情故事被认为是皮影的最早渊源。

还有一个传说是这样：明朝万历年间，滦州有位秀才叫黄素志，不但能诗会画，而且还擅长雕刻，很多不

老艺人制作皮影

起眼的小物件到了他手里都能化腐朽为神奇。只可惜这黄秀才不走运，科举屡考不中。黄秀才觉得没脸回老家，就远走他乡到关外去谋生。他把精力都放在绘画、雕刻上，一开始用纸张雕刻影人的脸谱，后来演变成用羊皮裁剪，一个个精致的脸谱在他的手中诞生了。这位怀才不遇的黄秀才没能金榜题名衣锦还乡，却成了一位艺术家，开创了一个流传后世的艺术门类。

乍一看，皮影与杂耍没什么差别，不过几个镂空的皮人儿被人比画。可别小瞧了这几个小人儿，那可是“一口叙说千古事，双手对舞百万兵”。那精致的皮影人究竟是怎么做出来的呢？这其中又有哪些讲究和门道呢？

皮影的制作工艺很复杂，算起来，有选皮、浆皮、刮皮、拓样、雕刻、着色、熨平、涂油、拼钉等近十道工序。做皮影的皮子过去多用驴皮，现在用牛皮的比较多。开始要把刮好的皮分解成块，用湿布潮软后，再用特制的推板，稍加油汁逐次推摩，使皮子更加平展光滑，并能解除皮质的收缩性，然后按人物的不同身份和个性，设计出不同的形象。

皮影人物的设计也有一个规律，那就是脸部体现个性，服饰强调共性。

所以一个皮影班的皮影人物，常常头像有一两千个，而皮影身体只有几百个。演出时，根据剧情需要，将不同的头像插到不同身体上就可以了。皮影班有句行话叫“一个身体七个头”，说的就是这情景。

皮影雕刻的刀法非常讲究，画好样的皮子要放在枣木或梨木板上进行刻制，有阳刻、阴刻、软刻、硬刻等。雕刻刀具一般都有十几把，甚至30把以上，有斜口刀、平刀、圆刀、三角刀等等。雕刻还有口诀:樱花平刀扎，万字平刀推，袖头袄边凿刀上，花朵尖刀刻。雕刻的程序也有口诀：刻人面——先刻头帽后刻脸,眼眉刻完再刻鼻子尖。刻衣饰花纹——卍字先把四方画,四边咬茬转着扎。您听听，这程序该有多复杂。

皮影雕刻好以后还要着色，再把身体各部位用线缝起来。一个完整的皮影人物从头到脚通常有头颅、胸、腹、双腿、双臂、双肘、双手，共计11个部件。做好以后,在皮影的背后装上翎管,套进竹签棒,完工后的皮影就可用于演出了。通常，一个人物两根签棒，动作复杂的形体则多达四五根。据说老辈子的高手，连眼皮也能活动起来。

**盛极一时，皮影戏班缘何遍及市井街巷?**

**韵味悠长，影戏之王怎样练就独特唱腔?**

明末清初，唐山乐亭这一代很多官宦之族和富贵人家，纷纷养起了皮影班。后来，滦县皮影也迅速发展起来，统称为唐山皮影。

唐山皮影在清朝中晚期达到兴盛，怎么个兴盛法?不但豪门富户家家养着影戏班，就连店铺的伙计练字的时候抄写的也是影子戏的戏文，甚至老百姓在田间地头也要哼上几句。

俗话说，“无唱不成影”。唐山皮影用乐亭、滦县的方言道白，演唱时，演员用手指掐着喉头发音，经过挤压后的声音，跟影人的形象和动作浑然一体，形成唐山皮影戏的特殊风格。

唐山皮影还出了不少“大师”，其中一个被称为“影界大王”、“髯儿腔奠基人”，他是谁呢?张绳武!

1885年，唐山滦南县松树村一户贫苦的农家，落生了一个男娃娃，他就是张绳武。家里日子穷，张绳武在本村念了两年私塾，12岁就去给地主养猪、放牛。这个孩子从小就对皮影着迷，后来经人介绍到本村的一个小影班学唱老生。学成以后，加入了乐亭的庆丰堂影班。一连五年，学唱了几十本影卷，唱功也是芝麻开花节节高。后来，他还创造出独特的“呵腔”唱法，也称咳腔，遒劲有力，苍老中别具雄壮韵味，尾音一“呵”，魅力无穷。

1918 年，唐山老庆光戏院的老板慕名邀请张绳武赴唐山演出，打从那起，皮影戏就进入剧场，算是登上了大雅之堂。张绳武在这儿演了六年，远近的老百姓们都来听张绳武唱皮影，皮影戏在这块土地上，盛极一时。老百姓们非常喜欢他，送他一个亲昵的绰号“张老绳”。

1934 年，天津昆仑唱片公司邀请张绳武、齐怀、康雅亭等人灌制皮影戏唱片，后来长春的胜利唱片公司等相继邀约，张绳武先后灌制了《天河配》、《武家坡》等 57 出皮影唱片，可以说是当之无愧的“影戏之王”。

“影戏之王”张绳武收了不少的弟子，成就最大的是李秀。

李秀是河北青龙满族自治县人，生于 1897 年，他 13 岁开始跟本地皮影艺人一起唱皮影。可 18 岁的时候，李秀的嗓子倒仓不能唱了，只能回老家种地。李秀不甘心就这样断了演艺之路，一直坚持练功、喊嗓。22 岁那年，李秀结识了著名的皮影艺术家张绳武，跟着他学唱老生。由于他坚持喊嗓，嗓音不但恢复了，而且更加高亢洪亮，被人们称为“小唱髯的”。

李秀影子戏唱得好，京剧唱得也像模像样，拿手的《四郎探母》等唱段，颇有名家风范。后来，李秀在登台演唱的时候，做出了一个大胆的决定，把京剧皮黄糅进皮影唱腔中，这一嗓子亮出去，震惊全场，同行们惊羡不已，观众们也耳目一新！“皮黄腔”确立了李秀新一代宗师的地位。

常言说，“三分唱七分白”，李秀的唱功、道白非常有魅力。他的道白吐字清楚，铿锵有力，《骂王朗》、《双挂印》是突出的代表作。

《骂王朗》开头一句：“王朗啊，王朗！”接下来节奏逐渐加快，一句紧一句，字字如刀枪撞击，王朗被骂死实在是不足为怪的！

在《双挂印》中，李秀演寇准，穆桂英推辞不受帅印，说自己“老了”，寇准道：“小夫人你多大年纪了？”穆桂英说：“五个五岁了。”寇准道：“啊，五五二十五岁，真的老了啊！看你头上的青丝都老黑了，口内的银牙都老白了，你你你真的老了啊……”

在各种戏剧中，演员们都说好“哭”不好“笑”，这“笑”的功夫可是很不好将就的，弄不好就成了笑不像笑哭不像哭，那可就要让观众“哭笑不得”了！可是李秀的这几句对话和那朗声大笑，真是精彩绝妙！

寇准用激将法“激”穆桂英那一段道白更令人叫绝，长长的一段话一口气说到底，简直是针插不进水泼不进，那种气贯长虹的道白功夫在皮影界没有第二人！

从影子戏诞生开始，演员都是男人。那时候广大妇女，特别是大家闺秀，讲究“大门不出二门不迈”，哪家姑娘媳妇敢在人前抛头露面，就会被指为不正经。可 20 世纪 50 年代，有一位女性勇敢地登台唱影，成为乐亭历史上第一个女影匠。她是谁呢？

她就是汪士兰，艺名汪玉琢，乐亭县徐各庄人。1938 年，汪士兰生于一个音乐世家。父亲精于乐理，吹拉弹唱无所不能，大哥汪士伟也有着令人羡慕的艺术天赋。汪士兰性格泼辣，从小就表现出很深的艺术天赋，唱歌、跳舞、打霸王鞭样样出类拔萃。她嗓音洪亮甜美，且有着惊人的记忆力，一首歌听上两三遍自己就能唱。

1956 年夏，乐亭皮影艺人孙品卿带团来徐各庄演出，住在了汪家，汪士兰在厢房屋拉风箱，帮母亲做饭，招待客人。她一边拉着风箱，一边哼唱民歌小调。孙品卿听了以后连连叫好，说：“真没想到士兰嗓子这么好，可惜是个女孩子，这要是个小伙子，学唱影该多好！”

说者无心，可汪士兰听到这话，动了唱影的念头。后来，孙品卿又一次带团来徐各庄演出，汪士兰为客人沏好清茶，突然对孙品卿说：“大叔，我想拜你为师，跟你学唱影，你收下我这个徒弟吧！”

这女娃是个难得的好苗子，可自古以来哪有女人唱影戏，孙品卿心里犯了难，连忙扭头看汪士兰的母亲。没想到汪士兰母亲爽快地说：“如今是新社会了，丫头既然有这番心思，影社里如能收留她，我没意见！”

孙品卿笑了笑，说：“我一个人也做不了主，让大家一起来听听士兰的嗓子。”不一会儿，叫来影社的全体同志。汪士兰一曲《白毛女》尾音刚落，一片叫好声。

接着汪士兰又胸有成竹地唱了几句《大登殿》的影词，刚唱完“王宝钏，午朝门外下了凤辇”两个大句，甩腔刚进尾声，全影社的同志异口同声地说：“中了，中了！不用再试了！”

勤练苦学，女影匠怎样潜心增技艺？

一鸣惊人，汪士兰如何勇闯黑土地？

孙品卿破格收下了汪士兰这个女学员，议定三年满徒，学员期间，冬给棉，夏给单，每月发给 18 元生活费，三年不许搞对象。

1957 年初春，汪士兰到县城报到。她只用了两个月就学会了两个单出，头一回登台亮相，台下就是一片喝彩，观众们都争着看这个女影匠。八个月，她就学会了《偷看家书》、《大登殿》、《武家坡》等几个单出,《秦英征西》、《白蛇传》等几部长卷。

1958 年，汪士兰离开唐山皮影团来到齐齐哈尔投奔二哥。为了不给二哥添麻烦，她要自力更生自己找工作。汪士兰第一志愿就是齐齐哈尔市曲艺团，初生牛犊不怕虎，她直接找到团长娄希盛。娄希盛看到这位刚刚 20 岁的小姑娘很惊讶，从艺这么多年，他还没听说过有女人唱影，他半信半疑半开玩笑地说：“我们团对于招聘艺术家不拘一格。你能不能表现一下你的才艺？如果愿意，今天晚上就给你挂牌，影目你自己定，你看好不好？”

汪士兰一口答应了。晚上，齐齐哈尔市曲艺团剧场门前敞亮亮地挂出海报：今日演出乐亭皮影。剧目《大登殿》。主演女青年皮影艺术家汪玉琢。

演出开始后，汪士兰一亮相一张嘴，台下叫好声一片，一炮打响，团长也不含糊，马上兑现了诺言“汪玉琢同志，你被我团招聘为正式演员，每月工资 62 元。”从那起，汪士兰在齐齐哈尔市开始了新生活。

中国的皮影戏也是走出国门、闯入世界最早的一种艺术。它从 13 世纪传入亚欧各国到现在，一直受到外国人的喜爱。早在 1781 年，德国文豪歌德就用皮影戏来庆贺他的生日。直到现在，皮影在国外都很受欢迎。

“扯一块白布便是舞台，尺把长的小人在幕后表演”，说的是皮影戏；“一口叙说千古事，双手对舞百万兵”，说的也是皮影戏。灯光照射下，影人跟随着艺人独特的唱腔在影窗上下飞舞，书写着唐山的艺术传奇。

这正是：

精心雕刻皮影像，奇特唱腔不寻常。

一口叙说千古事，双手对舞兵铿锵。

# 第四十五回　河北梆子昂　人间传奇榜

上一回说到传承百年的燕赵艺术——皮影戏，那戏台上的小人一举一动有意思，大幕上的故事有声有色韵味足。在咱河北，还有一种曲调是家喻户晓，有一种声腔是源远流长，这就是铿锵顿挫的河北梆子。这一行里有多少传奇的故事？有哪些传奇的人物？

在燕赵大地，在剧坛之中，元曲之后有“高腔”，这“高腔”就是热热闹闹的“弋阳腔”。打从乾隆年间起，这种吸收了陕西、山西两种梆子唱法的曲调就红遍了河北，成了中国梆子声腔的一脉支流。那时候，这种腔调还没有一个正式的名字，有人管这叫京梆子，有人把它称为卫梆子。到了1952年，它才有了如今这个响亮的大名——河北梆子。要说带有“河北”二字的地方剧种，这可算得上是全天下的独一份，它是咱河北人的“家乡戏”，也是最正宗的河北“省剧”。

最好听是家乡戏，最亲热是故乡人。故乡人唱起家乡戏，一嗓子就能唱红了你的眼圈子，焐热了你的心窝子。说起河北梆子的名家，少不了要提到那位土生土长的“梨园领袖”，他大名田际云，小名叫田虎，还有个艺名叫作“响九霄”。这个生在保定高阳的梆子大师是如何唱响了九重云霄？他这一生到底是怎样的一段传奇？

1864年，高阳县里的老田家得了一个胖小子，虎头虎脑特别招人喜欢，老人就给他起了个小名叫虎子。虎子十岁那一年，就进了科班去学戏，学的就是河北梆子里的小花旦。虎子跟着师傅学了两年，大人都瞧着这孩子有出息，就把他领到北京，改学京戏。等到虎子满了18岁，他那嗓子可就不得了了，这小伙子担纲领衔走遍了北京和上海，所到之处都聚起了一大帮的铁杆粉丝。

转眼又过了两年，曾经的小虎子成了舞台上的大腕，他带人组了玉成班，领着“两门抱”的演员,创出了“两下锅”的戏。这“两门抱”说的是什么呢?就是能演皮黄和河北梆子的艺人。至于这“两下锅”，指的就是皮黄和河北梆子同台演出。

这样的戏一上台就火了，别的戏班也都学着这时髦的法子登台演出，在京城、河北这一片，“两下锅”的戏目真叫一个红红火火。后来的京剧名家东光人荀慧生、高阳人盖叫天、南宫人尚小云，那时候都是河北梆子的演员。

田际云成了戏台上的名角，他的名气也飘进了皇宫紫禁城。慈禧老太太最爱听戏，常常是一封帖子就把田际云请至宫中。有一回，慈禧听戏听得特别高兴，直夸这田际云的嗓子给力唱腔好，那真是“响遏行云，直冲霄汉”。说到这儿，慈禧想起来了，说你是不是有个艺名叫“响九霄”？田际云答话说没错啊。老太太问:“这是哪几个字呢？”田际云说:“想就是想念的想，九是个数字，霄就是云霄的霄。”慈禧摇摇头，说：“你这个字是不是错了？按说应该是响彻行云的响呀。”慈禧既然发话了，田际云也只好顺水推舟，应下了太后的恩赐，把艺名中想念的想改作了响亮的响。这个慈禧“推敲”的结果，也成了艺坛之中的一个典故。

田际云到了而立之年，凭着人人夸的艺和德当上了梨园精忠庙庙首，也就是梨园公会的会长。有了大伙的信任，田际云在自己的本行上更是用下了十二分的心思,他琢磨着改革戏曲,编演新剧,他带着玉成班演出的《佛门点元》、《错中错》、《斗牛宫》等等好些个新鲜的戏目都成了当年戏曲排行榜上的大热门。

田际云不单是戏台上的大英雄，到了舞台下边，他也是敢作敢为的好男儿。他不光改良了戏曲，也改革了这一行的风气，把老辈儿里那些不干不净的东西一扫而光。田际云创办了第一个女伶科班“崇雅社”，招了57位女学生，培养了一批优秀的河北梆子女演员，他还把梨园精忠庙改名成为“正乐育化会”，谭鑫培和他分任正副会长，立志要以“正当娱乐，教化国民”为宗旨，演好戏，做好人。

那个年头里，正逢着风云际会的大变革，田际云唱了几十年的戏，最明白忠孝仁义的道理，他借着艺人的身份，为革命做了不少的贡献。这样的往事，有过不少的见证人，京剧大师梅兰芳就是其中的一位。梅先生曾经提起过，在戊戌变法的时候，田际云支持强国兴邦的维新派，趁着进宫唱戏的机会演了好几回“克格勃”，在康梁新党和光绪皇帝之间通风报信，传递时事新书和西式的用具。

王莹仙剧照

可惜，天不遂人愿，戊戌变法没有成功。康有为、梁启超流亡海外，六君子在菜市口命丧黄泉，田际云也卷进了这场风暴，一路南下到上海避难。后来，多亏了梨园名宿孙菊仙热心相助，拿出大笔的银子买通了李莲英，在慈禧面前说了一大车的好话，这才免去了田际云的罪名，让他回到了北京。

这正应了那句“舞台小世界，人生大舞台”，田际云经历的这一场场惊心动魄的人生大戏，真比那舞台上的剧目还要精彩。

青衣正宗，一代名伶如何唱响金嗓？

梆子红角，一生凄凉为何终归病亡？

在燕赵大地的梨园行中，出过这么一个珠圆玉润的好嗓子，她号称“梆子大王”，被称为“青衣正宗”，是女伶之中的“一代宗师”，是河北梆子的“金嗓钢喉”。这位正是祖籍沧州的王莹仙，她 12 岁入师门，13 岁登台唱戏，按照“北京学戏，天津唱红”的行业定律走红津门，被人赠了一个响当当的艺名“金刚钻”。

这位金刚钻敢揽瓷器活儿，她巾帼不让须眉，集前人之大成，开一代之新风，出了不少的好点子，请人编出了新剧本，像那一出新编的《牛郎织女》，就在一夜之间唱响。

可是，就当这金刚钻刚刚 20 多岁，正是艺术上发光的时候，却赶上国家遭了殃，日本兵打到了家门口，老百姓的日子都过不下去了，谁还去逛戏园子呢？好些个小戏班全都解了体，条件好一点的河北梆子艺人大多都改行去唱京戏或者是评剧。可着整个北京城，再也找不到像模像样的河北梆子班社，只有天桥的红楼戏园和小小戏园还有一出河北梆子的帽儿戏。

戏班子门前没了人气，唱戏的艺人也就没了饭辙，绷着精神唱上一出，换来那俩钱还不够买上一斤玉米面。为了养家糊口，一些个戏台上的演员只好上街卖艺，赚两个零钱，或者干脆转行，挑着担子做了小贩。

金刚钻是个要强的人，可是这样的世道却由不得她，她到哪儿也找不到出路，实在憋屈得没法，只好借着吸毒排解心里的愁。这么一来，她的身体哪儿还能有个好呢？就在金刚钻 48 岁那一年，清明节刚刚过了一天，地面上的雨水还没干呢，她就死在了中华茶园的后台。

可怜这一代名伶，到了最后连一副棺木的银子也没有，当时的领班银达子正是金刚钻的好朋友，他见证了这位“梆子大王”的起起落落，知道这个“青衣正宗”心底的苦处。隔天，银达子就约了金刚钻的亲传弟子柳香玉，同台演了一出《烧骨计》。

这出戏演到小媳妇的公婆病死了，家里没钱去发丧，银达子扑通一下跪在台上，一句词，两行泪，声声泣血诉说了金刚钻死的悲惨。台下的观众听得鼻子发酸，看得两眼泛红，摸着口袋凑了笔钱，这才办下了金刚钻的后事。

金刚钻王莹仙这一辈子唱红了不少的剧目，也交下了很多的朋友，其中有一位交情很深的老姐妹，就是她 13 岁登台演出的时候结识的小香水。当时，这个小香水也是红遍了华北、东北这一片的名角儿，她跟金刚钻、张小仙、小荣福并称为河北梆子的“青衣四杰”。

现如今，好些个明星的粉丝都给自己的偶像起了爱称，平时见了面准得举上个大牌子，上面就写着这个热热乎乎的别名。要说这事其实早有渊源，也算是专业粉丝的一项传统。咱们提到的小香水和金刚钻，就享受到了这样的星级待遇，这又是怎样的一段故事呢？

那时候，天津的《庸报》上面记着一段文字，说的大概是这么个意思——天津当地的老头儿、老太太们，一提起戏台上的小香水和金刚钻，从来都不直呼其名，而是亲亲热热地把她们叫作“香水儿”和“钻儿”。能明白这样的名词，才算得上是正儿八经的资深票友；要连这个都不懂，人家一准把你当成戏园子里的菜鸟。从这件事上，您就能瞧出这两个梆子名角儿在天津卫里有多红了。

说起这小香水，她本名叫作李佩云，小时候也是个苦命的丫头，父亲早早就离开了人间，亲娘也就改嫁了别人，这姑娘跟着后爸爸改姓了赵。佩云稍微大了点，拜在了唱老生的梆子名家魏联升的门下，老师下着心思教，小佩云也是用心地学，不单是学成了“慷慨激昂，无粉黛气”的老生，也练就了“质朴舒展，妩媚委婉”的青衣。她跟着师傅走南闯北地去演出，师徒二人珠联璧合，红遍了大江南北。

20 世纪二三十年代，小香水那一副“铁嗓铜喉”灌制出经典唱片《辕门斩子》，这也是河北梆子最有历史的有声资料。

红颜薄命，柳香玉如何深陷苦海？

善恶有报，刘凤石如何命丧黄泉？

有句老话说的是“红颜命薄”，梆子行里也有这么一位苦命的女主角，这位就是金刚钻亲传弟子柳香玉。她得了师傅的真传，也成了一代红人，可是这人红是非多，这名气却没有给她带来什么好运气，却让她陷入了一个深深的火坑。

这里就要说到一个天津城里的大反派，解放前的大恶人刘凤石，他在国民党的政府里当着官，没事就仗着这份势力到处欺负人，经常在各大娱乐场所进进出出，骚扰那些没有靠山的女艺人。他听说了柳香玉的鼎鼎大名，看中了这姑娘的花容月貌，于是就动了歪心眼儿，非要让人家来做自己的小老婆。柳香玉虽说是不愿意，可是，这胳膊哪能拧得过大腿呢？最后也只好进了刘凤石的家门。

有人说，婚姻是爱情的坟墓。可是，在柳香玉的婚姻当中，不光是找不到什么爱情，就连最基本的人格尊严都没有，甚至连她的人身安全也得不到保障。俩人到了一块过日子，刘凤石根本就不拿她当个人，有事没事就要找茬动手打人，柳香玉辛辛苦苦演出拿到的报酬也一律要被刘凤石没收。

等到天津解放了，柳香玉在家里还是没解放，她一天到晚受着刘凤石的气，被这个魔鬼一样的男人虐待。柳香玉是从旧社会熬过来的艺人，几十年来习惯了逆来顺受，她心里滴着黄连水，却不敢把这委屈随便跟人说，实在忍不住了，也就是跟戏班里的好朋友韩俊卿念叨念叨。

这时候，思想进步的韩俊卿不仅在剧团里当主演，还在天津市文艺工会做委员，她知道柳香玉心里的苦衷，就劝着她跟那个不是东西的刘凤石划清界限。有了好朋友来鼓劲儿，柳香玉终于向政府揭发了刘凤石的历史罪行，并且明确地提出来要跟这个大恶人一刀两断——离婚！

小绵羊似的柳香玉突然站了起来，这事激怒了刘凤石，隔天，这个禽兽不如的家伙就把柳香玉杀死在家中。这事一传出来，整个的天津市都给怒了，特别是戏曲界的兄弟姐妹，更是恨不得磨刀霍霍，杀了刘凤石那个恶魔。

刘凤石夹着尾巴逃跑了，可他到底也没逃出疏而不漏的恢恢天网，最终被逮捕回到天津，在刑场执行了枪决。柳香玉的冤仇终于算是报了，行里的旧朋友还为她凑了点钱，留给她的家人。

柳香玉演了一辈子的戏，那里面有好人，也有坏人，她在戏里明白了一个理儿，那就是人间善恶终有报。虽然她已经离开了人世，可是这一报还一报的道理终究是没错。

这正是：

燕赵梨园荟群英，河北梆子天下名。

旧世英才多悲命，高腔一曲挽名伶。

# 第四十六回　梆子不寻常　豪情唱悲壮

上一回讲到了河北梆子的老艺人，说到了悲欢离合的老故事。从古说到今，这行里又出了哪位扛鼎的人物，又留下多少经典的传说？

1947 年，那是一个秋天，沧州肃宁的老裴家添了一个千金。这家里的父亲裴园是唱京戏的武生，他瞧着自家的小丫头挺机灵，就把一身的本事全都教给了她。这姑娘倒也是真不错，大段大段的台词，抑扬顿挫的唱腔，起转腾挪的动作，对她来说全都不在话下。

这姑娘不是别人，正是河北梆子大家裴艳玲先生。因为父亲手把手地教，也因为她自个儿肯下功夫学，到了五岁那年，这小家伙就登上了大台面，这又是怎么一回事呢？

话说这一回，裴家的父亲裴园跟着剧团在沧州盐山的红山村演出，演的正是那出《金水桥》，讲的是公子秦英戴罪出征的事。临到开场的时候，台上的锣鼓点已经响起来了，饰演秦英的演员突然犯了急病，上不了台了。大伙急得没法，赶上了这样的事，临时换一出戏演，那根本不可能，要换演员上台，一时半会儿地也找不着合适的人。

一帮子大人都在那儿瞪着眼睛干着急，小不点儿的裴艳玲突然冒出来一句："我能演秦英！"大伙一听这话，都是一愣，谁也不信这孩子能有这么大的能耐。不过，眼下也没有别的辙，有人就说了："这姑娘平时挺机灵，不妨让她试上一把？"那边有老琴师拉开了胡琴，这边的小丫头开口就唱，大人们闭着眼睛仔细一听——合音入调，字正腔熟，倒还真是这个味儿，就让她上台来一出吧！

耳听着前台开了戏，小姑娘赶紧穿上行头，踩着鼓点就上了场，一声叫板，一个亮相，就听着下面一片的碰头好。大伙听着对味儿，瞧着新鲜，看了这么多年戏，谁见过这

裴艳玲剧照

么小的秦英呢？这小家伙个头不大，劲头倒挺足，举手投足，有规有矩；念白行腔，有板有眼。不过四尺高的小大人，就像是战场上的大将军。

自打这儿开始，五岁的裴艳玲临场救急的故事成了一段传奇，这个爱戏如命的小姑娘也就此步入了梨园。既然认定了演戏这条路，裴家的父亲就打算让这姑娘踏踏实实地走下去，老人家想得长远，特地为孩子找了一个好师傅，这就是裴家的老朋友李崇帅。

裴艳玲到了李师傅门下，每天早起头一件事就是练功，晚上睡前才能停，不管是冬天还是夏天，练功的事情哪天也不能断了。李崇帅训徒弟的法子如今已经见不着了，他自己先得坐好，让裴艳玲立在边上，师傅别住她一条腿，再把她另一条腿举起来，接下来，师傅就开始跟人唠闲嗑，两个小时之后，裴艳玲才能休息。师徒俩活动一小会儿，下一轮的训练又开始了。旁腿、正腿、副腿、十字腿，全都要这样压出来。

再有就是在打谷场上练习打旋子。李师傅挑着太阳最毒的时候，带上徒弟出了门。裴艳玲到了打谷场上，她四肢腾空，就像一只灵巧的小燕子，飞一下落地，飞一下再落地，来来回回一共六下，正好绕成一个圈，一排腿必须要连着打出 72 个旋子，绕出 12 个圈。

裴艳玲下着功夫学京剧，学昆曲，学河北梆子，九岁那年就挑起了大梁。她凭着本事给自己挣饭吃，一个月就能拿 800 元，相当于六个县委书记的月工资总和。

三年之后，裴艳玲进了河北梆子青年跃进剧团，因为一身的好本事，被毛主席等国家领导人接见了两回。在 1962 年，毛泽东在北戴河见着了裴艳玲，主席问她都会什么戏，裴艳玲大大方方地回答说："会唱《八大锤》和京昆的《夜奔》。"毛主席一听就乐了："哟，不简单喔！不过，唱《夜奔》应该学北昆的路子！拜侯永奎为师。"原来，毛主席也是一位资深票友，他的指点说得很是对路。裴艳玲听了主席的话，就在北京跟侯永奎学起了艺。她本身就有家学的底子，又跟着名师，得了真传，只用了十来天的功夫就学成了一出《夜奔》。

敬业如神，惜时如金，对裴艳玲来说，戏就是她的天。她心里念着一句话——"舞台不可欺，观众不可欺！"就是天大的事情，也不能碍着她上台演戏。1990 年，裴艳玲接到邀请，可以到亚运会的主会场去看开幕式，这么好的事她愣是给人家婉言谢绝了，这究竟是为什么呢？

一视同仁，一代大师如何成就一世英名？

一脉相传，一腔古曲如何绽开一片芬芳？

其实，裴艳玲也想着，这一辈子要能亲眼看看北京亚运会的开幕式，那是一件多难得的事呐。可是，在她的心里，还有一桩事情更重要，那就是她的戏。当时，剧团已经安排好了要到廊坊去演出，裴艳玲说什么也不能误了这个点。就在她离开北京城的时候，沿途的大街已经开始戒严，开幕式的背景音乐已经响了起来。裴艳玲把这一切留在身后，跟着剧团如约赶到廊坊的农村，为那些乡亲们送上一场精彩的大戏。

裴艳玲自筹资金排演经典剧目《钟馗》，这出戏一进北京，就在这里掀起了一股"河北梆子热"。正是她牵头在全国实行了京剧、昆曲、河北梆子"三下锅"

的演出形式，以“敢为天下先”的精神走在戏剧改革的潮头。她把每一个艺术形象都塑造得光彩照人，极具个性魅力，在行里有着“活林冲”、“活武松”、“活钟馗”的称号。

说起这出戏来，还有着一段故事，那一年剧团到了衡水，正赶上天降大雪，滴水成冰。那天的戏码也正是这出《钟馗》，为了在高处翻转腾挪，裴艳玲只能贴身单穿一条肥肥大大的戏装五彩裤，连条秋裤都不能套，那滋味想想也能知道，一准是好受不了。不过，在裴艳玲看来，这样的苦根本算不上啥，她说了：农民看上一次戏，那有多不易呀。这样的观众更可贵，更可敬，也最可爱。所以，越是在条件简陋、艰苦的地方，越要提醒自己：保证演出质量，绝不能有一丝一毫的应付之念。

多少回路途劳累，多少次忍饥挨饿，只要有观众等着，裴艳玲一准提着精气神，准时准点地在戏台上亮相。裴先生有个原则：无论是在中南海大礼堂，在欧洲的戏剧大厅，还是在吹着冷风的农村剧场，她都一样地对待，从来是“一视同仁，童叟无欺”。

舞台上的裴先生凭着真功夫赢得几十年的喝彩叫好，这位艺术大家的风骨气魄更让我们肃然起敬。

在河北梆子的舞台上还有一位名家刘凤岭，他京剧、评剧、河北梆子三门抱，一提起戏来，别的事都不是事了，活脱就是一位“戏痴”。他的“痴名”从何而来呢？说起来还有几段故事。

刘凤岭出演《南北和》中的杨八郎，每场戏到了“八郎别家”的时候，他都要对着戏中的母亲一叩首，台词一念，更鼓一响，那眼泪就出来了，观众们也都跟着抹起了眼角。

刘凤岭演戏很入戏，他感动了自己，也感动了别人。可是，有的时候，不光是戏台上的情节让人伤心，舞台上的意外没准还会伤了身，这又是怎么回事呢？

那是 1999 年，河北梆子剧团到北京去演《尧天舜日》，其中一场戏讲的是舜为了救人，上腿去踹鳄鱼，刘凤岭要从钢铁打造的鳄鱼道具边上跳过去。可是在一回演出当中，鳄鱼道具的位置有点不太对付，刘凤岭也发现了这个问题。可是这戏已经演了一半，观众正看得起劲，哪能停下来呢？他心一横，就照着原样一跃而起，幸亏他的头部没有磕着道具，可是却重重地摔在了台前。刘凤岭强忍着头晕站了起来，他捂着热乎乎的胸口走下舞台，一口鲜血就喷了出来。后来，刘凤岭想起这事也觉得有点后怕，不过，他从来没觉得后悔，再有这事，还得是这么办!

刘凤岭凭着这股子“痴劲儿”演出了别人演不了的戏，也赢得了人人羡慕的美名。他获得了中国戏剧“梅花奖”，还被专家称为“河北梆子剧种中难得的全才”，“河北梆子老生第一家”。

**痴人痴戏，刘凤岭一生痴情留下几段佳话?**

**名曲名家，燕赵人世代坚守留取几多美名?**

十年之后，刘凤岭遇到一出大戏，这就是新编历史剧《绝唱》，他在其中领衔主演荆轲这个角色，用高亢激昂的河北梆子唱出了“风萧萧兮易水寒，壮士一去兮不复还”的悲壮和豪迈。新戏新唱，刘凤岭在角色中融入了不少的新想法，他琢磨出来很多唱腔上的心得，他说了：“戏曲如果还像过去那样一桌二椅，会把观众都给流失掉。现在的观众比过去有文化，剧本不能再拖泥带水，唱词也不能拖沓。在音乐设计和舞台包装上要突出气势，从视觉听觉上把观众吸引住。”

这样的理念被他应用在戏台上，打破旧程式，不拘旧教条，演出了一个可歌可泣、可称可颂的荆轲。观众们坐在戏台下面，好像身临易水河畔，眼前是千年之前的燕赵英雄，耳边是传诵千古的经典诗篇。

刘凤岭在戏台上演过了好些个英雄人物，可是到了台下，熟悉的朋友们都说他是个“老蔫”，平时压根儿就不爱说话，甚至还有那么一点儿腼腆。可是，一旦上了台，他就跟换了个人似的，生龙活虎，就像是脱缰的烈马，唱得是高昂激越，念得是板眼顿挫，做得是丝丝入扣，打得是刚柔并济。

除了唱念做打的基本功，刘凤岭还把心思用在了文化知识上，老辈儿的艺人文化低，他觉得这样不是事，必须得在文化修养上下功夫。按照刘凤岭的说法:“有再好的自然条件和演唱条件也只能是好演员,成不了艺术家。”他读诗经，读楚辞，读唐诗宋词，读文学名著，在字里行间寻找角色需要的“英气”、“贵气”、“书卷气”甚至“穷酸气”，在骨子里培育出文人才子的风流儒雅。

这一番功夫自然不会白费，有了这样的努力，刘凤岭在河北梆子的舞台上呈现出仙风道骨，塑造出一批立得住的人物形象：心态复杂的庄周和楚王孙，集明主、贤夫于一身的舜，超然洒脱、愤世嫉俗的曹雪芹，品格高尚、人格完美的张金垠，愚昧麻木、浑身充满民族劣根性的阿 Q……

“京、评、梆”全才的刘凤岭还做了河北梆子传统剧目的整理和专业性的排演工作，目的也正是为了让这好听好看的传统好剧留下资料，让河北梆子传承有路，让家乡戏发扬光大。

历史亦故事，故事亦历史。天地舞台，舞台天地，台下尝世间酸甜苦辣，台上演人生悲欢离合，叙述“舞台人生”的辉煌，映射“人生舞台”的沧桑，或许这就是戏曲舞台的魅力所在，吸引得一代代艺术家为它而歌，为它而舞。

在燕赵大地，河北梆子表演艺术家就像是满天的群星，他们亮开一腔金嗓，唱响一曲铿锵，他们燃烧着自己的生命，只为在舞台上绽放光芒。

这正是：

河北梆子不寻常，群星灿烂耀故乡。

燕赵梨园春常在，慷慨豪歌永唱响。

# 第四十七回 民间技艺精 非遗瑰宝传

前几回咱们行走河北大地，听过了地道的家乡戏，说过了悠悠曲苑情，一曲压轴的河北梆子高亢悲凉，唱不尽戏曲文化的百年风雨、苦辣酸甜。这一回，我们要寻找的依然是祖辈相传的文化遗产，它们看似无影无迹，但却穿越千年岁月，用独具一格的老手艺营造出艺术的生活，沉淀出生活的艺术。河北大地上有哪些能工巧匠，带来怎样的独门绝技，如何代代相传，又留下怎样传奇的老故事？

燕赵大地是一片文化的沃土，千百年来，咱们河北人不仅在这片土地上创造了辉煌的都城、城垣、寺院、庙祠、佛塔、桥梁、长城等物质文化遗产，更创造了举世瞩目的非物质文化遗产。说到非遗，这个词近年来出现频率很高，很多人对它却是一知半解，到底什么是非物质文化遗产呢？

文化遗产，顾名思义，就是老祖宗给留给我们的，“非物质”说明它可能是一门手艺，也可能是一项民俗活动，一种表演、一套礼仪甚至还可能是口口相传的老故事，它是古往今来一辈辈传下来的，现在存在于我们的生活里。在我们河北，常山战鼓、井陉拉花、沧州武术、蔚县剪纸，都是最著名的非物质文化遗产。

说白了，这非物质文化遗产其实就是老辈人的活生活、活思想，它最大的特点是“烟火味”，一定是要存在于咱老百姓吃穿住行、喜怒哀乐的寻常日子里，要有鼻祖，有传人，有一个族群的集体记忆。

不过呢，咱们祖先传下的东西很多，到底哪些才能认定为“非遗”，受到特别保护呢？

现在，认定非遗的标准是传承三代以上，传承时间超过一百年。怎么传承呢，可能是传给后代，也可能是收徒弟传，或者是开设学堂传授。这门技艺到底是怎么传的，要有比较清晰的谱系，要能够说得清楚你师傅是谁，师傅的师傅又是谁，就像京剧的马派、程派、梅派一样，有明确记载、公众认可的传承人。

非物质遗产，是全人类的宝贵财富，联合国教科文组织在全世界范围内普查搜索，启动一揽子保护工程。截至目前，我国的昆曲、古琴艺术、剪纸等 26 个项目入选“人类非物质文化遗产代表作名录”，其中羌年、中国木拱桥传统营造技艺等三个项目入选“急需保护的非物质文化遗产名录”。截至 2012 年，我省已经列入国家级非遗的项目有 132 项，省级非遗有 470 多项，市县级的非遗上千项。

话说回来，虽然我国入选联合国的非遗文化最多，但是，有一些还是没能引起足够的重视，得到足够的保护。譬如以中国赵州桥和永通桥为代表的传统石拱桥建造技艺，它曾经代表着世界上最先进的建筑艺术，其中所蕴含着的中国古代艺术审美、科学技术、几何运算等智慧，独一无二。再有战国时期赵国、楚国等艺术家用编钟、编磬演奏的古乐黄钟大吕，那是中国最辉煌的高雅音乐经典。可惜，如今只留下那些编钟编磬作为古董陈列在博物馆内，而敲击这些古董的音乐技艺，基本已经失传。还有，传承中华民族吉祥文化的月饼模子制作技艺，如今也失传了，实在令人遗憾。在咱们河北，也有很多这样的凝聚着先人智慧的老手艺，它们生存状况又怎么样呢?

**邺城三台，曹公藏墨怎样留字史书?**
**墨比黄金，河北制造如何独领风骚?**

在皇家系列，我们讲过曹操的邺城三台，关于邺城三台还有这样一个故事：想当年,陆云给他的哥哥陆机写信说,有一天上三台,发现曹公藏石墨数十万斤。郦道元的《水经注》也记载了曹操在三台收藏书法用墨的情况，说冰井台有好几口井，深 15 丈，专门用来藏冰和石墨。据曹植说，其中的墨，出自青松烟。曹操三台收藏的墨，就是书法用的文房四宝之一的墨。

咱们河北制墨历史悠久，制墨技艺高超，魏晋隋唐时期，易水墨和真定墨，在文化圈里有鼎鼎大名。

南齐著名的书法家和书法理论家王僧虔在《笔意赞》中强调，书法用具“剡纸易墨，心圆管直”。这里提到的易墨就是咱们河北制造。那时候文房四宝中，可是没有徽墨，只有我们河北的易墨啊。

唐末五代时期的易水人（今河北易县）奚庭圭是造墨高手，这门手艺是他们家祖传，从他爷爷奚鼐那辈就相当有名，奚家造的墨表面有光气，印有“奚鼐”或“庚申”二字，很有专利保护意识。唐朝末年，奚氏家族从易县迁居到安徽歙县，把造墨技艺传到安徽。

从这段故事里我们知道，号称文房四宝之一的徽墨，业内顶级高手原来是来自河北的技师。

因为奚氏墨质坚如玉，胶质好，成为墨中上品，也成了南唐皇帝的心头大爱，他常常拿奚墨当成奖品，赏赐群臣。有一次，一高兴，他还给技师奚庭圭赐了姓，让他随自己姓李，这在古代可是一个至高的荣誉，从此以后，奚庭圭就成了李廷圭。

宋太祖之后，皇帝写诏书都用奚氏墨，每年安徽的歙州要向朝廷进贡 1000 斤墨，当时市场上很难买到奚墨。宋仁宗庆历年间，一枚奚墨能卖到 10000 钱。宋徽宗宣和年间，奚墨价格进一步扶摇直上，堪比黄金。由此可见奚家制墨也就是后来的李家制墨的品牌价值。如果那时候搞一次评比，易州的李廷圭肯定是毫无争议的国家级工艺大师。

除了李廷圭，在河北还出了一位制墨工艺大师，他是谁呢？

当时，河北真定是全国著名的制墨产地，真定有一位叫张滋的制墨高人，他的墨“善和墨，色光黳，胶法精绝”，口碑甚至超过迁居歙县的李廷圭。上至皇室贵族，下至普通百姓，都竞相购买“张滋”的墨，有的甚至囤积大量货品。在北宋末期，开封大观库里就存着数万斤张滋的墨。

张滋以后，真定制墨继续保持全国领先水平，北宋中期，一个叫陈赡的真定人遇到一位高人，掌握了独特的“和胶法”，利用山里的松树烧制炭黑，称为松烟墨。这种方法制出来的墨，放在砚台里，能够保持湿润。这个工艺相当先进，有科技含量，很受追捧，在北宋宣和年间，真定陈赡家的墨每斤能卖到 50000 钱。真定名墨，成为北宋文坛著名的文房四宝之一。真定制墨，成为那个时代最兴旺的文化产业。

除了舞文“弄墨”，在千百年的生产劳动中，咱们勤劳智慧的祖先还积累了很多“有文化”的手工技艺。这些老手艺，经由岁岁年年，代代相传，成了咱们河北人祖传的绝活，这些个独门绝技都有什么呢?

民间雕塑、冶铁、青铜器铸造等等都有咱河北人高超的技艺，下面咱们逐一盘点。

我国在距今 4000 年前就进入了青铜时代，河北是中国青铜器文化最丰厚的地区之一，丰富多彩的青铜文化，在每个时代都留下了不朽的印记。

商代河北地区的青铜器数量多质量优，能和殷墟的青铜器媲美。如果您有机会到台湾故宫博物院，可以看到一件咱们河北辛集出土的商代青铜卣，铸造精美，纹饰华丽；藁城台西和正定新城铺、平山县西关、邢台等地也都先后出土了商代青铜礼器，个个造型飘逸，工艺精良，有的上面刻有“庚”、“娀”、邢等族姓，这对研究商代河北奴隶主贵族谱系提供了很直接的资料，都是河北青铜铸造技艺的代表。

战国时期，赵国的大型青铜编钟、中山国的错金银四龙四凤铜方案、双翼神兽、夔龙饰铜方壶，还有那些令世界惊艳不已的铁足大铜鼎，都展现了咱们河北独有的金属加工绝技。

西汉时期河北地区传统的金属加工、镶嵌的技艺达到登峰造极的程度，是谁推动了这项技艺提升呢？中山靖王刘胜可谓是推波助澜者，这个官二代生活极度奢华，享乐至上，特别喜欢奢侈品，在满城汉墓出土大量鎏金、错金银、镶嵌宝石的青铜器，工艺之高超精美，让人叹为观止！以长信宫灯为例，这件文物不仅拥有精美绝伦的外观，还巧妙利用了空气动力学的原理，能够让灯中的烟气自动排出去，刘胜酗酒玩乐的时候用的 18 面镶嵌绿松石骰子，是货真价实的宝石做的，鎏金嵌字，贵气逼人，在骰子家族，那是前无古人后无来者。

铸铜冶铁，河北工匠如何领时代先风?

酿酒烧瓷，燕赵古风怎样开工艺先河?

战国中山国的错金四龙四凤铜方案

在石家庄市和承德都曾出土过战国的铸铁镬头和其他农具，这说明在战国时期，河北工匠们就掌握了钢铁铸造和锻造技艺，造兵器，做农具，生意很忙，技法就是咱们在影视剧里常见的，用蘸火把钢铁烧得通红，然后反复锤炼。

西汉的时候，朝廷在河北井陉、平山、满城等地都设置铁官，管理冶铁手工业。北朝时期的邺城附近，还设置水冶，利用泉水鼓动风箱，吹旺炉火，当时皇亲还派贴身近臣仆射高隆之到这里掌管兵器制造。史书里面记载说，在邺城，有一个叫綦毋怀文的工匠用灌钢制造了一把大钢刀，叫“宿铁刀”，这刀是怎么做出来的呢？用有弹性的铁做刀脊，用刚性很强的钢做刀刃，放五种牲畜的尿淬火，再掺上五种牲口的油脂打磨，一道道复杂又考究的工艺之后，寒光凛凛、锋利无比的宝刀就出炉了，这种刀号称“斩甲过三十札”，的确算得上无敌神器。

说起铸铜的技艺，现存于真定隆兴寺的千手千眼大悲菩萨足以说明咱们河北工匠的水准。这尊北宋的铸铜佛造像高 22.28 米，从高度上在当时无人能及，42 只手臂分别执日、月、净瓶、宝杖、宝镜、金刚杵等法器，面部表情端庄恬静，仁慈庄重，大中见细，非常有艺术感染力。

再说陶艺，两汉时期的河北古墓中出土了许多造型各异的高大陶楼，这些为死人烧制的明器，从一个侧面反映了河北陶艺已经很成熟了。

战国时期赵国中山国的酿酒技艺、玉器加工技术、桑蚕丝纺织技术，在各诸侯国也是遥遥领先，引领风尚。

燕赵中山善酿酒、好饮酒的民风，也促进了酒器的创新和发展，当时流行的酒器有金属和陶瓷两种。曹魏以来，河北的邺城成为北方政治经济文化中心，东晋十六国时期后赵先后在襄国（今邢台）和邺城（今临漳邺镇）建都，邺城成为六朝帝王之都，帝王贵胄、王公贵族花天酒地的奢靡生活，带动了河北中南部手工业的技术进步。

燕赵大地京畿之地的地理位置，太行山丰富的瓷土资源，成就了太行山四大瓷窑文化，其中定瓷的传统烧制技艺，已经列入国家级非物质文化遗产，磁州窑传统技艺也列入河北省非遗名录，井陉窑和邢窑的传统烧制技艺，也陆续列入市县非遗名录。在定窑、磁州窑的非物质文化遗产的传承中，以国家工艺美术大师陈文增、刘立忠为代表的传统瓷窑技艺传承人，推陈出新，让古老的河北瓷窑文化在新的时代焕发了新的光彩！

这正是：

燕赵技艺创辉煌，青铜冶铁写华章。
真定神墨易水砚，中山名酒万古香。

# 第四十八回 千年井陉窑 薪火耀中华

上一回我们说到，中国是世界上最古老的瓷器之国，巍巍太行正是中国陶瓷文化的发祥地之一。井陉窑、磁州窑、邢窑、定窑，河北四大瓷窑，在水与土、泥与火的缠绵里，烧出了一个个精美的瓷器，留下了一段段美丽的故事。这一回咱们要说的就是太行山下的井陉窑，这里曾经创造了怎样的辉煌，留下了哪些传奇故事呢？

今天开始我们就说一说河北四大古瓷窑。第一个出场的，就是太行山下的井陉窑。

去井陉窑之前，我们先到滹沱河北岸的一个小村子看看。这就是正定南杨庄，前些年归了石家庄市长安区。20世纪，南杨庄发掘出了仰韶文化遗址，轰动了全国，还留给世界陶瓷史一个重大课题，就是在5500多年文化层中发现了三片釉陶片，这是目前发现的世界上最早的瓷器。它的出现，将我国的瓷器历史向前推了1000多年。

瓷器与陶器有着三种本质区别：一是瓷器烧制要在1200度以上，而陶器烧制的温度为700~900度；二是瓷器原料是瓷土，而陶器原料是泥土；三是瓷器结构致密、不透水，而陶器质地疏松、透水。

南杨庄地处平原，绝对没有瓷土。那瓷土从哪儿来呢？当然是来自太行山。古老的太行山，是地质学上新生代隆起的山脉，但这里却包含了十几亿年的地层，瓷土资源丰富。从河南辉县到北京和河北交界的涞源，分布着广泛的瓷土矿。从南杨庄到太行山最近的垂直线路，是井陉。或许早在5500多年前，井陉的瓷土就被南杨庄先民发现了。南杨庄是世界上最古老的瓷器发现地，有图有真相，有实物为证。由此推测，井陉窑或许是世界上最早的瓷器烧制地。

考古工作者在井陉盆地先后发现了多处新石器文化遗址，出土了7000年前到5000年前的古陶。悠久的陶器烧制历史，为井陉窑瓷器技艺的发祥奠定了基础。

在井陉欢喜岭商代遗址中，考古工作者还发现了精美的井陉白陶，那工艺水平，和殷墟发现的贵族用的白陶没什么区别。这就意味着，井陉窑与殷墟白陶一样，具备了烧制瓷器的基础。

在很多历史文献上，也留下了关于井陉窑的记载。《金史·地理志·河北西路》上记载："真定府，产瓷器、铜铁。"那么，真定府境内的瓷器产于何地呢？

《乾隆正定府志·卷十二物产》非常明确地说明："正定府产瓷器，缸坛之属也，明时充贡出井陉。"

井陉历史上真的生产过专门给皇家进贡的瓷器吗？井陉窑究竟被尘封在哪里？能不能重见天日呢？

**遗址重现，科学考古怎样解开千年谜题？**

**瓷器创新，黑色燃料如何引领时尚风潮？**

井陉窑成了考古学家们迫切想要探寻的宝藏，找到了它的遗址，就能解开尘封千年的历史谜题。时间辗转来到了1989年，就在这一年，井陉窑重见天日。

1989年10月，河北省文物局组织专家对太行山东麓进行文物复查，在井陉境内先后发现东关、河东坡、东窑岭、梅庄、南秀林、冯家沟等三大片九处井陉窑遗址，总面积超过160万平方米。

1993年到1999年，专家们又对井陉窑遗址进行了三次发掘。这次考古发掘出土的井陉窑瓷器震惊了全国，也惊艳了世界，足以令世界各国博物馆和古瓷器收藏者重新审视他们藏品的真正产地。

2000年冬天，被称为"中国古陶瓷鉴定第一人"的故宫博物院瓷器鉴定专家耿宝昌先生，来到井陉，看到规模宏大的窑场遗址和出土的瓷器，这位阅瓷无数的专家感慨："井陉窑完全可以与邢窑、定窑、磁州窑并列为'河北四大古窑'。"

根据出土瓷器的釉色、器形判断，井陉窑距今至少有1500年至1700年的历史，甚至更早。井陉的文物工作者选取了隋唐、五代时期的瓷片，请瓷器光谱研究专家进行分析，得出了一个惊人的结论：在隋代窑口中，一部分瓷片窑温明显较高，而且瓷片硫含量普遍较高。只有一种解释，就是燃料发生了变革。说明早在隋唐之际，井陉窑就开始使用石炭作为燃料了。

石炭是什么呢？就是咱们现在用的煤炭。很多古代文献都提到，石炭的开采和利用在北宋时期非常普遍，可是在唐代的相关记录非常少。如果井陉窑的瓷器是用煤炭烧制的，就意味着我国煤炭开采历史需要重新改写。

就在这时候，井陉窑考古现场传来一个让人震惊的消息：主持井陉窑考古发掘的孟繁峰研究员，在唐代瓷窑发掘出几块乌黑的煤块。

这个重大的考古发现让他惊呆了！不能放弃，得继续挖！功夫不负有心人，紧接着，他们又发现了一堆烧过的煤渣。这些煤炭和煤渣都充分证明，早在唐代井陉窑已经使用煤炭做燃料了。

煤炭的使用，跟铁器的发明一样，是人类文明史上具有里程碑意义的进步。它不仅可以更快地提高窑温，缩短瓷器烧制周期，还能大大提升劳动生产率。或许正是煤炭的应用，使井陉窑的白瓷，变得更加光洁、莹润，宛如雪花一样纯白无瑕，人们都爱不释手，家里有了白瓷，才算有面子。

就这样，精美的白瓷粉盒，成了贵族妇女梳妆台上必备之物；白瓷碗和白瓷盘，成为大唐贵族和士绅争相攀比的高端日用器。河北省博物馆收藏着一件造型秀美而大气的白瓷盂，就是贵族家庭使用的笔洗或盛水器。白釉瓷不仅仅是瓷器烧制技艺的重要的里程碑，还成了引领时尚的风向标。

爱美之心人皆有之，人们对时尚的追求永无止境，就算是古人也不例外。看惯了晶莹如雪的白釉瓷，他们也琢磨着换点新花样。井陉窑的瓷器艺人，也在瓷器创作中不断创新。他们想要给瓷器换一身光鲜亮丽的衣裳，所以不断探索传统的黄釉、青釉、黑釉、混色釉的新技术、新亮点。不过，也有一些瓷器艺人偏爱白瓷，就琢磨着在白瓷上添加更多漂亮的花纹。

井陉秀林唐代窑口遗址，发掘出不少莲叶状波纹口的白瓷钵残片。井陉县文保所所长杜先明拿着这些残片来到石家庄市博物馆，想找专家鉴定一下，结

金代井陉窑印花模子

果又有了一个重大发现。原来，这些残片跟石家庄市博物馆收藏的唐代莲叶波纹口白瓷钵，无论是类型、釉色还是胎质，完全一致。毫无疑问，石家庄市博物馆收藏的这件瓷器就是井陉窑的唐代窑口烧制的。

唐代时期佛教盛行，井陉窑还创作了一些与佛教相关的瓷器，比方说莲叶状笔舔、覆莲纹的瓷盏，还有莲叶状的温酒樽，造型优美，都是瓷器中的上品。

井陉窑鱼瓶

井陉窑的艺人们不仅有着七窍玲珑的慧心，还有着巧夺天工的手艺。好马也要配好鞍，他们不仅在瓷器的造型方面推陈出新，还用心琢磨瓷器的纹饰。瓷器上漂亮精致的花纹究竟是怎么做出来的，又怎样创新发展，形成一种专门的纹饰技术呢？

首先创新的就是剔花技术，就是在瓷器蘸釉后，用剔刀在表面釉色上雕刻图案，形成剔画图案。烧制之后，就成为剔画效果的瓷器。

接下来要说的就是印花技术了。在井陉窑瓷器中，瓷枕具有独特的文化魅力。这些瓷枕的花纹整齐划一，就像是齐刷刷印上去的一样。

难道说，1000 多年前的井陉窑艺人们在瓷器装饰方面使用了“印刷术”吗？人们百思不得其解。直到 1998 年，考古学家在井陉窑发现了大量印花模具和丰富多彩的戳印工具，终于解开了这个千古之谜。

为什么井陉窑要大量使用印花模具生产瓷器呢?

这还得从瓷窑的制作工艺说起。传统瓷窑大部分采用手工拉坯、手工刻画、手工绘画，每件瓷器都是一件纯手工的艺术品。可是这样精雕细琢，耗费大量工夫，瓷器在产量上大打折扣。

井陉窑的艺人们脑子灵光，发明了印花模具，还有戳印工具，这么一来，各种精致的花纹装饰全都可以轻松简单地印上去，大大提高了瓷器的产量。井陉窑的艺人们尝到了甜头，精气神更足了，他们放开手脚，大胆地把前人沥粉描绘的“出筋”、“凸线”纹饰，用于模具制作当中，烧成浮雕的沥粉印花模子，创造了新的辉煌。

民间有个歇后语，叫“金边夜壶，好嘴”，说的是尿壶嘴上涂了一层金边。这种金边口的瓷器，历来是比较高贵的器物。那么，这种技艺是如何发明的呢?

在古代瓷器烧制过程中，往往会遇到一个难题，那就是很多瓷器的口沿很难蘸釉。各地窑口的艺人们都想方设法改善，比方说，定窑的高端瓷器，创造了芒口扣金、扣铜的工艺，就是在口沿扣上金边或青铜边，但这种工艺费工费料、价格昂贵，而且产量很低。

井陉窑的艺人们冰雪聪明，脑子一转，创造了一种独一无二的口边涂金工艺。简单说来，就是在瓷器的口沿涂上金边，这种方法简便易行，花费很低的成本就让瓷器变得更加漂亮。很快，这种技术就一传十、十传百地流传开来，一直传到现在。

一块石碑，如何佐证井陉窑官窑身份?

一行小字，怎样辨明博物院瓷瓶出处?

俗话说得好，“一招鲜，吃遍天”。在唐代，井陉窑拥有了当时最先进的生产技术，生产出来的瓷器不但样式繁多，而且质量上乘、花色漂亮。除了生产大宗的日用品外，还生产花口钵、葫芦瓶、多管瓶、梅瓶、香炉等玩具、摆件等。另外，还有双鱼穿带瓶、捏塑鞍马散乐俑、白瓷点彩塔式罐等葬器。井陉窑的白瓷精致华美，质量堪比邢瓷的“类银类雪”。

说到这儿，有朋友要问了，都说井陉窑生产的瓷器是贡品，那井陉窑是唐代的官窑吗?

孟繁森先生给出了肯定的答案。他说，井陉窑唐后期有“官”字款的瓷器，肯定是官窑。出土的“官”字款白瓷，字体褚韵柳风，显示出不凡的身价。

可有人说了，既然井陉窑的白瓷可以跟邢窑媲美，为什么没有大唐皇帝内库“盈”字款瓷器呢?

其实，这不是井陉窑瓷器质量问题，而是因为大唐王朝不争气。唐玄宗李隆基设置了皇宫“大盈库”不久，就发生了安史之乱，井陉窑所在地成为藩镇割据要地。大唐皇帝的尚方宝剑在这里不灵了，自然不可能到井陉窑烧制大盈库的皇家瓷器了。不过，随着朝廷与藩镇关系的偶尔改善，井陉窑有机会烧制一些官府的瓷器，就是所谓的官窑。

口说无凭，咱们有响当当的证据。井陉窑文保所长杜先明先生给我们提供了一块石刻墓志铭(《唐汝南郡周公故夫人李氏墓志铭并序》)，揭开了井陉窑的官窑身份。

这块石碑是在井陉北部的北陉村一处唐后期墓葬中出土的，上面记载：墓主人李夫人卒于天祐十四年，就是公元 917 年。此时唐朝已经灭亡，处于五代时期，太行山区实际上是成德军节度使赵王镕的地盘。

安葬李夫人的这个地方，设有盘龙冶务，也就是唐宋时期官府管理手工业的机构。李夫人的公爹和儿子都曾经担任过冶务炉前押官，由此可见，唐末五代就已经在井陉窑设立了监管瓷器烧制押运的衙门。当然，这个官职是成德军节度使委派的官员，井陉窑也就是藩镇官窑。

故宫博物院收藏瓷器中,有一个宋代天威军官瓶。小口,修长,肩上刻有“天威军官瓶”五个字。著名古瓷器专家冯先明先生在《故宫博物院院刊》发表文章说，这类瓷瓶传世很少，属于瓷器中的珍品。它究竟是哪里生产的呢?还得到井陉看一看。

《井陉县志》记载：民国四年(1915 年)夏天，在井陉县挖土的时候，发现了古代的房屋遗址，里面有很多的瓷瓶，其中有十几个瓶子完好无损，上面都写着“天威军官瓶”五个字。由此可见，故宫博物院收藏的天威军官瓶，就出自井陉窑。

天威军是北宋井陉的军事建置，井陉天长镇就是天威军驻地。所以，这个天威军官瓶，就是北宋天威军盛酒的官瓶。井陉窑也就是北宋的官窑。

这正是：

井陉瓷窑百代兴，燃烧石炭炉火红。
戳印技艺放异彩，印花模具举世惊。

# 第四十九回 井窑名天下 瓷器销路远

上一回说到井陉窑口留下的传奇，说到这里出产的好东西，凭着一脉相传的高端技艺，井陉的瓷器在晚唐五代的时候赢来了一等一的官窑地位。井陉窑的瓷器到底有什么样的神奇之处，又有哪些个惊艳眼球的特色呢？

话说在晚唐五代，河北井陉的窑口上出现了好些个宝塔形的瓷罐罐。我在一个朋友的家里，还跟这么一件宝贝见过面。那件绿釉塔形罐的下半边是一个莲叶造型的高脚托，上半边圆溜溜的，还带着一个直挺挺的宝塔尖。这哥儿们见我看得挺入迷，他也有几分得意，说这瓷器的老家就在咱河北的井陉，别的地方很少有这一类的东西。

要说起这瓷器里的门道，那可是太多了，花上三天三夜也不过是开了个头。就说井陉、平山、正定这一带冒头出来的塔形罐吧，那里面也装了不少的学问。瞧那模样，看那造型，就是一座座的玲珑宝塔塔玲珑。

这样的外表正是它身份的烙印，这样的造型正是佛教曼陀罗艺术的风格。其实，这塔形罐就是供佛专用的艺术品。要问这瓷器里面包含着什么样的故事，那还得从唐武宗在位的时候说起。

当年，佛教的势力很是兴盛，它们占下了大片的耕地，全国有几十万的农民成了寺庙的佃户，大堆的粮食不给国家，大笔的银子流向了寺院。那时候，各地的大和尚手里有钱，庙里有人，个个都成了呼风唤雨的一方神灵。眼瞅着他们的日子越过越滋润，皇帝受不了了，一道旨意发动了灭佛运动，这就是史书上所说的“会昌灭佛”。

唐武宗发了话，各地的寺庙倒了霉，拆寺庙，毁佛像，凡是沾边的地方全都乱了套。不过一个月的功夫，全国有4000多所的寺庙没了影，20多万的僧尼还了俗，几千万顷的土地归了国家。

皇帝生怕下面的人不拿圣旨当回事，执行的时候变了味儿，还专门派出了好几路的御史到处去督察。秘书监的卢弘宣在朝廷里面领了任务，做了河北这一片的巡视员。这位钦差大臣一路到了真定，在这儿碰见了一个不听话的刺儿头，这就是驻守城门的成德军节度使。这位见了卢弘宣的面，两个眼珠子全都往上翻，说是天子灭佛，关我何事？他老人家想办这事，就让他自己来出马！说到底，成德军的节度使倒不是为别的，只因为他心里特别地尊重佛法，不愿意骚扰佛教净地。他把皇帝派来的钦差大臣打发走了，护住了如今石家庄这一带的佛教寺院。

这件事让成德军节度使在佛教界出了大名，他镇守的地面也就成了各地逃难而来的佛教高僧的避难所。著名高僧义玄禅师从江西黄檗寺流浪到了滹沱河畔的临济院，在这里创立了禅宗一个重要分支——临济宗。被称为“赵州古佛”的从谂禅师也是在那个年头里来到了赵州观音院，在这里潜心研习佛法，把中国茶文化和禅文化进行整合，创立了中国禅茶文化。

就在这样的大背景之下，佛教以正定城为中心，把影响渗透到了政治、经济、文化、建筑等各个领域，也在井陉窑的瓷器上留下了佛法的光辉。

扬帆起航，渤海之上还原哪条瓷器之路？

顺流而下，太行山间留存哪处水陆通衢？

大唐盛世，也是佛学最兴盛的时期，这 300 年间各地建造的佛塔创下了历朝历代之最。前面说到的成德军节度使所在的真定城里留下了四座佛塔，也都是这一时代的杰作。佛塔，作为佛教文化的符号，也在井陉窑出产的瓷器上呈现出微缩版的形象。

高高的莲花形底，托着一个白塔似的圆形塔罐，整体看就是一座佛教白塔。罐子顶上的圆形把手，就是冲天的塔刹。起初，这种曼陀罗塔形罐都是玉白的瓷面，后来，它在老百姓柴米油盐的小日子里发展出实际的作用，成了放茶叶的容器，瓷面的釉色也变化出好多种色彩，有三彩釉、绿釉，还有窑变釉、黄釉等，成就了绚丽多彩的曼陀罗塔罐艺术。

象征佛教曼陀罗的三彩塔形罐、三彩翘莲瓣塔式罐、白瓷曼陀罗塔形罐；焚香敬佛用的三彩香炉，祭佛用的黑釉、白釉高脚盏……都为瓷器艺术家的创作提供了巨大空间。

井陉窑唐后期三彩塔形罐

在南方，在中原，大部分地区的佛教被唐武宗迎头泼了凉水，只有太行古陉属于河北强悍的藩镇割据地区承德军节度使控制。因此，这里香火兴盛，点亮了佛教艺术之光，成就了井陉窑历史上空前绝后的辉煌时代。五彩缤纷的高脚塔形罐、储茶罐和瓜棱形白瓷钵，和中国禅茶文化相融合，甚至影响到日本的茶道。

井陉窑的瓷器漂洋过海，留存千年，这样的历史在河北省内一场重大考古活动中被还原。那是在 1986 年，考古人员在黄骅市海丰镇的南边发现了一处遗址，专家们上眼一瞧，得出了这样一个鉴定报告——这里是古代滨海码头上的货仓。仓库里藏的是什么宝贝呢？真是不看不知道，一看吓一跳，这里有各式各样精巧的瓷器，至少有定窑、井陉窑、磁州窑、耀州窑、钧窑、龙泉窑六个窑口的产品。这里面定窑、井陉窑的印花瓷器，井陉窑的双色釉点彩瓷器，磁州窑的剔画、红绿彩瓷器都数得上那个时代的精品。

专家在这个宝库当中埋头研究，发现差不多有一半的瓷器来自于井陉窑，其中的双色釉和戳印瓷器最为典型。一直到了今天，井陉秀林原火陶瓷厂每年出口日本千万件的瓷器，用的还是这种一脉相传的点彩戳印技艺。

种种发现还原了千年之前的盛况，那个年代，中国北方相当一部分的瓷器就在这里乘舟起航，运往东亚、东南亚，这是一条传承千年的海上瓷器之路。

五代时期井陉窑塔形高脚罐

从井陉窑到大海边，这条瓷器之路又是如何延伸开来？

从太行山间的井陉窑到渤海之滨的海丰镇，大批的瓷器要在马车、牛车上翻山过水，着实要历上一番艰苦。这道上怎么还有水路呢？

就在井陉县天长镇的大桥底下，有条水路顺流而下，经过微水、小三峡，进入平山、滹沱河，接下来一路东去，在深州境内融进了古漳水，最后到达渤海之滨的海丰港。这些瓷器坐上大船，目的地是日本或者朝鲜半岛。水陆并行的瓷器之路为井陉窑的出口和运销打开了大门。

日子就跟流水似的过，转眼之间就到了元朝，在这之后的瓷器行里，井陉窑的大作消失得无影无踪。这究竟是怎么一回事？大名鼎鼎的井陉窑是遭了天灾，还是遇了人祸？曾经的辉煌为何不见了光芒？

这答案就写在《大明会典》上，根据那里面的记载，从明代天顺三年（1459 年）起，京城建筑用的、帝王陵寝使的琉璃砖瓦和大缸瓷土、釉土，产地标签上写的全是真定府的井陉窑。这里的产品和原材料，都成了正儿八经的贡品。曾经的文化艺术原产区，为什么会变成了砖瓦琉璃原材料的基地呢？

要把这事往根儿上刨，得说起井陉窑率先兴起的能源革命，这把双刃剑推动了生产力的发展，同时也加速了艺术创作的消亡。这窑口上的产量越来越大，艺术的含金量却是越来越少，在艺术品的市场上没了竞争力，只能生产一些个大水缸、琉璃瓦一类的官用大路货。也就是打这开始，水缸、咸菜缸成了井陉窑的主产品，这样的传统也一直延续到改革开放以后。

在当地，只剩下一些小作坊里的瓷器艺术家，还传承着井陉窑的传统技艺，在明朝时期，为北京的光禄寺烧制过零散的几批精美的瓷器。只可惜，在此时，这样的产品已经成了井陉窑的小众流派。也正是这个原因使得在中国瓷窑文化的记忆之中，人们几乎遗忘了井陉窑的地位，甚至在世界各国收藏的瓷器当中，差不多泯灭了井陉窑的名分。遍布各地的井陉窑艺术精品，到底如何赢来了实至名归的那一天？这还得说是现代考古学家的功劳。

1995 年，著名古瓷器专家冯先明在《故宫博物院院刊》上发表文章《宋“天威军瓶”考》，考证了故宫博物院的藏品——刻有“天威军官瓶”字样的瓷器，正是井陉窑的官窑瓷器。不久之后，文物鉴定专家丘小君先生指出：河北省博物馆收藏的一件标注为唐代邢窑的白瓷双鱼瓶，也是井陉窑的瓷器。

在大英博物馆、美国百老汇艺术馆、美国史密森机构、美国克里夫博物馆、瑞典博物馆、英国大卫德基金会、法国吉美博物馆等等重要的国际收藏机构，都能看到来自于井陉窑的瓷器珍品。

在英国达维德中国艺术基金会，有一件纯洁透亮的白瓷酒盏，上面还带有“赵元好酒”四个小字。藏品底下的标签写的是宋代邢窑瓷器。用专业的眼光看来，这个唬人的名头实在是一个外行的笑话。这到底是为什么呢？

传世名曲，一出杂剧包含几多悲欢曲折？

盖世名瓷，一脉技艺再现何种夺目光彩？

刚才留下的问号应该做何解释？这就得从“赵元好酒”四个字里找线索，

这行字出自于元杂剧《好酒赵元遇上皇》，戏里的故事说的是贪杯好酒的公子赵元走了背运，兜里连一分钱也摸不出来。这位公子穷得叮当乱响，谁都嫌弃，就连他的媳妇和岳父也都瞧不上他，还出了个毒计害得赵元走投无路。要说这赵元后来的运气也算是不错，他在这个倒霉的关节上遇见了一位贵人，这正是微服私访的宋太宗。皇帝瞧着赵元可怜巴巴地没人疼，干脆把他认做了干弟弟。

有这段元杂剧证明身世，那件白瓷酒盏一定不会是宋代的产品。通过其他出土瓷器的比对，它正是咱们河北井陉窑的大作。而且，按着当时的惯例来说，它不该是单独的一只，应该是成双成对地出现，一件写了“赵元好酒”，另一件就该标着“路遇贵人”，这才是完完整整的一双精品，讲出了有头有尾的一段故事。

元代之后，虽说这井陉窑的艺术瓷器淡出了人们的视野，但是，浸润在这片文化沃土中的井陉窑艺人却依然传承着艺术的薪火。到了明清时期，井陉的瓷器技师依然在摸索着新的技术，创造新的产品。

光绪三十四年（1908 年）的秋天，井陉的秀林瓷窑终于收获了一个奇迹——这里的技师使用复合釉料制作的大胆瓶在窑变中出现了五光十色的彩釉。十里八乡的人们听说了这件大新闻，都跑来一饱眼福。这事一传十，十传百，一直传到了井陉知县的耳朵边，他把这事当成了给主子拍马屁的好机会，带上这件宝贝直奔保定，交给直隶总督，请他作为贡品献给慈禧太后和光绪皇帝，说这是“太后老佛爷佛光再现，正是国家兴隆的吉兆”。其实，堪称杰作的五彩釉跟紫禁城里的慈禧老太太能有什么关系？这惊艳夺目的艺术品是井陉瓷器技师智慧的结晶。

老辈儿人的智慧传了千百年，井陉窑的人才从来也没断了篇，根据《井陉县志》的记载，清朝时期，秀林、南横口一带的井陉窑曾经出现过几位陶瓷实业家。其中一位名叫马清华的人物，在光绪年里做起了瓷窑，还领着乡亲们打败了抢劫瓷窑的团匪，保住了一方平安。这真是艺术家会武术，谁也挡不住。因为这样的威名，直隶总督还亲自赏了他六品功牌。

马清华把传统的技艺跟现代科技相结合，研究出精美又实用的电用瓷器，真算得上是当时的时髦科技产品。这一系列具有高科技含量的成果在直隶省实业厅举办的陈列观摩会亮相，这一露面就得了一个碰头彩，一举拿下了一块奖牌和两枚奖章。

井陉瓷窑的薪火代代相传，已经传承了1500多年，国宝级的艺术在当代井陉窑传承人的手中得到了延续。古老的井陉窑在今天再放异彩，再创辉煌。

这正是：

井陉瓷窑千古风，佛教瓷器举世惊。

入藏各国博物馆，出口陶瓷窑火红。

# 第五十回 邢窑八百年 白瓷创经典

上一回说到井陉窑里的精品瓷器一路入海，传播四方；太行山间的艺术珍宝一脉相传，留名千年。在燕赵大地，还有一处神秘的邢窑，它位列太行四大名窑之首，名垂燕赵艺术史册。这里埋藏着多少故事呢？

在中国的瓷器行里有一句名言——“世界陶瓷发祥于中国，中国白瓷发祥于邢窑。”河北邢窑得到了如此至高无上的荣誉，有着什么样的获誉理由呢？

这还得从一个传奇的故事说起，2004年，英国的《独立报》上发表了一篇文章，题目叫作《1200年前的沉船宝藏告诉你一个未被探触过的中国》。这里面讲了这么一件稀罕事：当年，有一个47岁的德国人沃特法从东南亚的海域捞起了三艘古代的沉船，那船上全都是价值连城的宝贝，其中就有那艘惊掉了全世界人眼球的“黑石号”。这事让沃特法出了大名，也发了大财，一下子就成了人人羡慕的大富翁。

沉睡千年的宝藏重见天日，还得先让它们在海边上醒醒盹。这时候，有专家上前点验了一番，发现这“黑石号”上搭载了67000多件来自中国的古瓷器，其中有100多件正是河北邢窑的作品。一件件地看过去，有那眼明心细的人看出来一件怪事——几万件瓷器在大海里面泡了上千年，只有邢窑的瓷器没有被侵蚀的痕迹。从这一点上可以得出个结论：要让当年的瓷器产品来一个质量大比拼，邢窑的参赛作品就是当之无愧的“天下第一”。这神秘的邢窑到底有什么样的来头呢？

邢窑，就是邢州的瓷窑。邢州的位置差不多就相当于如今的邢台市。比名气，它位列太行四大名窑之首；论历史，这里是河北最古老的瓷窑之一。邢窑从公元5世纪的北朝走来，历经创烧、发展、鼎盛、衰落、消亡，走过 800 多年的风雨历程，成为中国古代瓷窑中罕见的典范。

邢窑最出名的创造就是纯洁细润的白瓷，这项发明打破了商代以来青瓷一统天下的局面，成就了中国陶瓷史上“南青北白”的新格局。这其中的“南青”指的是岭南越州的青瓷，“北白”说的就是邢窑的白瓷。邢州瓷窑作为唐代七大名窑之一，开创了华夏乃至世界白瓷的先河。

翻翻历朝历代传下来的史书，有好多处提到这鼎鼎大名的邢窑白瓷。唐代的《乐府杂录》记录了这样一个场面：唐朝大中年间，全国知名的音乐人郭道源把 24 件瓷器摆在一块，往里面倒上或多或少的清水，用这精致的瓷器演奏了一场另类的音乐会，那声音就像是编磬一样，别提多好听了。在音乐会上出场的瓷器之中，有一半来自于河北的邢窑。正因为邢窑的产品质量好，才能敲出动听的金石之声。

瓷器不单出席过器乐雅会，还有一处地方它常常要去露面，这就是文人雅士的茶几。瓷器讲究的是温润内敛，正经是低调奢华有内涵，它跟咱们中国的茶凑在一起，就是天生的一对。唐代的茶圣陆羽也把邢窑的瓷器当成了茶具中的佼佼者，他还在大作《茶经》之中表扬邢窑瓷“类雪、类银”。唐代诗人皮日休，还把邢窑瓷器的造型比作了“圆似月魄随”，“轻如云魄起”。

从这么多的好评之中，可以总结出一点——在大唐王朝，邢窑出产的精品瓷器，当得起“国之经典”、“瓷器标志”的光荣称号。再往后说，到了宋代，邢窑瓷依然是河北这一带响当当的名牌产品，在各式各样的史籍里面都能见到它的名字。

在中国历史上光芒四射的邢窑，就在邢台的内丘县，《全唐诗》里有徐慎的一句诗，说这里的瓷窑“烘透内丘城”。红彤彤的窑火把整座城都烘透了，这该是怎样一场盛大的景象呢？诗里说到的大场面当真在这里出现过吗？

跌宕起伏，山间名窑历经何种风烟旧事？

精工巧做，民间技师创造何种神奇工艺？

刚才提出的这个问题也是考古界的一项课题。几十年来，考古工作者在邢

邢窑白釉瓷盏

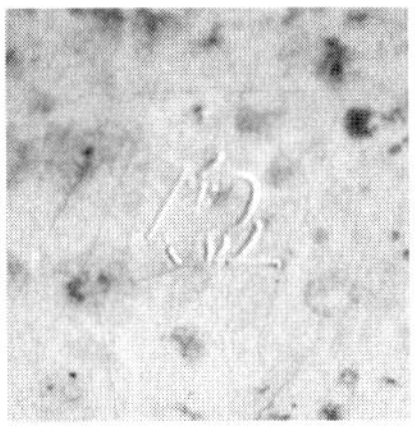

邢窑盈字款白瓷器

台的内丘、临城、邢台三个县和石家庄的高邑县陆续发现了 30 多处邢窑遗址。这些发现证实了一个事实——邢窑始创北朝时期，基本结束于元代，在 800 年的时间里创造了举世瞩目的辉煌。

要把邢窑的瓷器按着岁数捋一遍，最早的瓷器生在北齐时期，这时候的产品釉色是青色里面泛着微微的黄色，有少数带着白色的光华。从这器形上看呢，瓷器的个头比较小，大多数都是精致小巧的饭碗、杯子、高足盘，也有为数不多的钵、盆、罐、瓶。

到了隋朝后期，邢窑的发展踏上了高速路，大大小小的瓷窑冒出来不老少，产量也是一天比一天大。那时候的产品还是以青瓷为主，不过，那各种颜色的瓷器也都面世了，后起的新秀白瓷也渐渐进入了主流。在那些日子里，邢窑推出了一种独步天下的拳头产品，这就是堪称经典的“透影白瓷”。

在晚唐五代时期，邢窑赶上了一场大乱，藩镇的战火烧到了这里，邢窑有不少的窑场在那段岁月里熄灭了火光，等到烽烟平息之后，又有瓷窑的技师操起了老本行，把老辈儿里留下的手艺传了下去，一直延续到元代。辉煌了几百年的邢窑为什么会在元朝熄了火呢?

说起这事，当地的老百姓会告诉你这么一个传说：当年，皇帝听说了邢窑瓷器的大名，就专门派人传下一道圣旨，说是要让邢窑的工人烧制一个龙床。这项任务难倒了当地的工人，大伙能烧瓶子，烧罐子，可是，谁也没烧过龙床呀，这事该怎么办呢？邢窑的老少爷们想了又想，谁也拿不出个主意，到了规定的日子，也没把皇帝留的作业交上来。这时候，皇帝派来的人还在外面等回话呢，大伙没有别的辙，只好老老实实地告诉人家——烧不成。这话传回了皇宫里，皇帝发了一通大脾气，还说了一句“烧不成就散伙”。这金口玉言发了话，邢窑的工人也不敢不听，打从这起，邢窑也就停了火。

这故事传了好多年，渐渐地就被人当作真事，这其中的情节到底是真是假呢？其实，这传说里的事情不可信。在元代，物流行业已经十分的发达，瓷窑不一定非要开在材料原产地，而是按照“市场就近”的原则建在了京城的边上。再加上那时候兵荒马乱，邢窑也就荒废掉了。

虽说邢窑退出了历史的舞台，不过这里出产的瓷器却在青史之中永久地留下了大名。在内丘西关北边的邢窑遗址，出土了世界上最古老的透影瓷，这薄如纸、白如玉、声如磬的精致瓷器又有着什么样的前世今生呢？

顾名思义，邢窑出产的透影瓷就是在一定的光亮之下，透过瓷面能看见另一侧东西的影儿。它又薄又细又硬实，高温之下不变形，还能加上各式各样富贵大气的装饰，可着全天下，这么精巧的东西也难找。

要问这邢窑的透影瓷它是怎么炼成的，头一个要说的关键词就是“高温”。要的是1250度到1280度的温度。这火候拿准了，还得要老练的好手精确调制原料，那其中用到了两样秘密武器，一是长石，二是石英，为的就是保证高温之下瓷胎不会变形，冷却之后瓷面晶莹透亮。

这世代相传的秘诀让现代瓷器工艺师得到了灵感，他们把这样的技艺应用在生产当中，研究出超薄的白瓷刀具。好瓷用在刀刃上，出来的东西真是不一样，这样的白瓷刀又轻巧又锋利。有人拿到了这样的东西，心里就开始犯嘀咕，这瓷面的刀子瞧着是挺精致，可是它到底好不好使呢？您就放心吧，这刀子刺得了玻璃，切得了骨头，别看它又白又润挺斯文，干起活来一点也不含糊。

咱们回来再说这邢窑透影瓷的工艺，下一个关键词是什么呢？就是最要劲儿的“烧制”。这事是粗活细做特讲究，要把每一件器物的坯子装到圆筒形的匣子里，一样的标准，正是为了保证它们之间谁也不会挨着谁，而且也不会受到灰尘的污染。这些个小匣子交到经验丰富的瓷窑师傅手中，由他们一个一个地放到指定的地点，一定要分毫不差，才能让它们享受到最合适的温度。

这样精工细制的透影瓷为邢窑打响了名号，不过，好多人听着这大名的头一个反应就是再追问一句——是不是官窑？这事为什么让大家这么上心，说到底，还是因为这个标签很有含金量。官窑是王公贵族的指定瓷器生产车间，可以代表一个时代的最高水平，所以，在瓷器行里有这么一个说法：英雄要问出处。同一个时代的瓷器，虽然那岁数差不太多，可是要比起出身来，生在官窑的物件，身价就要比民窑的产品高出一大截。那么，咱河北的邢窑是不是位列官窑的大名单呢？

这答案该从哪儿去找？还得要在出土的实物上找根据。在邢窑的遗址中出现了这样一批器物，上面带着“盈”、“官”、“翰林”等等的字款，还有“昌”、“高”、“大”、“上”之类的字样。

一说到“官”字款，很多人都知道这是官窑的标志，代表这东西是官府里的用具。那么，这水盈盈的“盈”字又有什么样的含义呢？

*盈盈一脉，一笔一画记述几多岁月沧桑？*

*灼灼三彩，一器一具再现几场梦回盛唐？*

在长安大明宫的皇家遗址中，也有“盈”字款的邢窑瓷器出土，这一个“盈”字包含着多少故事？还得从千年之前的唐王朝说起。

自打唐玄宗李隆基那时候起，就设立了一个“大盈库”，一直到了改朝换代，这里都是皇室专用的大库房，入奉“大盈库”的白瓷就是邢窑的经典之作。那清洁润透的白表现的正是大唐文盛丰盈、以白为美、以玉修德、空白至道的人文境界。既然是皇家御用的产品，这“盈”字款的瓷器也就要比官府专用的“官”字款器物更高了一个层次。因为这样至高无上的地位，“盈”字款的精品瓷器成了邢窑瓷地位的象征。

虽说这白瓷是邢窑产品的主流，也占下了当时各个瓷窑产品的大头，不过，既然要讲邢窑，还得说说这里出产的唐三彩。提起唐三彩，咱先得捋捋它的家谱。在河南安阳范粹墓出土的白釉黄绿彩陶制长颈瓶，就是三彩的前身。邢窑正是这一行里的先锋，至少从隋代开始，这里就开始出产三彩器，到了大唐王朝，邢窑的唐三彩早就是声名远扬。

这“三彩”到底是哪三种颜色？其实，三彩器是应用了含有铜、铁、钴、锰等元素的矿物作为呈色剂，使产品呈现出黄、蓝、绿三种主色调，所以就得了“三彩”这个好听又好懂的名字。

邢窑出产的三彩器，不光颜色好看，款式也是特别多，有盛东西用的盆盆罐罐，也有精致好看的摆件，有眉眼生动的人物，也有活灵活现的动物。甭管是什么样的物件，那颜色都是透亮又鲜艳，说是陶瓷，倒有一种玻璃似的质感。

邢窑出了这么多的好东西，名气传遍了四海，产品走向了八方。这可绝对不是吹牛，您要不信，可以去读一读唐代诗人薛能的大作——《夏日青龙寺寻僧》，那其中“凉风盈夏扇，蜀茗半邢瓯”的名句，就是一个证据。这话里说的正是这么一幅场景——长安城里有座庙，庙里一个老和尚，他手里摇着小扇子，面前摆了一杯茶。这茶是四川的好茶，茶杯就是邢窑出产的瓷器。

除了古人留下的诗歌，考古发现也能证实这一点。在邢窑瓷的老家河北、大唐的首都长安，甚至是长江之南、广东一带，都曾经出土过邢窑的瓷器。远在国外的日本、埃及、伊朗、伊拉克、沙特、巴基斯坦、印尼等地遗址之中也有邢窑瓷器重见天日，它们见证了千百年前漂洋过海的历史。

如今，邢窑已经成为一片残破的遗址，曾经的辉煌也成了昨日的过往。但是，邢台没有忘记，河北依然珍视，中国更加怀念那个名字。那里创建了邢窑博物馆和保护机构，设立了专门的研究小组，从前的历史画卷即将展示在邢窑遗址公园。邢窑，作为历经沧桑的文化品牌，永远不会泯灭它的光芒。

这正是：

邢窑辉煌八百年，大唐盈库藏经典。

透影瓷器千古谜，白瓷魅力传万年。